秦宝琦 著

告诉你一个真实的杜月笙

群众出版社
·北京·

图书在版编目（CIP）数据

告诉你一个真实的杜月笙 / 秦宝琦著. —北京：群众出版社，2018.11

ISBN 978-7-5014-5848-6

Ⅰ.①告…　Ⅱ.①秦…　Ⅲ.①杜月笙（1888—1951）—人物研究

Ⅳ.①K828.9

中国版本图书馆 CIP 数据核字（2018）第 180109 号

告诉你一个真实的杜月笙

秦宝琦　著

出版发行：群众出版社

地　　址：北京市丰台区方庄芳星园三区 15 号楼

邮政编码：100078

经　　销：新华书店

印　　刷：三河市荣展印务有限公司

版　　次：2018 年 11 月第 1 版

印　　次：2018 年 11 月第 1 次

印　　张：11.25

开　　本：880 毫米×1230 毫米　1/32

字　　数：290 千字

书　　号：ISBN 978-7-5014-5848-6

定　　价：46.00 元

网　　址：www.qzcbs.com

电子邮箱：qzcbs@sohu.com

营销中心电话：010-83903254

读者服务部电话（门市）：010-83903257

警官读者俱乐部电话（网购、邮购）：010-83903253

文艺分社电话：010-83903973

前　言

杜月笙（1888—1951）原名“月生”，发迹以后，由国学大师章太炎帮他改名为“镛”，取字曰“月笙”。杜月笙被人们称为“上海青帮三大亨”之一，国民党当局封他为“解决工潮的能手”、“慈善家”，在坊间流传的著作中，有的称他为“黑社会教父”，有的称他为“上海地下市长”，甚至“上海皇帝”。

杜月笙是中国现代史上一位最富有传奇色彩的人物。他出身寒微，少年时代曾在上海滩的十六铺当过流氓瘪三，过着食不果腹的艰辛生活。步入青年以后，他单枪匹马闯荡十里洋场，当过水果店的学徒，干过偷窃、抢劫、敲诈勒索等流氓勾当。在拜靠“套签子福生”为生的流氓陈世昌为师加入青帮后，更是流连于低等的赌场和妓院。他后来进入黄金荣的公馆，充当一名仆役。由于他善于察言观色和揣摩黄公馆里上上下下尤其是黄老板和老板娘林桂生的心思和需求，很快就成了他们的心腹。在黄金荣同对手争夺鸦片的争斗中，他善于出谋划策，成为黄老板最信赖的谋士和助手。他不仅在黑道上长袖善舞，游刃有余，而且颇具政治头脑。在20世纪20年代国内政治斗争中，他看到北洋军阀的势力在逐渐衰败，便劝说黄金荣倒向北伐军一方。在国共两党的斗争胜负尚未分明时，他依据帮会“刀切豆腐两面光”和江湖上“多个朋友多条路”的处世原则，既帮助国民党反共，也同共产党保持着一定联系，甚至给共产党一定的帮助。一旦看到国民党占据优势，便立即倒向国民党方面。他在觉察到蒋介石要坚决反共以后，便力劝黄金荣和张啸林在蒋介石发动“四一二”反革命政变时，顽固地站在国民党反动派一边，参与蒋介石集团屠杀共产党人和镇压工人起义的罪恶活动。这次政治豪赌，使他成为国民党的爪牙和帮凶，也沾上了终生难以抹掉的政治污点。杜月笙在有了政治上的靠山以后，便在上海滩大肆从事烟、赌、娼等黑道行业，他本人也染上毒瘾，不仅妻妾成群，而且挥金如土，过着纸醉金迷的奢侈生活。为了洗白身上的污点，他又想方设法把手伸向实业界和金融界，并利用新闻界为自己造声势，抬高身价，使他成为上海的工商业巨子，担任的公司、银行董事长、总经理以及各种商会、协会理事长的职位达一百五十余个，终于跻身于上流社会。

当然，杜月笙作为帮会头子，也存在另一面。由于他出身寒微，自幼受过剥削与压迫，对底层群众的苦难有过深切的体会，因而对穷人有一定的同情心。在他“发迹”以后，能够给予穷人和难民一些救济和施舍。在历次调解工潮中，做过一些维护工人基本权益的事，甚至在劳资双方增加工资或因工厂倒闭发放遣散费方面存在较大差异而难以达成协议时，他会自掏腰包，代资方支付差额来帮助工人。但是，这样做正体现出他的一贯处世原则，就是“花一文钱要能收到十文钱的效果”，他并不亏本。因为资方不敢亏欠他的人情，事后往往用其他方式给他以补偿，并且会再送给他一份厚礼。杜月笙为此获得了巨大的回报，使他逐渐洗白身上的污点，利用慈善活动掩饰其流氓大亨的形象。抗日战争时期，当中华民族同日本帝国主义间的矛盾上升为社会主要矛盾时，他能够站在民族大义的立场上，参与抗日救国的活动，为中国人民的抗战事业做过一些好事。但是，同时他也不失时机地发了一笔大财。他利用推销航空储券这一“爱国行动”，大大捞了一把，用所获利润在上海闹市区建造了一所豪宅。后来他在逃往香港时，就是用出售这所豪宅的钱，度过余生。抗战后期，他利用从密友处获得的经济情报，在购买黄金储券时又赚了一大笔。丑闻曝光后，他便在密友戴笠的帮助下，借赴浙江筹划对日反攻的机会，摆脱了舆论的挞伐。

在如何评价杜月笙的问题上，应该在对帮会评价的整体框架下进行。

帮会的基本成员是游民无产者，也就是失去了土地的农民和失去了工作机会的工人。正如毛泽东所指出的："他们是人类生活中最不安定者。他们在各地都有秘密组织，如闽粤的'三合会'，湘鄂黔蜀的'哥老会'，皖豫鲁等省的'大刀会'，直隶及东三省的'在理会'，上海等处的'青帮'，都曾经是他们的政治和经济斗争的互助团体。处置这一批人，是中国的困难的问题之一，这批人很能勇敢奋斗，但有破坏性，如引导得法，可以变成一种革命力量。"（《毛泽东选集》第一卷第8—9页，人民出版社1966年版）这种由游民无产者组成的帮会组织，往往被军阀、官僚所操纵和利用，加上其盲目的破坏性，有时就变成了反动的力量。瞿秋白指出：帮会和游民无产者，"因为破产失业最受苦痛"，但其内部"绝不会有无产阶级的集体主义，而只会有宗法社会式的'头目制度'"，"即使游民的无产阶级暴动成功，或是真正成为一种势力，也很容易受头目的收买，而完全丧失其革命性，甚至变成军阀、官僚。譬如革命初年江苏的徐老虎（宝山），就是最明显的例子。"（《瞿秋白文集》《政治理论编》第78页，人民出版社1987年版）瞿秋白对徐宝山的评价和分析，也适合杜月笙。所以，对于杜月笙的一生，应该既看到他早年作为一个流氓无产者，从事过偷窃、抢劫和烟、赌、娼等危害社会的黑道活动，尤其是参与"四一二"反革命政变，帮助蒋介石集团杀害共产党人、镇压工人起义等罪行，也不否定和抹杀他在维护工人权益、救助穷人和难民，以及参与抗日活动等方面，做过一些好事。他作为帮会首领，甚至敢在敌强我弱的情况下，面对面地怒斥日军代表的无耻谰言，维护了中华民族的尊严。但是，总体而言，杜月笙虽有“善”的一面，但“恶”的一面更为突出，所以，他不是一个值得肯定的历史人物。

如今坊间流传的有关杜月笙的传记，不胜枚举。然而仔细阅读，则不难发现其中绝大多数属于文学创作，作者往往虚构出许多事件和情节，再加以绘声绘色的描述，借此吸引读者的眼球。这类作品，作为文学创作，固然无可厚非。但是，读者如果需要了解历史上真实的杜月笙，就难以得到满足了！正如有的评论者所指出的：“坊间虽出版了大量的杜月笙传记或传奇，但不少作品都犯了一个严重的弊病，那就是游谈之雄，好为捕风捉影之说，故事随意出入，资其装点。”史学大师孟森曾说过：“凡作小说，劈空结撰可也，倒乱史事，殊伤道德。即或比附史事，加以色泽，或并穿插其间，世间亦自有此一体。然不应将无作有，以流言掩实事，止可以其事本属离奇，而用文笔加甚之；不得节外生枝，纯用指鹿为马方法，对历史上肆无忌惮，毁记载之信用。事关公德，不可不辨也。”所以，要了解真实的杜月笙，不能依赖文学创作，而需要靠历史读物。

我是从事中国秘密社会史研究的，在浏览过诸多有关介绍杜月笙生平的作品后，深感有必要写一本从历史学角度介绍杜月笙的书，以满足读者的需求，让读者了解杜月笙其人和那个时代的真实历史，更加珍惜今天得之不易的幸福生活。但是，要做到这一点，却并非易事，主要是苦于资料的匮乏。因为杜月笙自幼失学，发迹以后虽然也认识了一些字，但并未留下日记、回忆录一类资料，档案中也鲜有关于他的直接记载。幸好杜月笙晚年在滞港期间，喜欢同亲友们聊天。在他故后，其亲属、好友和秘书把这些谈话内容形成文字，有些还整理成书，成为我们了解杜月笙一生经历的重要史料。

我撰写本书主要取材于两部资料性书籍。一是由杜月笙的亲友、故属口述，由台湾传记文学作家章君谷执笔写成的《杜月笙传》。二是杜月笙的秘书胡叙五记录和整理的《真实的杜月笙》

（原名《杜月笙别传》）。此外就是报刊和网络上流传的相关文章，其中包括杜月笙的后人、朋友和门徒撰写的回忆录，并参考中外学者有关研究杜月笙的论著。

章君谷执笔的《杜月笙传》，在扉页中注明系“亲友毕集筹编传记”。陆京士在该书前言中提到：书中资料，“部分由杜姚谷香（玉兰）女士口述，暨先生家人亲属、故旧门生，各就所知，分别提供”。胡叙五整理成书的《真实的杜月笙》，据蔡登山在序言中评价说，“有极高之史料价值”。因为胡叙五曾多年担任杜月笙的文字秘书，长期追随杜月笙，对杜月笙的生平事迹，了解颇多。杜月笙的女儿杜美霞女士评价说：“（胡）叙五以与他（杜月笙）多年宾主之情，知道得多而翔实。”

从目前笔者能够看到的有关杜月笙的史料中，上述两部书的史料价值是比较高的。然而从学术研究的角度来看，也存在缺点，不适合一般读者阅读。

首先，这两部书的内容均采自杜月笙亲友故旧的回忆和口述，不免有所偏颇。尤其是涉及政治层面的内容，大多对国民党和蒋介石集团加以美化，对杜月笙本人多有溢美之词。对其“善”的方面尽量放大，把他描绘成一个正面人物；而对其“恶”的方面，则加以缩小和淡化，进行辩解和开脱。而对中国共产党和中国人民的解放事业，却加以攻击和诬蔑，使读者无法接受。

其次，内容庞杂，书中夹杂了大量同杜月笙本人并无直接关联的内容，字数达数百万之巨，有的文字也比较晦涩，一般读者难以卒读。

本人长期致力于中国秘密社会史的研究，对杜月笙这位历史人物自然颇感兴趣。因此，把上述两本书作为基本史料，对其内容进行“去粗取精，去伪存真”，剔除其糟粕，保存某些史实，再参考报纸、期刊和网络上的文章以及有关书籍，编写成书，以飨读者。书中涉及青帮和洪门的历史，则依我的研究，对坊间流传的一些不实内容，做了澄清。所以，本书不是为杜月笙立传，而是让读者了解一个历史上真实的杜月笙。

在这里需要说明的是，本书不是我的学术著作，只是一本由我编写的通俗历史读物，为了便于一般读者阅读和行文流畅，很少引用原文，也未加注释。书中的插图，多采自网络，因不明出处，亦无法标明，仅在此表示感谢！书中的缺点与错误，仰祈方家指出，不胜感谢！

秦宝琦

2018 年 6 月

目　录

第一章　苦难的童年

一、出身寒微

杜月笙原名杜月生，因为他出生在清光绪十四年（1888）农历七月十五日。这一天是我国传统节日中元节，中元节的月光虽然比不上中秋节明亮，却也是秋澄月朗，他的父亲杜文卿便给他取了个乳名“月生”。在他发迹以后，著名国学大师章太炎依据《周礼·大司乐疏》中“东方之乐谓笙，笙者生也；西方之乐谓镛，镛者功也”之意，为他取名为“镛”，号“月笙”。既保留了“月生”的原音，又具有发扬光大的意味，可谓典雅不俗，颇费了些心思。

杜月笙的先世，已不可考，相传他家祖籍是浙江海宁，祖辈曾经营过丝茧业，因经营不善而倒闭，于是移居上海浦东的高桥镇。到了杜月笙的父辈杜文卿时，曾在上海的杨树浦与朋友合伙开了一家米店，本小利薄，仅能糊口而已，难以维持家中用度，杜月笙的母亲朱氏便去帮人家洗衣服，赚取零钱补贴家用。

光绪十五年（1889）七月，上海疫情大作，不少人因此丧命黄泉。八月底，又逢阴雨连绵，仓储稻谷大量霉烂，导致米价腾贵，民不聊生。杜月笙母子二人在家乡无以为食，朱氏只好怀抱刚满周岁的杜月笙，步行20余里，到杨树浦投奔丈夫。没想到，丈夫杜文卿的米店这时也正面临倒闭，因为米谷价格一天数涨，一旦卖出，便无力进货。杜文卿正在焦头烂额之际，对妻子和儿子的到来，虽然高兴，却也忧心未来如何过活。朱氏打听到杨树浦有几家纺纱厂，打算去纱厂当女工。可是，朱氏因为长期营养不良，而且此时尚怀有身孕，加上杜月笙这时刚满周岁，正需要母亲照料，杜文卿不愿让妻子去纱厂当女工，可是为了一家人的生活，也只好如此。

光绪十六年（1890）夏天，上海又流行霍乱，杜家虽然幸免罹难，但朱氏却在此时又生下一个女儿，产后由于极度衰弱而身亡。杜文卿一手领着年幼的杜月笙，一手抱着襁褓中的女儿，面对妻子的尸体，痛不欲生。后来总算在亲友的帮助下，罄其所有，勉强料理了妻子的丧事，然后带着两个年幼的孩子，回到杨树浦。这时他已经精疲力竭，无力支撑这个家了。最后只得忍痛割爱，把女儿送给一个姓黄的宁波商人领养。若干年后，当杜月笙发迹后，希望找到失散的妹妹，却一直未能如愿！

光绪十七年（1891），正当杜文卿走投无路时，温柔可亲、沉默寡言的女性张氏来到了苦难中的杜家，成为杜文卿的第二任妻子，尽管他们并未经过合法手续。张氏对于自幼失去母亲、一直得不到调养的杜月笙充满了同情之心，对杜月笙关怀备至，视如己出，使年幼的杜月笙度过了童年时期最幸福快乐的一段时光。

可是，好景不长，光绪十八年（1892）腊月，一天天降大雪，气温骤降，杜文卿突患疾病，不治身亡，这一年杜月笙刚刚5岁。继母张氏尽其所有，为杜文卿料理了丧事。杜月笙8岁那年，继母为生活所迫，离开了杜家，杜月笙也就成了孤儿，只好回到高桥镇，就食在外祖母家。外祖母虽然对他百般疼爱，可是舅舅却视他为累赘，使他过着三餐不继、衣履难周的艰难日子。尽管他主动帮舅舅家干活儿，但舅妈始终认为他是吃闲饭的。杜月笙在舅父家过着无人管教的游荡生活，结交了一群游手好闲的少年，经常出没在茶馆赌棚。13岁那年，他下了平生第一次赌注。一天，赌场里要钱的大人对他开玩笑地说：“你也来下个注吧！”他虽然想下注，无奈囊中羞涩，他手里还从来没有过钱，哪里有钱下注？他忽然想到：家里还有些父母亲遗留下来的旧衣服、旧家具可以变卖。终于他手里有了五角钱，于是昂首阔步地走进赌场，赌了一把，居然赢了几文钱！他被那群玩伴簇拥着出了赌场，走上大街，用赢来的钱请伙伴们吃饭。就这样，他成了一群玩伴的首领。

经过一年的流浪生活，家里仅有的破烂儿已经全部被他卖光了！在舅父家里饱受白眼，历尽人情冷暖，世态炎凉。15 岁那年，他试图前往上海去闯荡。但却苦无资斧，于是想把祖上遗留下来的半幢破房子变现。一天，他以试探的口气对堂嫂表示，他想把他名下的一半祖屋卖掉，用卖来的钱做路费，去上海闯天下！堂嫂听后大吃一惊，急忙去告诉杜月笙的娘舅和姑丈，因为只有他二人尚可管得住他。娘舅本来就看杜月笙不顺眼，听说杜月笙居然胆敢出卖祖屋，勃然大怒，将杜月笙捉进祖宅堂屋，痛打了一顿。这顿毒打，使杜月笙再也无法在高桥镇存身了！不仅身受羞辱，而且成为镇上人们的谈资。他感到自己如今已经六亲无靠，彻底绝望了，在万般无奈之下，只好忍着怨气，揩干眼泪，离开家乡，准备赤手空拳到上海闯荡。可是，去上海既无熟人，又没盘缠，如何是好？他突然想起还有疼爱自己的外祖母！他悄悄跑去把想去上海的事告诉她，免得外祖母因为他的突然失踪而牵挂。外祖母听说他要去上海，想起这孩子身世凄凉，如今又要孤身一人前往上海，难免伤心痛哭。最后外祖母擦干泪水对他说：“明朝我要送你一程！”次日，外祖母送他到半途的八字桥，相对泣别。临别时，外祖母从身上摸出几个铜板，连同请邻居写的一封介绍信，一块儿塞进杜月笙的小包袱里。杜月笙则以泪眼望着高桥立了个誓：“将来如若不能混出个人样儿来，绝不再回高桥！”

二、初闯十里洋场

杜月笙从八字桥穿过洋泾镇，来到滚滚洪流的黄浦江。他找到渡口，付过船资，随着人群上了木船。

在外滩下船后，转眼之间便来到了十六铺，这里便是杜月笙初闯上海的第一个落脚点。当年的十六铺相当繁华，因为它地处上海交通要冲，从外滩到东门，沿黄浦江岸建有太古、怡和、招商、宁绍等轮船公司的码头，东向津沽、宁绍，西航长江上游各地的船只，均在此停泊。各码头附近，人烟稠密，店铺、货栈鳞次栉比，每天从早到晚，人声鼎沸。杜月笙来到这里是为了寻找伯父杜云庆，后来伯父把他推荐给鸿元盛水果店当学徒。老板看了推荐信，答应让他在店里当学徒。学徒没有薪水，仅供食宿，每月发给一两块钱供剃头、洗澡用。店里的人员结构，除老板外，还有一般店员、兜揽生意的跑街以及比杜月笙资格老的师兄。杜月笙初来乍到，又是乡下人，年纪又小，也识不了几个字，只能在店里打杂。最初，他对生意上的事，一点儿也不沾边，每天的任务就是服侍师兄、店员跑街。后来他巴结上老板娘，成了老板娘的小厮，不过也仅仅是给老板娘当家务助手，干一些诸如倒夜壶、刷马桶之类的杂活儿，既低下，又辛苦。可是为了生存和发展，他只能任劳任怨。每天，杜月笙天不亮就起床，一直忙到半夜，待店里的人都睡了，他才能摊开地铺睡上一觉。老板看他吃苦耐劳，忠诚可靠，开始派他干一些店里的活儿，如让他外出跑腿，但也仅仅是背负肩挑，帮助送货、提货。这些虽然属于店里的粗活儿，但他毕竟从老板的卧室、厨房里出来了，可以上大街、跑码头，大开眼界。当时的上海滩，商业繁荣，五方杂处，江湖上各流人物，从赌徒到骗子、窃贼，无不在这里大显身手。他们软骗硬抢，巧取豪夺，揩油调包，无所不为。作为一个刚从乡下进城不久的少年，杜月笙混迹在这个光怪陆离的花花世界，难免上当吃亏，从而受到老板的责打和师兄的斥骂。杜月笙就这样在上海滩乱闯了几年，既学会了一些闯荡江湖的本领，也摔得鼻青脸肿。

时光很快到了光绪三十年（1904），这时的杜月笙已经17岁，接近成年。当时上海时常出现游行示威的队伍，既有声援反清的，也有为反对美国商人虐待童工的。杜月笙对此感到新奇，不免也参与进去，跟着喊几声口号。水果店的老板发现杜月笙出去参加游行后，非常生气，认为他不该“多管闲事”，于是把他大骂一顿后辞退了。

杜月笙离开水果店，立刻没有了容身之处，就连一日三餐也成了问题。无奈之下，只好又回到老家高桥，投靠不待见他的娘舅。这年年底，他又因偷折邻居家的梅花引起纠纷，被舅父关在家里，禁止他出门。

光绪三十三年（1907）春，舅父令他去学泥水匠，他学了几天，便不辞而别，再次前往上海。他回到上海仍然在水果行业里混饭吃，先后在南市和法租界的两家水果店做学徒。水果店的账房黄文祥看他可怜，就背着老板把较次的水果，当烂水果批发给他。他又和一些流氓、小偷，把在水果船上半偷半抢得到的一些水果拿到大街和茶楼、烟馆去卖。他因帮客人削水果皮，由此练就一套削水果的本领，因为贩莱阳梨出名，而得到一个“莱阳梨”的绰号。此时他也与流氓们一起开赌摊，或为妓院拉皮条，还常常设法对商店进行勒索。由于他善于用小恩小惠笼络人，在卖水果期间，时常把卖来的钱分给与他共患难的小伙伴，宁肯自己饿肚子，也要给小兄弟们买吃的，所以那些小伙伴都把他当作知己，彼此之间发生冲突，也请求他给摆平，愿意死心塌地地跟随他，使他手下拥有了一支四五十人的队伍，专门偷窃码头上的货物，赖以存活。据黄文祥的儿子黄国栋回忆：当年杜月笙在水果店里并不安心学生意，时常到街上去游荡。在饭馆吃饭，付不起钱就记账，饭馆上门讨账，水果行还得替他还钱。水果店门口马路上有女人乘坐黄包车经过时，杜月笙常向她们抛去烂水果，污辱调戏，有些女人就到水果店来大吵大闹，弄得水果店老板很不满，把他辞退了。

一天，杜月笙无意间遇见了当年和他同在鸿元盛水果店当学徒的伙伴王国生。王国生此时已经出师自立门户，也开了一家颇具规模的水果店，店名为“潘源盛”。王国生见杜月笙潦倒如旧，看在师出同门的分儿上，请他去店里帮忙。他对杜月笙如同朋友，不分店东伙计，两人平起平坐。杜月笙是个讲义气的人，对王国生也是知恩图报，帮着他把水果店搞得大有起色，王国生自然也非常高兴。这一年，杜月笙已经是20岁的成年人，在水果店里颇受王国生的厚待，作为店员，每月可以领到一份薪水，一年三节还可分得一些红利。他用赚得的薪水，除购买一些日用品外，还给自己换了一身行头，把自己装扮得焕然一新。他适值青年时期，经过一番装扮，一扫往昔那种憔悴猥琐的狼狈模样，揽镜自照，也颇为得意！

上海是个云谲波诡的花花世界，特别是有了租界以后，一切罪恶行径，只要不危害到租界本身的利益和安全，当局就睁一只眼闭一只眼。可谓猫鼠同眠，各路英雄好汉尽可以为所欲为，烟赌娼妓，歌厅舞场，应有尽有，处处充满诱惑，到处洋溢着罪恶。杜月笙作为一个从浦东进入上海的乡下人，大字不识几个，起初让他每日魂牵梦萦和朝思暮想的乃是如何保住自己得来不易的饭碗。可是，各种诱惑的力量实在太强烈了，使杜月笙内心世界的防洪堤终于在浑浑噩噩中被冲垮了！他虽然也结交了不少年纪尚轻的小朋友，而且在这群小朋友中颇具威望，但是把他拉下水的，则是那些年纪较大的同行。其中有几个自诩是嫖赌两界的高手，经常在杜月笙面前大谈赌经和嫖经。听了这些，起初他尚能把持得住，可是时间长了，也就难免被拖下水。有一次，一位大朋友向他挑战，用激将法对他说：“月笙，你要是有种，跟我们一道白相去！倘使你能过赌档不下注，看见漂亮姑娘不动心，那才算你狠!”杜月笙自认为有志气，不会同这些人同流合污，于是坦然地跟着他们去了。结果，杜月笙不仅下了注，而且赌兴越来越高。对于漂亮姑娘非但动了心，而且沉迷得越来越深，还险些送了性命!

三、加入青帮

在上海要做“白相人”（上海话，相当于北方话的混混儿）并非易事，杜月笙在此后悠长的岁月里，可以说是“龙门要跳，狗洞要钻”，必须经过重重的风波险阻，最后才能达到“鲤鱼跳过了龙门，泥鳅修成了龙”的境界。

一次，锡箔商人从杭州运来一批锡箔，要在十六铺码头上卸货。为了安全，需要找到当时已经在十六铺小有名气的流氓头子张啸林，请他帮助照顾。张啸林觉得自己的力量不够，便找到杜月笙，答应给他一部分小费，一同保护这批货。当货物到达码头时，其他流氓团伙一拥而上，前来抢劫。杜月笙带的小流氓很快被打得落花流水，杜月笙也身受重伤。经过这场打斗，使杜月笙深深感到，仅仅靠自己带领一群乌合之众是难以成就大事的。要想在十六铺立足，必须选择有名望的人物作为靠山。1910 年，杜月笙听说上海小东门有一位“套签子福生”是青帮的小头目，手下有不少门徒，势力颇大，于是就请“套签子福生”手下的“长脚宝根”介绍自己投拜在他的门下。

“套签子福生”名叫陈世昌，靠在街头巷尾套签子赌博为生，精于赌、娼两道。他很早就加入了青帮，是青帮中江淮四一派的所谓“通”字辈。

关于青帮的起源，被帮会中人弄得扑朔迷离，失去了本来面目。青帮秘籍把青帮说成是由明朝永乐年间的金碧峰和万历年间的罗梦鸿所创始。其实，青帮把传说中的金碧峰说成明朝历史上的金纯。据历史记载，金纯担任过户部尚书，曾主持过治河工程，因为同运河有些关系，于是被青帮附会为始祖之一，其实，金纯同青帮毫无关系。罗梦鸿倒是与青帮真有些关系，他是门罗教的创始人，因为他本人是运粮军人出身，罗教创始之初，他就在运粮军人和漕运水手中间传习罗教（当时称无为教），所以，罗梦鸿也被青帮尊为始祖之一。实际上，青帮是由漕运水手的行帮组织演化而来，正式形成是在清代咸丰和同治年间。

清朝雍正年间，大批漕运水手流寓在杭州京杭大运河南端的拱震桥一带。因为漕运是带有季节性的，每年秋收后，清朝当局都要把以田赋名义在江南各省征收的田赋粮米运往北方，供宫廷使用和作为官员的俸禄。粮米运来北京称为“重运”，返回称作“回空”。水手们回空以后，失去了工作和收入来源，要等到来年“重运”开始，才能重新获得工作和收入。鉴于水手们回空后生计维艰，故早在明末，就有密云人翁姓和松江人潘姓与钱姓，在杭州拱震桥一带修建了多所罗教庵堂，作为粮船水手回空后居住的场所。先由年老水手垫给饭食，等来年“重运”开始，得有雇值再行偿还。如此，罗教庵堂便逐渐成了水手们的互助中心。

清朝当局鉴于水手们均属年轻力壮的男子，长期聚集在一起难免滋生事端，先后于雍正五年和乾隆三十三年，两度对这些罗教庵堂进行查处。乾隆三十三年查处得尤为彻底，不仅把庵堂拆毁，而且将拆下来的木料和地皮全部没收入官。水手们失去了聚集场所，只好把活动中心转移到粮船之上。每帮设有“老堂船”一只，悬挂罗祖画像，分派一人专管香火及全帮水手用钱的账目，称为“老管（老官）”。老堂船便成了漕运水手行帮的议事场所，由帮中辈分最高、资格最老的“老管”组成一个管理机构。这个管理机构比起以前的庵堂，在组织上更为严密，权力更大，领导也更为有力。以往的庵堂管理人，多为年老无依的水手，他们仅仅靠为水手服务以赚取微利，勉强维持生活。而老船堂的“老管”，则是对水手享有领导权的首领，由“老管”所组成的领导集团，则是具有控制全帮的权力机构。经过如此演化，漕运水手行帮也就从以前十分松散的劳动和互助组织，逐步转化为严密的帮会组织。这个转化过程经历了相当长的时间，其完成的标志，便是青帮的形成，具体时间大约在咸丰和同治年间。

随着罗教庵堂转移到老船堂上，漕运水手行帮的性质也发生了明显的变化，其信仰色彩逐渐淡化，而帮会的互助性却更加凸显。他们以“帮丧助婚，济困扶危”相号召，对水手所得雇值（工资），按名提出若干，收存生息。遇水手患病就医买药或身故买棺，老管即于此项内酌量资助。在帮内实行严格的家长制统治，帮中辈分较高的老管、师父，对徒弟严加控制。水手滋事，必送老管处治，轻则责罚，重则立毙，沉入河中。帮内辈分最高的“老管”不仅控制了全帮的经济大权，还在帮内制定了严厉的帮规、家法以震慑、钳制帮众，维护其家长制统治。帮内酷刑甚多，诸如棍打、烧炙、截耳、割筋等，不一而足，俨然是一个独立的地下王国。

凡新加入漕运的水手，必拜一人为师，派列辈分，彼此照应，各分党羽以自强。其辈分之排列，共有二十四个字，即清静道德、文诚佛法、能仁智慧、本来自性、元明兴礼、大通悟觉。青帮强调论资排辈和师道尊严，宣扬“一日为师，终生为父”。民国初年，青帮的辈分已经传至“大通悟觉”。“大”字辈的人物中，著名的有张仁奎、高士奎、樊瑾承、王德龄、袁克定等。陈世昌虽然很早就加入了青帮，但也仅仅是“通”字辈。杜月笙拜陈世昌为师，只能是“悟”字辈。

青帮拜师收徒有一套严格的程序，要求入帮者，必须经过师父严格的考察，并且经过三步手续，才能正式拜师成为青帮成员：

第一步是“记名”。欲入青帮者需要由“引进师”担保引见，“引进师”要向他介绍入帮须知，主要是关于保守帮内秘密等内容。然后再把他介绍在某一师父门下，称为“本命师”。在得到“本命师”的认可后，要亲自到“本命师”那里呈递“门生帖”，磕头记名，然后听候察访。门生帖的内容包括入帮人的姓名、年龄、籍贯、职业、现在与永久住址等。这时，对帮内的秘密尚不传授，以防泄密。

第二步是“上小香堂”。这时要学习帮内的规矩、仪注等。若是不懂规矩，不但贻笑大方，而且会被视为冒充的“倥子”。主要规矩有：尊敬长上，同参互助，慈爱晚辈，患难扶助，尊重安清，香堂肃静，吐露安清（出门在外为了寻求同道帮助，许以青帮暗号表明自己的青帮身份）。在略知大概后，师父还要进一步考察，一般要经过三年或更长时间才能转为正式徒弟。

上小香堂后还不算师父的正式徒弟，仅仅是青帮的外围成员，还要经过“徒访师三年，师访徒三年”的过程，称为“一脚门里，一脚门外”。直到上过大香堂，传给“三帮九代”、“十大帮规”才算是正式加入青帮。按照规定，加入青帮，必须有本命、引进和传道三个师父，而且三个师父不能同属一个帮，因为青帮传说中翁、钱、潘三祖各领一帮，故在收徒时，一人为本命师，其他二人称为引进师和传道师，三个师父分别属于另外两帮。如此一来，一人收徒等于其他二人也收了徒，称为“一师皆师，一徒皆徒”。于是就形成了“三帮”。而每个师父同自己的师父、师祖构成三代，三个师父共有九代，这就是所谓“三帮九代”，这是帮内最大的秘密。

第三步是“上大香堂”。上大香堂又称“上大钱粮”，其程序与上小香堂大体相仿，只是规模更大，礼仪更庄重。在师父认可该门生忠义可靠后，便准许该门生“上大香堂”，正式举行收徒弟的大礼，才能正式成为徒弟。大香堂一般设在朝南厅堂，堂内上首正中摆设供桌，牌位上则写着“天地君亲师”（民国年间改为“天地国亲师”）五个大字。距供桌以南一米处，正中又设一供桌，还要设立九祖（达摩、神光、金祖、罗祖、陆祖、翁祖、钱祖、潘祖、王降祖）及左右护法的牌位或遗像。经过上大香堂后，才能正式成为青帮成员。

民国年间，青帮的入盟仪式基本上沿用清代的，但也有所增减。关于杜月笙加入青帮的经历，据其亲友回忆如下：那夜，月落星稀，一天黯沉，从小东门到市郊一座小庙，平整的石板路上，不时出现三三两两的夜行人。他们一个个面容严肃，埋头疾走，即使遇见了相熟的朋友，也都不打招呼。杜月笙和袁珊宝，心中热烈兴奋而又紧张，因为他们早已预习过开香堂的礼仪，准备好了拜师红帖，以及红纸包里的贽敬，只要通过大典，他们就是青帮中的“小师父”了。

在进香堂以前，按照帮里的“切口”，他们都算是“倥子”。晚间，杜月笙和袁珊宝两个“倥子”，曾经为了贽敬应该包多少钱，有过一番小小的争执，他们两人罄其所有，把身边的钱集拢来，一共只有三块银洋。依袁珊宝的打算，每人包一块银洋，剩下一块还可以混几天日脚。但是杜月笙坚持一家一块半，袁珊宝不答应，争了半天不得结果，杜月笙让他去送一块洋钿，自己爽性多送五角。他暗暗地去向王国生借了一块钱，瞒着袁珊宝，打开红纸包，一并摆进去。若干年后他解释当时的心情：进香堂入青帮是他一生中的一件大事体，仿佛不这么做，就不足以表示自己的诚心和欢喜。行行重行行，走到了那座小庙，老头子陈世昌邀来撑场面、“赶香堂”的前辈都到齐了。双扇庙门，关住了大殿里的香烟缭绕、烛火摇曳以及神龛前的一列黄纸黑字牌位和幢幢来往的人影。除了十多位即将入帮的“倥子”，还有一位引见师留在庙外，陪伴他们。

等了一会儿，点齐人数，引见师带领这一队“倥子”直趋庙门。只见他伸手在门上轻轻地敲了三下，于是，里面有人高声地问了：

“你是何人？”

从此，引见师和里面问话的人，开始一个字也不许出错地对答，引见师通名报姓地答道：

“我是某某人，特来赶香堂。”

“此地抱香而上，你阿有三帮九代？”

“有格。”

“你带钱来否？”

“带格。”

“带了多少？”

“一百二十九文，内有一文小钱。”

答对了。庙门呀然一声敞开。引见师一马当先，把十来个“侄子”领到神案之前，杜月笙抬眼一望，只见那一大幅黄纸上面，整齐地写着十七位祖师的牌位，正当中的一位是“敕封供奉上达下摩祖师之神位”。

自达摩祖师以次，供奉祖师的名讳是任慧可、彭增灿、叶道信、万弘忍、杨慧能、金清源、罗净修、陆道远、翁德意、钱德正、潘德林、王文敏、姚文全、建号隆武的明朝唐王和建号永历的桂王。往后大磕其头的时候他又看到，大门外还供了一位“小爷”，他是明末忠臣史可法，因为上面有唐王、桂王两位明代帝王，史可法是人臣，不便与帝王同列，方始委屈他守在门外。

本命师，也就是他们这一群“侄子”未来的“老头子”陈世昌，端一张靠背椅，往当中一坐。他的两旁，雁序般排成两行赶香堂的前辈，又称“爷叔”。在几十位爷叔之中，除了本命师和引见师，还有分司执事的八师，称为“传道师、执堂师、护法师、文堂师、武堂师、巡堂师、赞礼师、抱香师”，这便是所谓的香堂十大师了。

有人端了一盆水来，从本命师起始，挨着辈分次序，请大家一一净手，净手代表沐浴。水只有一盆，手倒有好几十双，轮到杜月笙洗时，干净水几乎变成了烂泥浆。他非但不以为意，而且怀着满腔虔敬，把自己的手洗得更脏。

净好了手还要斋戒，盛一大碗海水，又从本命师依次传下去，一人喝一口，喝时嘴巴不许碰到碗边。一口水喝下去就算斋戒过了，从此一其心志，迎接神祖。

沐浴和斋戒已毕，抱香师从行列中迈前一步，面朝殿外，拉开嗓门，高声喝起四句请祖诗：“历代祖师下山来，红毡铺地步莲台。普度弟子帮中进，万朵莲花遍地开。”

然后，他一手持烛，一手执香，将香与烛搭成十字，在每一座牌位前磕三个头，磕完头随即献上香烛。五十一个头磕好，十七副香烛献齐。这位抱香师再从神案中央将五支抱头香点燃，捧到庙门口，再一次把庙门关牢，转身进来，大喝一声：“本命师参祖。”

参祖就是参拜祖师，陈世昌离座就位，面向坛上，先默默地念诗一首，然后自家报名：“我陈世昌，上海县人，报名上香。”

这时，左班排头闪出赞礼师来，朗声赞礼，令本命、引进、传道、执堂、护法、文堂、武堂、巡堂各师挨着次序，每人在每一牌位前磕三个头。等最末一位巡堂师磕完，他自已也恭恭敬敬地走上去，如法炮制，照磕不误。

十大师参祖过后，轮到赶香堂的朋友依样画葫芦。参罢祖师，执堂师走出来，介绍帮里的朋友相互见礼。于是赶香堂的也分列左右，齐齐地排了两行。

至此，杜月笙精神为之一振，他知道入帮大典就要开始了。

引进师和传道师，领着杜月笙一行参拜祖师，参拜香堂十大师，参拜所有在场的爷叔。一连串一两百个头磕下来，体力差些的，已经觉得腰腿不大灵活了。这时，“倥子”群里领头的一位，还要向在场的同帮客气一下：

“先进山门为师，后进山门为徒，各位老大受礼。”

说完立刻率着众家兄弟，向上磕个总头。这时赞礼师父手捧一大把香，分给“倥子”们一人三支。杜月笙等人双手捧定，十几个弟兄一字排开，齐齐并肩跪下。等传道师升座，交代三帮九代。所谓三帮九代，就是帮里的祖先世系，徒子徒孙字辈，来龙去脉，细细吩咐清楚。

终于轮到本命师陈世昌登场了，他站在坛前，俯视着杜月笙那一帮矮了半截的人，弯下腰来照例地问：

“你们进帮，是自身情愿，还是人劝?”

十几个人异口同声地回答：“自身所愿。”

于是陈世昌站直身子厉声告诫：“既是自愿，要听明白。安青帮不请不带，不来不怪，来者受戒。进帮容易出帮难，千金买不进，万金买不出！”众人齐声应了是，随即就将预先备好的拜师帖和贽敬呈递上去，拜师帖是一幅红纸，正面当中一行，恭楷“陈老夫子”，右边写三代简历，自己的姓名、年龄、籍贯，左边由引见师预先签押，附志年月日。

拜师帖的反面，写好十六字的誓词：“一祖流传，万世千秋，水往东流，永不回头！”

陈世昌收齐了贽敬和拜师帖，又喊一声：“小师父受礼！”

众目睽睽之下，陈世昌要拿出他的看家本领了，面对着十多位小师父，他将传授一帮三代的历史，十大帮规，以及记载青帮各种“切口”的秘本。青帮帮规相当严格，违者轻则罚跪香堂，重则戒板、除籍，甚至三刀六洞，秘密处死。后来杜月笙向朋友坦然承认，对于他这么一个缺乏教养、浪迹沪滨的孤儿来说，青帮十大帮规确曾在他立身处世方面，具有重大的教育意义。

除十大帮规外，还有一项更严格的规定：必须确守帮中秘密。任何人进了青帮，便得“上不传父兄，下不传妻儿”。纵使在自家帮里，也是只有纵的关系而无横的联系，即所谓：“师知其徒，徒识其师。”同参弟兄之中，经常来往不多的，照样像是路人一般。因此，倘若遇到事情，必须要找自家人的时候，他们便唯有利用秘本上规定的切口、动作和手势，种种暗号，都要背诵得一字不差，熟练得一毫不爽。比如说，进茶馆、酒楼必定右脚先跨进门槛，左手两指拎着袍衩，盘切口时对方头一句问，“贵帮有多少船?”应该答道：“一千九百九十一只半。”当地老大有事相商，斟茶时要凤凰三点头，一杯茶分作三次斟满。如果来人比当地老大辈分低，需以大拇指在桌面三跪九叩首，若辈分相同，用大拇指在碗盖上点点就行了。

青帮最忌“倥子”冒充，因此切口不熟，手势动作不符，不但得不到所需要的帮助，而且大有惹上杀身之祸的可能。杜月笙早年确曾把老头子陈世昌的秘本背得滚瓜烂熟，因为他听说只要动作符合，对答如流，便可以分文不带走遍天下，到处有青帮中人供应食宿，解决困难，赠送盘缠，甚至替他卖命报仇，青帮中人是最讲义气的。杜月笙深为能够加入这么一个拥有百余万众的秘密团体感到兴奋，热血沸腾。

现在，只要听完老头子讲完青帮的历史和宗旨，杜月笙平生第一次参加的重大仪典，即将宣告完成。杜月笙经历了这些程序，终于成为青帮中的一员。这是杜月笙从泥鳅跳上龙门的一个重要转折点！

杜月笙加入青帮后，有了坚强的后盾，无论走到哪里，只要挂了牌，背得出青帮的切口，通过盘问，到处有吃有喝又有住处，遇到困难帮内兄弟帮助解决，为他壮势撑腰，至少不再担心上当受骗，遭人欺侮。王国生得知杜月笙已经拜过老头子，加入了青帮，便要他利用这个关系，专门担任跑街，负责去十六铺码头提货销货，在同行间送货收款。杜月笙凭借灵活的头脑，不俗的交际手腕，很快成为十六铺众多水果店跑街行当中最为出色的一个。可是，日子长了，杜月笙嗜赌的毛病又犯了。越赌越上瘾，以致天天去赌。他当时年轻，精神头足，赌兴又特浓，一上赌场，往往三天两夜不下场，王国生时常找不到他，有时甚至一连失踪三五天。王国生看在师兄弟的分儿上，只是在杜月笙红肿双眼、哈欠连天回来时，规劝他几句，对他说：“事体归事体，白相归白相，凡事总要有个限度！”王国生对他待之以礼，动之以情，可是终究无效。杜月笙不仅旷工，而且开始挪用店里的款项，只要有钱过手，他便拿去赌。赢了归账，输了再去挪一票，希望赢了再弥补亏空。可是，在赌场上真正能赢钱的，只有老板和“航船”。所谓“航船”，也就是赌场为了兜揽生意雇用的一些能说会道的兜揽者，他们走街串巷，在大小商店勾引店员学徒；或登堂入室，勾引少妇长女，拉到一个赌客，就可以抽取一定数量的佣金。所以，作为一般赌徒，杜月笙在赌场往往一输再输，亏空越来越大，结果东躲西藏，过着饥寒交迫的日子。最后只好不辞而别。在离开王国生的水果店后，杜月笙每天跟着师父陈世昌沿街兜赌，干起套签子的勾当。也常常指使小流氓夜间去偷商店的招牌，第二天再去勒索。有时还指使一群小流氓到商店门口互相打闹，抛粪便，弄得顾客纷纷躲避，影响商店的生意，店主只好给钱了事。

杜月笙在度过了一段晨昏颠倒、眠食无常的日子后，终于有一天感到头重脚轻、浑身酸疼，再也爬不起来了！这次生病，来势汹汹，发高烧，说胡话，一连几天昏迷不醒。总算有几个朋友还讲义气，王国生自掏腰包帮他请医生、抓药，袁珊宝把他背到自己的房间里就近照料。可是，杜月笙病情过重，连医生也说他有生命之忧，不肯再给他开方子。大家没了主意。一天，大家趁杜月笙苏醒过来的空当，急忙问他：“你在高桥乡下，还有什么亲眷？”他想来想去想不起一个关心自己的亲人，无限伤感地流下成串的热泪。突然间，他想起一个人，于是对王国生和袁珊宝有气无力地说：“要么，侬去告诉我格姑母，伊是我爷爷格阿姐，我姑丈在高桥乡下种地，名喊万发春。伊啦有个伲子，叫万墨林，今年10岁，前一晌听说伊也到小东门来了，勒浪（在）一家铜匠铺学生意。”王国生和袁珊宝二人直奔街口，约好分头去找在铜匠铺学生意的万墨林。当时，在十六铺共有三家铜匠铺，很快便找到了万墨林。可是，万墨林当时仅有10岁，不敢独自回高桥，袁珊宝只好问清地址，托一位经常往来于上海和浦东的朋友捎个口信去高桥。三天后，杜月笙的姑母，也就是万墨林的母亲，赶来十六铺看望杜月笙。毕竟是骨肉情深，老太太请袁珊宝搬到别处去住，她整整服侍了杜月笙一百天。面对气息奄奄的杜月笙，老太太到处求神拜佛，后来打听到小蝌蚪可以退烧，便给杜月笙找来一些小蝌蚪让他服下。于是，奇迹出现了，杜月笙的高烧居然退了，病体霍然痊愈！就在袁珊宝的房间里又休养了半个多月。身体逐渐复原后，杜月笙的赌瘾又犯了！最后输得把衣服、裤子都送到当铺去换赌资。袁珊宝后来回忆说："月生哥赌铜钿输脱了底，他就喊我缩在被窝里弗要起来，他把我的衣服、裤子裹成一卷，送进当铺，当点钱来做赌本。每逢碰到这种事情，我总要躺在床上暗里祝祷：南无阿弥陀佛观世音菩萨，保佑月生哥赢到铜钿赎当回来。否则的话，我身上只有一套汗褂裤，岂不一生一世都爬不起来啦！"就在杜月笙和袁珊宝已经穷途末路之际，突然遇到了救星黄振亿，帮他进入了黄公馆。

四、进入黄公馆

杜月笙进入黄公馆，是他一生中的另一个重要转折点。这里需要简略地叙述一下黄公馆的主人公黄金荣。

黄公馆的管家黄振亿是陈世昌的青帮同辈弟兄，绰号"饭桶阿三"，他受黄金荣之托，为黄公馆物色一个打杂的，他便相中了杜月笙。向黄金荣推荐杜月笙的，还有杜月笙的老头子陈世昌以及黄金荣的亲信当差"大头阿发"等。一天，黄振亿看到杜月笙百无聊赖地在马路上闲逛，于是跑过去拍拍他的肩头，对他说："月生，你这样下去不是事体，假使你有心向上，我推荐你到一个地方去，好吗?"杜月笙懒洋洋地看了他一眼，问道："啥场化?"黄振亿向他悄声神秘地说："八仙桥同孚里，黄金荣黄老板的公馆。"杜月笙听罢简直不敢相信，黄金荣是何等样的人！自己这个潦倒不堪的小瘪三，如何进得了黄公馆的大门？杜月笙当时就听呆了，黄振亿连声喊他，才把他从呆思中惊醒。这对于杜月笙乃是求之不得的大好事，立即应允，当然，杜月笙回答得不温不火，恰到好处。黄振亿为了表示自己在黄金荣面前吃得开，便对杜月笙说："要么，你现在就去拿行李，我马上带你一道去。"杜月笙知道黄振亿有把握，就连声道谢，同他约好见面的时间、地点，一路跑回十六铺，向袁珊宝说明黄振亿推荐自己去黄金荣公馆的事，袁珊宝高兴地说："这真是再好不过的事，黄老板那边场面大，来往的都是些体面人，月生哥，你这次可算是一步登天了！"一边说，一边帮杜月笙收拾行李，无非是一床被褥和几件换洗的衣服。在送杜月笙出门时，袁珊宝叮咛他说："我们的同参兄弟马祥生也在黄公馆，你进黄公馆可以去寻他，自己的兄弟，一定会照应你的。"分手时，杜月笙郑重其事地对袁珊宝说："我这次进黄公馆，不管黄老板叫我做啥，我必定尽心尽力，把事体做好，或许有一段时间，不能出来看望你！"袁珊宝鼓励他说："我们各人做各人的事，等你有空的时候，我们再碰头！"杜月笙和黄振亿在约定的地点见面后，两人一同走向黄公馆，路上黄振亿同他讲话，他似乎一个字也未听进去。当踏进同孚里大门时，杜月笙的心突然紧张起来，担心见了黄老板自己一个字也说不出来！

下午四五点钟，黄振亿同杜月笙来到黄公馆的客厅。黄振亿对黄金荣说："老板，我介绍个小团子给你！"黄金荣看杜月笙衣着朴素，蛮有气魄，在他面前站得笔直，于是说："蛮好！"当问到姓名时，杜月笙回答："姓杜，名月生。土木杜，月亮的月，学生的生。"黄金荣于是大笑道："真是奇怪！来帮我忙的，各个都叫生，苏州有个徐福生，前面有个顾棠生，厨房有个马祥生！"杜月笙于是被分配到与厨房相连的一个房间，同在黄公馆唯一的熟人马祥生住在一起。

杜月笙在黄公馆里，最初只能作为一般佣人，干些杂活儿，进出只能走后门。他沉默寡言，但事事留心，平时除了奉命应差，很少出门。他形容自己当时是"眼观六路，耳听八方"，怀着战战兢兢的心情做事，给人的印象是做人诚恳，头脑灵活，很快便得到黄金荣的赏识。杜月笙费尽心机，揣摩黄金荣及其周围重要角色的性格、脾气以投其所好。因此，不久就博得黄公馆上上下下的好感，黄金荣也开始派他做些贴身差使，其很快成了黄金荣手下的得力帮手。黄金荣虽然表面上是法租界巡捕房的“包打听”，暗地里却干着黑社会老大的勾当。黄时常让杜月笙去十六铺码头上的民船要钱，向十六铺码头附近的下等妓院和赌台收“月规钱”，即保护费，然后分一小部分给他。

有一次，黄金荣老婆林桂生得病，提出要年轻力壮的小伙子看护，以取其阳气镇妖邪，杜月笙被选中而得以进出黄金荣的内室。林桂生精明强干，敢作敢当，是上海滩有名的所谓“白相嫂”，黄金荣一向惧内，对她言听计从。杜月笙深知林桂生的利用价值，因此照顾林桂生十二分尽力，殷勤备至，把林桂生服侍得非常满意，于是成了她的贴身心腹，连背着黄金荣在外面用“私房钱”放债的事她也交给他掌管，并决定好好提拔他。恰好一次机会使杜月笙从打杂的小伙计，一跃而成为老板娘的得力助手！

当时，黄金荣时常令手下人出去抢劫烟土。一天，一麻袋的鸦片烟土在被送回黄府的途中被运送者盗走。当时恰好黄金荣外出，几个“武脚色”也不在家里，其他人面面相觑。这时，杜月笙觉得是天赐良机，于是鼓起勇气向林桂生毛遂自荐，要求亲自前往处理。当时林桂生无人可派，只好同意他去。杜月笙觉得成败在此一举，于是决定自己一个人前往。他问清楚运送鸦片时所走的路线，向老板娘借了一支手枪，跳上一辆黄包车，叫车夫快跑！他在车上琢磨，偷鸦片者绝不敢到法租界来自投罗网，一定会先找一个藏身之处，不可能跑得太远，一定正在冒险穿过法租界前往英租界。于是命令车夫加快速度前往法租界与英租界接壤处的洋泾浜。不久，果然发现在他前面有一辆黄包车，那辆车因为载有一百多斤的鸦片，加上偷鸦片贼本身的重量，使得车辆走得极慢。杜月笙的车很快就赶上了那辆黄包车，他亮出手枪，枪口对准车上的人说："朋友！你失了风（江湖黑话，意为你惹麻烦了）！"偷鸦片贼惊得魂飞天外，便声音颤抖地问："你是谁？"杜月笙这时发现对方手里没有武器，于是对偷鸦片贼乘坐的黄包车的车夫说："没有你的事，请你把车子拉到黄公馆，我赏你两块洋钱。"杜月笙人赃俱获，把那个偷鸦片贼带到了黄公馆。杜月笙为黄金荣立下了汗马功劳，此后便开始参与黄公馆的机要，更成了林桂生的心腹大将。

在黄公馆当差做事，上上下下均无薪水，这也是大伙儿心甘情愿的。因为大家觉得，既然有黄老板的牌头可资利用，有的是财路，给黄老板做事当差，不仅不要薪水，还应该按月孝敬黄老板才对。杜月笙虽然深受老板娘的信任，却不敢放手去自寻财路，他除了得到不定时的赏赐，并无其他收入，手头自然显得比较寒酸。老板娘既然要用他，自然会在钱财方面予以照顾。于是，便给了杜月笙一个美差。黄金荣也见杜月笙一天比一天老练，加之林桂生经常在他耳边吹风，便准备将当时法租界三大赌场之一的"公兴记俱乐部"交给杜月笙经营。一天，林桂生对杜月笙说："月生，公兴记那格只台子，就在巡捕房的隔壁，你去寻他们的老板，就说我喊你来的，要帮帮他们的忙，照例吃一份俸禄。"杜月笙知道公兴记俱乐部这个赌场日进斗金，每逢经过其门口，总是不胜羡慕地向里面望几眼，如今林桂生让他去那里吃俸禄，自然欣喜若狂。可是，他第一次去就碰了钉子，赌场老板对他说："小朋友，'空口无凭'这句话，想必你总听得懂的吧？"杜月笙被当众奚落，无言以对，羞得满脸通红，只好匆匆逃出赌场，回到黄公馆。怕林桂生脸面上下不来，便决定闷不作声。过了些天，林桂生偶尔想起这件事，便问杜月笙："公兴记那边给你多少俸禄？"杜月笙支支吾吾，难以回答。林桂生一眼就看出了里面的门道，于是盘问出杜月笙那天碰钉子的经过，难免勃然大怒地说："好格，我自家带你去！"赌场老板见林桂生亲自带杜月笙前来，急忙赔笑脸，说好话，殷勤招待。知道林桂生是为杜月笙的事儿来，不等林桂生开口，就先委婉地解释那天的误会。林桂生只是淡淡地对赌场老板说：“你要凭据，现在凭据自家来了！”赌场老板只好低声下气地赔罪，当场决定给杜月笙吃一份长生俸禄，每月支领30块银洋。林桂生挣足了面子，便在一张推牌九的台子旁停下来说：“我来推几副”，结果赢了不少钱。她看自己面前的筹码有二三百元，够做本钱了，于是回过头来对杜月笙说：“来，月生，我还有事，你帮我接下去。”三个钟头下来，杜月笙竟赢了两千四百多块钱！他便雇了一辆黄包车，急忙回到黄公馆，向老板娘交账。林桂生却对他说：“这笔钱统统归你，我一文也不要！”杜月笙急忙说：“我是代你推庄的，赢钱是你的运气。”杜月笙一再推辞，林桂生随后说：“我拿四百块的红钱，那两千块你拿走！”其实，这是林桂生对他的一次考验，看他如何使用这些钱！林桂生对黄金荣说：“假使他拿那两千块钱去狂嫖滥赌，那么他充其量是个小白相人的材料！假使他拿那笔钱存银行、买房子，那么他就是个不合我们行当的角色。若他拿这笔钱去清理旧欠，结交朋友，我断定他一定是我们最得力的帮手，我们一定要好好培养他、扶植他！”杜月笙对于这笔钱既没有挥霍，也没有存银行或买房子，而是用来送给昔日的穷哥们儿和清理欠债。次日一早，便同马祥生一同回到十六铺，先去找老友袁珊宝，畅谈了一会儿，让马祥生和袁珊宝继续聊天，自己则来到隔壁潘源盛水果店找王国生。二人相见，自然高兴非凡。杜月笙把王国生拉到后房，在一张小桌边坐下，严肃、恳切地对他说：“国生，以前，我有些事对不住你！我知道你是不介意的，可是，我每天都会想起。你自己的境况不好，实在是我拖累了你！”王国生急忙说道：“难得见一面，你就不要再说这些了！”杜月笙不再提这些，但是要还钱，原来他把所欠的公款，一笔笔记得清清楚楚，总共有五十块钱，却还给王国生两百块大洋。王国生说：“算你入的股本?”杜月笙站起来一边往外走，一边说：“不，是我送给你的！”接着，杜月笙又找到师父陈世昌、三叔黄振亿，也都送了钱。对于他兼营“航船”期间被他吃掉赌本和彩金的赌人，也都给予双倍的赔偿。一天下来，杜月笙把赢来的两千块钱用去了一半，然后感慨地对马祥生和王国生说：“直到今天，我心里才松快了！”马祥生不解地问他，为什么这样做？杜月笙回答说：“不要忘记，我们自家也过过这样的日子！”林桂生得知杜月笙此举后非常欣赏，于是把杜月笙当作心腹来培养。

林桂生和黄金荣为了让杜月笙更好地为自己服务，不仅把法租界的一家赌台拨给他，让他去经营，还帮他成了家，让他娶了苏州姑娘沈月英，并帮他在黄公馆附近租了一幢房子，以便同黄金荣随时联络。沈月英的母亲曾是黄金荣夫人的梳头娘姨，由黄家做媒，将她介绍给杜月笙，并积极帮他筹划婚礼。1915 年，杜月笙在黄金荣、林桂生夫妇的帮助下，举办了风光体面的婚礼。婚前，他派人到家乡高桥镇，特意把姑母万老太太接来，在法租界为万老太太租了房间，并且给她买衣料，请裁缝为她制作衣服，把姑母装扮得整齐体面，参加他的婚礼。

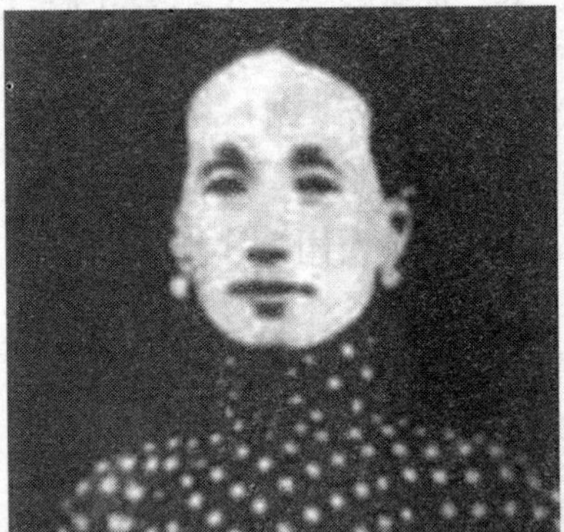
沈月英

杜月笙的婚礼由黄金荣夫妇一手操办，不仅为他在同孚里租了一幢房子，而且置办了家具，定做了衣服，由于杜月笙平日朋友多，人缘好，所以来帮忙的人很多。婚礼的规模虽然不算大，但却很是热闹，杜月笙花大价钱租了一顶宁波龙凤花轿。婚宴在杜月笙同孚里的新家举办，宾客凑齐一桌便开席，吃完就走，川流不息。酒宴一连举办了十天。杜月笙浦东老家的亲眷，全都住在栈房里。回家时，杜月笙向每家赠送二十块大洋作为旅费，所以，前来参加婚礼的亲眷，无不称心如意。

少年时期的杜月笙（右）

结婚之后，杜月笙便开始在公兴记俱乐部执掌大权。要经管赌台，必须要保证赌台的安全，才能吸引赌徒们。赌台老板则需要雇用强有力的保镖，俗称“抱抬脚”者，定期予以巨额款项，作为报酬。经营赌场虽是件无本万利的美差，但要干好却也不易。因为输红眼的赌徒，可能会铤而走险，杀人夺财。赌场附近的叫花子、散兵游勇、亡命之徒，随时都会制造事端，威胁赌场的安全。因此，经营赌场，既要有管理一大批打手以维持赌场秩序的手腕，更要有能摆平各方面势力的关系。杜月笙走马上任时，正面临各赌场时常遇到的两大难题：一是“剥猪猡”；二是“捉大闸蟹”。所谓“剥猪猡”，是指抢劫单人赌客。因为赌场打烊一般都要到午夜以后，那些赢了钱的单身赌客往往成为“剥猪猡”的对象。抢劫者不仅抢走赌客的全部钱财、首饰，还把衣服也剥光，所以叫作“剥猪猡”。这类事情几经发生，赌客自然视赌场为畏途，望而却步，赌场的生意大受影响。杜月笙上任后，凭借黄金荣及青帮的势力，找到了那些专干“剥猪猡”勾当的头目，答应由法租界的三座赌台每月从盈利之中抽出一成，交给他们分润，使之不再抢劫赌客，这些人甚至还成了赌客的义务保镖。所谓“捉大闸蟹”，是指租界巡捕捉赌。巡捕房虽然按月收取赌场巨额“孝敬”费，但为了应付舆论，有时也故意兴师动众地捉赌。捉住赌客后，将他们用绳子连成一串游街，其状类似用绳串起的螃蟹，因而戏称“捉大闸蟹”。凡是到赌台玩的人，大多有点儿身家、名声，当众游街当然难以承当，所以，使得赌台的生意一落千丈。对赌场来说，赌客不能少，巡捕房也开罪不起，因此是赌场老板很头痛的难题。赌场行话日场称“前和”，夜场谓“夜局”，大赌客多数参加“夜局”。杜月笙托黄金荣在巡捕房打通关节，如要捉赌，“只捉前和，不捉夜局”。白天在众目睽睽之下捉赌，既有利于巡捕房作秀，又因网开一面，众赌客可以放心赶“夜局”，一举两得。可是，这样仍有问题。因为捉了“前和”，就没有人在“前和”来赌，不仅影响生意，而且，“前和”捉不到人，巡捕房也无法向租界当局交差。杜月笙于是又想出个“苦肉计”，就是安排若干流氓弟兄在“前和”场内专充被捕者角色，商妥巡捕房只捉他们去游街，以保证其他赌客无事。于是，“前和”赌场也可以有一定数量的赌客。

有人总结出杜月笙在解决赌场两大难题上，取得四项成就：第一，他稳定了行险侥幸“剥猪猡”小强盗的生活。第二，替法租界巡捕房大量减少鸡零狗碎的抢案，总探目黄金荣越发可以高枕无忧。第三，为法界赌台扫除一大障碍，使其营业兴盛，利市倍蓰，而执黄浦滩上赌业的牛耳。第四，他开始拥有第一批赴汤蹈火在所不辞的忠实徒众。

鉴于杜月笙解决了赌场的两大难题，加上内有黄老板和林桂生的宠信，外有各界朋友的接纳，杜月笙在黄公馆已经拥有举足轻重的地位。这时，他也如黄公馆众兄弟那样，早上“皮泡水”，也就是泡茶馆，就是每天起床后，往茶馆里一坐，吃点心；下午“水泡皮”，也就是午饭过后，两三点钟到澡堂去洗大汤。其实，这种生活方式乃是他们处理各种日常事务的习惯，因为那时他们既无写字间，又无联络处，茶馆和浴室也就成为他们每天接触三教九流的最佳场所。他们在这里做生意、讲斤头、开会、见朋友。

杜月笙在成家立业后不久便得了个儿子（养子），真是双喜临门！林桂生得知后，对杜月笙说："黄老板说，你们结婚时他做的媒，如今有了儿子，就把儿子过继给我们吧？"杜月笙认为这是黄老板和林桂生在攀亲眷，觉得十分荣幸。就这样，杜月笙的儿子就成了黄金荣的干儿子，两人也改口以兄弟相称，杜月笙改口喊黄金荣为"金荣哥"，称林桂生为"桂生姐"，黄、杜两家的关系更加密切，杜月笙在黄公馆的地位也与此前大不相同了。

第二章　步入黑道

一、参与鸦片争夺战

自晚清以降，吸食鸦片已经成为一种时尚，人们把吸食鸦片当成有钱的象征，不少地方，竟以鸦片烟膏来招待客人，如同后来人们以香烟、茶茗待客一样。既然吸食鸦片已经成为显示地位和阔绰的生活方式，于是竞相效尤，几乎渗透到各个阶层。据当时广东禁烟局的统计，吸食鸦片者，在政界占21.4%，军界占15%，商界占21.67%，学界占18.75%，劳动阶层占25%。另据万国禁土会的调查，高级官吏和富人中间，吸食鸦片者占总人数的一半以上。所以，鸦片在当时中国的销售量十分可观。19世纪末到20世纪初，鸦片进口已经占进口总量的五分之一以上。1906年清廷禁止鸦片以前，上海每年平均进口鸦片22500担，价值约4000万元。据上海海关统计，到1917年，鸦片价值相当于其同等重量的七倍。

上海的鸦片贸易，最初是被公共租界（英租界）的英国商人垄断。不仅是洋烟倾销最重要的市场，而且是土烟的集散地。当时华界的南市、闸北河法租界、公共租界（英租界），到处土行密布，烟馆林立。清末中国禁烟，英租界迫于压力，从1900年起在公共租界实行分阶段禁烟，直到1914年租界内的烟馆才基本关闭。法租界也表面上宣布在八个月内，分阶段禁烟。实际上，土行的鸦片生意依然如故。而且，还乘英租界禁烟的机会，邀请英租界的土行巨头前来法租界经营，使法租界的鸦片行业空前繁荣，成为中国乃至世界上最烈的鸦片黑窝。法租界法大马路（今金陵东路）附近的中华里、宝裕里、宝兴里一带，成为闻名遐迩的烟土市场。为了应付舆论，租界当局宣布烟馆一律停业，实际上，一部分已转入地下，导致燕子窝应时而起。所谓燕子窝，是比烟馆略小、陈设也比较简陋，因而价格也比较便宜的地下烟馆，满足了上海数十万烟民的需求。据统计，1926 年时，法租界的燕子窝达六千余家。实际上，公共租界（英租界）地下的贩毒活动，也从未停止过。鸦片贸易不仅为租界当局带来了巨大的收入，也为军阀和黑社会带来了丰厚的利润。因此，租界当局、军阀和黑社会就成了支撑鸦片贸易的三大支柱，使上海成了国内外鸦片的集散地，鸦片生意越做越大。

最早在上海经营烟土的是来自广州、澳门的潮州烟土帮。鸿泰土栈是上海第一家专卖鸦片的土行，即为潮帮人士所开设。其后土行之设有如雨后春笋，越来越多，遂使上海成为全国鸦片的集散地，业者日进斗金，富可敌国。他们把烟土生意由广州、澳门转移到上海，着眼点便是上海的英租界和法租界。租界交通四通八达，尤其是有外国人的管辖区，烟土商正好利用这个地方，作为大宗烟土的转运站。贩卖烟土，乃是一本万利的生意，各路英雄好汉，无不觊觎这个买卖。在 20 世纪初，上海的鸦片走私活动异常活跃，为了获得暴利，烟贩们冒险贩运、倒卖烟土，并且发展成许多贩卖外国烟土的大烟商，如郭子彬经营的“郭鸿泰土行”、郑四太爷经营的“郑洽记土行”等。这些大烟土商行，都集中在公共租界境内，形成著名的“潮州烟帮”和“大浦烟帮”。由于贩卖烟土可以获得三倍至四倍的暴利，所以，受到帮会分子的觊觎，希望从中分得一杯羹。

当时，鸦片烟土从外洋运到上海，为了避开从吴淞口到英、法租界码头一带的军警，必须先将鸦片烟土从轮船上卸下。卸鸦片的办法是，先将装载鸦片的麻袋抛到海面，等到海水退潮时，再用舢板捞起，或者由在岸边的高手用竹竿挠钩把麻袋钩上岸，一些人便趁机抢劫鸦片烟土。当时上海抢劫鸦片烟土最狠的角色就是以英租界巡捕房探目沈杏山为首的“大八股党”（成员包括沈杏山和季云卿、杨再田、鲍海筹、郭海珊、余炳文、谢葆生、戴步祥等）。据一位曾经目睹过抢烟土事件者回忆：大轮船进了吴淞口，我立在船头甲板上乘风凉，忽然看见两舷走廊有黑幢幢的人影，忙忙碌碌，将一只只的麻袋往水里掼。这时候有人也跑到船头来，拿着手电筒，一闪一闪地向前面照。即刻，前面很远的地方，又有电筒光向轮船上一闪一闪地响应。然后轮船一径来到码头，沿途就不断有船上、江面、岸边的电筒光暗号打过来又转过去。后来才知道：“这就是接驳鸦片烟的人一路在打招呼。”豪强者侦悉了个中秘密，立刻如法炮制，驾舢板的驾舢板，使挠钩的使挠钩，照样地去接土。一捞到或是一钩到，拖它起岸装上车子就跑，江面宽阔，地区辽远，英界、法界、华界，错综复杂，各有各的势力范围圈。土商明明吃了大亏，却不敢奋力追赶，高呼求救。

“大八股党”最初依靠暴力，抢夺由外洋运来的烟土，后来，逐渐采取一种稳妥可靠并且不冒风险的办法，抢占鸦片争夺的制高点。他们设法投效上海的两大缉私机构，即“水警营”与“缉私营”，以及英租界的巡捕房。他们以金钱为利器，进行渗透，通过上下交欢，很快在这些机构里提升到高位，有人甚至担任了“水警营”与“缉私营”的营长。“大八股党”的头目沈杏山本人就是英租界巡捕房的探目，从而把水、陆两途和英租界的稽查烟土大权抓在自己手里，向鸦片烟业者大量收取保护费。而这些烟土行的大老板也乐得奉献，因为如此就不必再有令人心惊胆战的抢烟土事件发生了。这样，“大八股党”利用“水警营”、“缉私营”和巡捕房三股力量，对烟土包接包运，沿途从吴淞口到英租界一路畅通无阻，使原来靠抢烟土为生的各路人马目瞪口呆，他们的财源几乎全被切断了！“大八股党”于是垄断了上海鸦片的走私业务。

二、筹组“小八股党”

20世纪二三十年代，上海并不是一个统一的城市，而是由华界、公共租界（英租界）和法租界三部分组成。这三部分各有其独立的行政、立法和治安体系，三个区域不仅有市政当局，而且还有独立的司法系统，从而使得社会治安问题更加复杂化。因为三个独立的司法系统之间几乎没有过合作关系，这就使帮会分子可以在一个司法辖区里建立据点，而到另外两个辖区去进行抢劫、绑架和从事毒品交易。正好可以通过向本辖区警察、警官们行贿，以保证他们巢穴的安全。这样就使得各种犯罪活动大行其道。

毒品走私是当时帮会分子的主要财源，黄金荣最初也是用抢劫的办法获得烟土。他派手下的徒弟们，在华界和英租界的交界处进行抢劫，然后逃入法租界。英国巡捕和华捕都被禁止进入法租界抓人，被抢者因为是非法经营，也不敢在华界和英租界报案，所以抢劫者能够屡屡得手。他们抢劫的手法，第一种是“抄把子”，也就是警匪合作，警察、巡捕以查抄烟土为名，搜查烟商的烟土，将部分上缴，其余部分私吞。第二种是“硬爬”，也就是拦路抢劫。他们事先在烟土商经过的地方埋伏若干人，待其到达时，突然前去抢劫烟土商携带的烟土。杜月笙在投入黄门之后，最初就是带领十六铺和南市的流氓们从事抢劫烟客的勾当。杜月笙看到华界里那些有钱的烟客每天都到法租界来购买烟土，于是就指挥他的弟兄们在两地的交界处等候，当烟客购买烟土后从法租界出来进入华界时，立即上前抢劫，然后再迅速跑回法租界。被抢烟客既不敢向华界警方报案，又不敢向法租界巡捕房报案，只能自认倒霉。第三种是“套箱”。鉴于贩卖烟土在表面上属于违法，所以烟土行一般都把烟土装在煤油桶里伪装起来。抢劫者则乘坐马车，用事先准备好的木头匣子埋伏在预定地点，待运送烟土的人到达时，抢劫者突然快速上前，用木头匣子套住煤油桶，搬上车子快速离去。

黄金荣抢劫轮船上的走私鸦片，是利用其弟子中在上海码头的所谓“水老虫”进行。“水老虫”也就是上海人所说的“水老鼠”，专门在水上抢劫烟土。因为黄浦江水浅，轮船无法靠近码头，同时也为了逃避关卡的盘查，必须用小划子把鸦片一箱箱运到陆地。“水老虫”便趁机把小划子弄翻，然后把鸦片捞起抢走。

为了对付黄金荣门徒抢劫烟土活动，“大八股党”采取勾结租界“水警营”和“缉私营”等办法，垄断了上海滩的鸦片走私活动。这样，黄金荣和林桂生就很难再用老办法抢劫烟土，于是问计于杜月笙。杜月笙经过几天的冥思苦想，终于成竹在胸，把自己的想法向黄金荣和林桂生作了详细的报告，也就是组建“小八股党”，用游击战的方法，同“大八股党”进行较量。黄、林听后大为赞赏。得到黄、林的认可，杜月笙开始招兵买马，建立自己的队伍。他首先选中四名当时正穷困潦倒、无以为生，但又各个身怀绝技的流氓。

第一位名叫顾嘉棠，小名泉根，是苏北移民，1900 年来到上海，初做人力车夫。1904 年拜青帮“大”字辈刘登阶为师，加入青帮，成为青帮的“通”字辈。早年曾在北新泾当花匠，故绰号“花园泉根”。他长得肥头大耳，身体颇为健壮，而且擅长技击，有猛张飞的暴烈性格，崇尚江湖义气。顾嘉棠在瘪三队伍里混过一阵后，又纠结同伴，在沪西华界与租界毗连的地方，利用乡下人酬神演戏或中元节建醮的当口，临时搭盖芦席棚，设局聚赌，抽头营生。这类赌档，设备简陋，又可随时拆掉，故通称为“黄牛棚”。两界毗连的地方，管辖权并无明确规定，他们私设赌局，不易受到警方干扰。但有一次，却遇上了麻烦。租界一名华捕突然闯了进来，恰与顾嘉棠碰个正着。这华捕的来意，未必捉赌，只待捞点儿油水，便可放人了事。不料顾嘉棠却不买账，一言不合，彼此交手，纠缠中陡闻砰然一声，华捕的佩枪走火，受伤倒地。顾嘉棠当场被巡捕房抓去，判处徒刑六个月。在白相人的术语里，吃官司的叫吃“香港大菜”，认为是一桩“光彩”的事。因此释放那天，老伙伴们早早就在提篮桥监狱门口聚齐，簇拥着他，陪往剃头沐浴，并去南市城隍庙烧香磕头，消灾解晦。此后他便因祸得福，仗着吃过“香港大菜”的资格，爬高一级，由瘪三转入白相人的行列。他和芮庆荣合伙，在长滨路开设一家“如意茶楼”，并附设一档本滩（本地滩簧），几张赌桌，以义卖茶为名，聚赌抽头，从中渔利。而且暗地里把茶楼作为进行“拆梢头”、“讲斤头”、“装笋”、“抢赌台”、“抢烟馆”的窝点。杜月笙和“小八股党”的结纳，大半是从这间茶楼里拉上关系的。

第二位名叫叶焯山，广东潮州人，自幼生活在上海。他会使斧头，枪法颇准，据说在房间内，别人向天花板抛一铜板，他拔枪而出，便可将其击中。他最初为马车夫，后在美国领事馆做司机，因而有“花旗阿根”的诨号。“阿根”是其小名，而“花旗”则为上海人对美国的通称。他和高鑫宝、顾嘉棠等人，早在沪西时就已经混熟了。他养过马，做过马主，拉过马头。又在白相人地界，坐上自备的汽车。他虽没有收过多少徒弟，然而前期的杜老板，对他还是很重视的。

第三位名叫高鑫宝，出生于上海马立斯路（今延安中路与成都南路）一带，身材高大，大家都以长人（Long Man）相称。他出身于贫苦家庭，最初，在洋人的网球场上捡拾网球。稍长，他在斜桥总会做仆欧（Boy），侍应来客，工作轻快，比在球场奔逐自是省力。但因其为英国人的俱乐部，讲究礼节，不易讨好，只能奴颜婢膝，在精神上很不好受。最后，他总算跳出“佣人”圈子，转业做龙飞汽车行的电话员，专门应付从电话中雇用汽车的顾客。职位虽低，却与顾客处于平等地位，不受别人的轻视。当时雇用汽车的多属洋人，说的全是英语，因他以前拾网球做仆欧时，常和西人接触，普通英语已能了解，虽然吐音咬字不合标准，说的又是洋泾浜的英语，但在白相人当中，能以英语对答的，当时却还不多。后来，他又到美国人开设的飞星车行当司机。他加入青帮所拜的老头子是王德林。王为“大”字辈，高为“通”字辈。而杜月笙则为“悟”字辈，故就辈分而论，尚在杜月笙之上。他组织了远近闻名的“斧头党”，经常聚众斗殴，敲诈勒索。杜月笙将高鑫宝视为心腹，是因为他曾帮助杜月笙解决了一件大事。1931 年前后，法租界工部局的凡尔蒂夫妇往游太湖，突被太湖湖匪太保阿书绑架而去，当作洋财神看待，待价勒赎。法总领事梅里艾遂托杜月笙帮忙，设法营救。因高鑫宝做惯了太湖区的烟土生意，和各帮湖匪相当熟悉，因而接得上头，讲得上情面，将此事圆满解决。杜月笙因此事，对高鑫宝特加器重，视为心腹之一。

第四位名叫芮庆荣，出生于上海，原籍为宁波的三北店，五短身材，满面横肉，性情暴躁。他最初以打铁为业，后来靠贩卖香烟和兑换钱钞勉强糊口，不久改行，在洋人家中干“细崽”。所谓“细崽”，是指服役于西人的男仆。随着年龄的增长，芮庆荣在洋人家，不是和男仆斗嘴寻衅，就是和女佣人撩拨调情，不久便被东家撵了出去，便在白相人里当了一名小角色。黑道营生，无非“拆梢头”、“讲斤头”、“抢赌台”、“抢烟馆”。在这类争斗中，小角色就得拼着性命和对方硬干，才能站住脚跟。芮庆荣有一副好身坯，败下阵来，任你拳打脚踢，从不叫饶。即使挨上几刀，结了疤还会去寻仇，斗志依然旺盛。经过了几十回，虽然遍体伤疤，却是名声日显，居然赢得“小铁墩”的诨号，很顺利地投拜在季云卿的门下为徒。季云卿为青帮“通”字辈，出道颇早。当时上海的鸦片烟土掌握在潮帮手中，潮帮委托季云卿保护。芮庆荣不惜冒“欺师灭祖”的罪名，竟伙同顾嘉棠等将潮帮烟土拦路硬扒过来，因他心狠手辣，又赢得“火老鸦”的诨号。

除以上四人外，杜月笙还先后物色了杨启棠、黄家丰、姚志生、侯泉根四人。杨启棠是个杀人不眨眼的狠角色。以这八人为核心的“小八股党”，便成了杜月笙对付“大八股党”的基本力量。杜月笙找到的这几位朋友，均表示愿意与他同生死、共命运。杜月笙也对他们以诚相待，同他们亲亲热热，不分彼此，使他们颇为感动，心悦诚服，决心跟着他干！于是展开了同“大八股党”的烟土争夺战！

“小八股党”同“大八股党”的争斗开始于1918年冬。黄金荣的势力范围仅限于法租界，可以在法租界内为所欲为抢劫烟土。而英租界的鸦片则由以沈杏山为首的“大八股党”所控制，黄金荣对于英租界则无能为力。为了对付“大八股党”对鸦片走私的垄断地位，杜月笙带领“小八股党”直接进入英租界，用打游击的办法，出其不意地抢劫“大八股党”垄断的鸦片。他们先抢劫那些已经向“大八股党”缴纳过保护费的鸦片商，然后又直接抢劫“大八股党”所经营的鸦片。他们常常在月黑风高、大雨降临之际，把握时机，把抢夺的鸦片运到事先买通的三马路潮州会馆，放入空棺材里，然后再伺机运回法租界。

潮州会馆有做善事的潮州籍商人买来棺木存放在那里，以备偶有路毙，或无力殡葬者时，抬出去作为施舍用的。这里的房屋幽深，地点偏僻，尤其会馆后进是一排排阴风凄凄、鬼影幢幢的殡房。殡房里有排列成行的棺材，有的存置客死他乡、等候家属扶柩还乡的潮州人士，有的其中空空如也，正好拿来存储鸦片。杜月笙和“小八股党”看中了潮州会馆这个地点和殡房里的那些空棺材，买通了会馆管事。深夜里，便把抢到的烟土运来一一放在空棺材里，然后，等待有利时机再化整为零，一小块一小块地取回去，命人分别发卖。

一次，在一个夏天的夜晚，杜月笙根据从黄金荣处得到的情报，带领“小八股党”的兄弟们划着小船，停泊在吴淞口江面的黑暗处，等候“大八股党”运送的鸦片。当载有鸦片的远洋货轮进入港口抛锚后，船上灯火立即全部熄灭，于午夜时分将装有鸦片的麻袋丢入江中。这时，“大八股党”便派小船前来取货。而“小八股党”的小船则飞快地接近装有鸦片的麻袋，当“大八股党”的船只到达时，“小八股党”已经将麻袋夺获并迅速返回江边。

不久，“小八股党”再次夺取鸦片成功。在前一天傍晚，日本籍日清公司的一艘“乐阳丸”号轮船驶入浦东码头，旅客中有人夹带了一万余两烟土，分装在两个大皮箱和一件行李当中，由湖北人雷鸿见负责保价运送，与“大八股党”相约登岸取货。杜月笙早已获得情报，次日凌晨二时许，他纠集了十余名弟兄，各执斧头、棍棒，乘船在江中埋伏守候。雷鸿见等人将皮箱和行李从轮船上卸下来装在旁边的小船中，准备划向岸边。这时，杜月笙等人迅速将船截住，抢得了全部烟土离去。经过几次较量，“小八股党”终于夺得了鸦片运输的垄断权。黄金荣看杜月笙精明过人，便把法租界里最大的一家鸦片行承包给他。当时，杜月笙不仅亲自运销鸦片，还派人去查拿别人的“私土”。由于他经营得法，法租界的十家大鸦片商全部被杜月笙控制起来。“小八股党”在杜月笙的率领下，很快成为上海滩黑社会里一支彪悍凶猛的突击队，在他们的打击下，英租界以沈杏山为首的“大八股党”对鸦片贸易的护卫权受到强有力的挑战，加上英租界受到舆论的压力，潮帮土行只好另找保护者，于是，英租界的大小土行纷纷向外转移。法租界于是乘机许以优惠的税收条件，吸引这些土行。

第三章　帮助黄金荣干大事

一、协助黄金荣接待黎元洪

1923年6月，北京政府的大总统黎元洪被迫下野，先在天津企图复位，但因没有武力作后盾，只好作罢。他听说上海滩有个实力人物黄金荣，便欲前来上海同他相识。黄金荣听说黎大总统要来上海找他，真是天大的面子，也是自己光耀门庭的大好机会，于是使出浑身解数，一定要做好接待工作。此前，杜月笙曾在杜美路26号买了一幢洋房，黄金荣同杜月笙商量，觉得这座别致幽美的小洋房非常适合黎元洪小住。于是派人前去修葺一番，置备了全套家具。为了迎接黎元洪，黄金荣不仅动用了法租界的巡捕，而且让杜月笙亲自率领“小八股党”为黎元洪保驾。“小八股党”的成员，每人均拥有大量徒众，他们散居在上海及近郊，只要杜月笙一声令下，立刻组成大军，保护黎元洪可谓万无一失。杜月笙对于保护黎元洪的安全工作，十分尽力。他每天尽量抽出时间，守在黎元洪下榻的杜美路公馆，与黎元洪夫妇同进同出。每当黎元洪夫妇在公众场合露面，杜月笙均亲率“小八股党”在附近做防范和戒备工作。一天，黄金荣请黎元洪夫妇去共舞台观赏名伶露兰春的京剧。杜月笙率同“小八股党”个个身配手枪，分散在包厢周围做保卫工作。黎元洪在杜月笙的杜美路住宅驻跸三个月后，乘轮船北返，临行前再三向杜月笙致谢。

二、解决鸦片贸易中的麻烦

黄金荣为了垄断上海滩的鸦片走私贸易，同杜月笙等组建了“三鑫公司”。正当三鑫公司的鸦片生意蒸蒸日上时，却遇到了麻烦。当时，公司日进斗金，每年仅收取的保险费至少在一百万银圆，加上公司本身的鸦片贸易收入，更是财源滚滚。

自从三鑫公司垄断了上海的鸦片市场以后，潮州帮的鸦片业务每况愈下，于是有人另辟蹊径，选择长江北岸的启东、海门一带作为鸦片船只驳运的转运站，以期东山再起，进而同三鑫公司相抗衡。而从启东、海门到南通，乃是通海镇守使张仁奎的地盘。于是这些人设法同张仁奎的下属搭上关系，雇用外轮驶入崇明岛的长江北叉，用小船接驳，进入苏北，再转运到各地。如此，三鑫公司的鸦片生意大受影响。

张仁奎

张仁奎（1865—1944），字锦湖，又字镜湖，山东滕县（今滕州）人。武功娴熟，早年离家来到苏北谋生，曾拜青帮“理”字辈沈淦为师，成为青帮的“大”字辈。他先在苏北贩卖私盐，加入了盐枭徐宝山的“春宝山”山堂，又成为红帮的一员。徐宝山接受招安归顺清军后，张仁奎先在徐宝山手下任低级军官，后来升为统带（相当于团长）。辛亥革命时期，他又跟随徐宝山参加革命，徐部改为民军第三十八师，张仁奎担任旅长，后又升为师长。“二次革命”

后，北洋军阀冯国璋考虑到张仁奎在江北的影响，将他的部队收编，经过直系军阀李纯、齐燮元的提拔，让他担任了第七十六混成旅旅长兼通海镇守使，驻防江苏南通，曾获得陆军上将军衔。张仁奎在南通，拜著名企业家张謇为老师，每日必到张謇的“濠南别业”请安问好，尽弟子之礼，张謇对他也以上宾待之。他在南通，不仅结识了不少名人，而且积累了大量财富。1927 年北伐军到达浙江，张仁奎宣布归向北伐军。北伐军进驻浙江、上海后，张仁奎虽然投靠了国民党，但是国民党对他仍然有所顾忌。因为他是徐宝山的旧部，徐在辛亥革命后杀害了不少革命党人。北伐结束后，张仁奎便辞去通海镇守使和陆军第七十六旅旅长之职，国民政府由于他曾参加过辛亥革命和北伐战争，给了他一个“国民政府高级顾问”的虚衔。张仁奎脱离军界和政坛后，离开了生活十年的南通，搬进了上海法租界的范园 628 号。他在上海虽然过起了退隐生活，但他以青帮“老太爷”的身份，广为收徒，因而声名鹊起。

三鑫公司的鸦片业务不仅受到新崛起的这批江苏人的挑战，而且受到时局巨变的影响。1924 年，孙传芳率部来到上海，收降了卢永祥、何丰林的旧部，并任命前海州镇守使白宝山为上海防守总司令，控制了上海的军政大权。黄金荣、杜月笙有心攀附孙传芳、白宝山等新贵，但是为时已晚。值此兵荒马乱之际，原来那条鸦片来源的老路已经行不通，鸦片货源全部断绝。鸦片生意停顿后，三大亨也陷于经济恐慌之中。正在此时，却出现了绝处逢生的奇迹。原来“小八股党”打听到一个情报，获悉住在上海的国会议员陆冲鹏手里有“货”，于是前去拜访。

陆冲鹏是江苏海门人，家道殷实，拥有良田千余顷，民初是上海选出的国会议员，同段祺瑞关系密切。当“小八股党”的顾嘉棠登门拜访并提出向他借鸦片时，陆冲鹏对于自己的秘密被别人发现颇感意外，但仍然不动声色地回答说：“去跟朋友商量商量！”顾则说：“办得到的话，我们借 20 箱。”陆则答应借 10

箱。当顾棠嘉等人把借来的10箱鸦片拿到杜月笙面前时，杜月笙感到十分困惑。顾嘉棠说明事情原委后，他判断烟土乃是陆冲鹏本人的，而且他手里的烟土不会少于200箱，不然不会借给别人10箱。实际上，陆冲鹏手里的烟土已有上千箱！那么，陆冲鹏手里的这些烟土从何而来呢？原来是段祺瑞政府通过日本人从波斯（今伊朗）进口的，目的是解决面临的财政困难。段祺瑞执政后，被庞大的军费所困扰。这时得到日本三井财团的帮助，每月由日本人中泽松男从波斯进口500箱鸦片，运到上海销售，所获利润交给段祺瑞政府。因为陆冲鹏同段祺瑞有着密切的私交，所以段就把在上海销售鸦片的任务交给了陆冲鹏。为了购买更多的烟土，杜月笙从同上银行的傅筱庵处借到两万元，作为购买鸦片之资，同时拿出一部分交给张啸林，让他去结交孙传芳手下的新贵。来自波斯的鸦片，最初是通过张仁奎的徒弟们发往苏北，再运往各地销售，如今杜月笙既然同陆冲鹏直接取得了联系，这批鸦片也就源源不断地进入了三鑫公司。杜月笙既然通过张啸林同孙传芳挂上了关系，有了这个保护伞，鸦片生意也较之前更为兴盛，孙传芳甚至不惜宣布戒严，来帮助杜月笙运送鸦片。杜月笙和张啸林又通过陆冲鹏的介绍，结交了段祺瑞执政府的代理参政部长李思浩。后来，李思浩和陆冲鹏同赴北京，为杜月笙和张啸林弄来两张委任状，聘任二人为北洋政府财政部的参议。

三、参与暗杀徐宝山

徐宝山（1866—1913），字怀礼，江苏镇江人，生于1866年。其父以贩竹为业，本人做过篾匠。徐家山15岁时，其父病逝，因家贫，游食四方，广交朋友。他性格伉爽豪侠，好打抱不平。凡知交遇有急难之事，必全力营护支持，“虽抵触法网弗顾也”。他身材魁伟，臂力过人，长于枪法，双手均能发枪，百发百中，能在黑暗中击中香头，故有“神枪手”之誉。在江湖闯荡中，人畏之如虎，人称“徐老虎”。

徐宝山

清光绪十九年（1893），他参与江都仙女庙抢劫案。案发后潜回镇江，躲在宝盖山下，被丹徒县差役拿获。后经江都县移提归案审办，发遣甘肃。途经山东时，他盗驿站骏骑逃走，为躲避追捕而亡命江湖，参加武装贩卖私盐，加入了青帮。他依附于盐枭孙七，获得重用。他曾将与孙七有宿仇之柏氏盐枭之子劈于刀下，使他名声大震，前来投靠和依附的人络绎不绝。徐宝山遂移聚于十二圩和七濠口一带，将当地以朱福胜为首的盐枭击败。徐宝山不仅有了自己的地盘，而且手下的青帮分子，个个凶悍善斗，官兵畏其骁勇，遇有大帮贩私盐队伍，不敢阻拦捕捉，往往听任黑夜通过。实际上，贩私和缉私双方也往往互相勾结，共同渔利。徐宝山因人多势大，再加上与缉私队伍互相勾结，所以贩运私盐畅通无阻。他们往来于三江口、两马、大桥、七濠、十二圩等处，上自大通、芜湖、汉口，下抵江阴等处。徐宝山出身贫寒，“久经患难，深知闾阎疾苦”，而“倡议于所贩私盐，每船抽两包或四包，储为扶济之资”。每年冬天，他给穷苦百姓施舍一些衣粥，遇到水、旱灾荒，则散给米粮饼面。所以，徐宝山在里下河一带颇有影响，投靠他的人也很多，党徒达数万之众，从淮河两岸到沿江一线均为其势力范围。他听说泰州城内有个洪门（红帮）首领任春山，于是带上心腹随从来到泰州与任春山结交。任春山是湖北黄陂人，是洪门的首领，在当地靠算命测字为生。徐宝山遂与之结为异姓弟兄，任春山介绍徐宝山加入洪门，而徐宝山则介绍任春山加入青帮。两人决定合开洪门山堂，于1899年在七壕口开山立堂，从二人名字中各取一字，名曰“春宝山”。由徐宝山和任春山共为山主。这样，徐宝山既是青帮的兴武泗帮的“礼”字辈首领，又成了红帮哥老会的山主。

徐宝山一伙以武装为后盾贩运私盐，获得暴利，势力发展迅速，在千余里的长江之上，拥有走私盐船七百余号。东南地区的当权者，对徐宝山的活动颇为恐惧，两江总督刘坤一便以功名富贵诱使徐宝山就范。徐宝山被招抚后，回过头来帮助清军消灭本门弟兄。为此，青帮特地定下严厉的律法，“提‘春’字挖眼睛，提‘宝’字割舌头”，将徐宝山这一派人全部驱逐出青帮。

在辛亥革命前夜，徐宝山深得地方当局的信任。两江总督张人骏为了防止革命，要他招兵买马以编练成军，成为巡防营统领，负责江北一带的防务，从而成为一支实力相当了得的地方武装。辛亥革命时期，徐宝山见革命形势急转直下，在革命党人的影响下，开始倾向于革命党人一边，并登上了扬州军政分府都督的宝座。

袁世凯窃取政权后，徐宝山又投靠袁世凯，接受了袁世凯二十五万元的赠款。他为了表示对袁的忠诚，送其子往北京为质，一直到死，始终追随着袁世凯。1913年袁世凯派人刺杀了宋教仁，并且诬蔑是陈其美所为，深为国民党所痛恨。国民党为了反对袁世凯称帝而进行“二次革命”，必须除掉盘踞在苏北一带的徐宝山。1913年5月，陈其美派王柏龄到上海会见黄金荣，向他提出刺杀徐宝山的请求。黄金荣考虑到陈其美、王柏龄都是青帮弟兄，当即答应。他与杜月笙商量后，先派人了解到徐宝山有喜爱古董的癖好，经常有人专门送货到其府上供他选购，因此决定借此炸死徐宝山。是年5月24日下午，一位中年男子手提一只小铁箱，来到徐宝山的公馆，向门卫递上一张署名“上海顾松记文玩店”艾某的名片和一封写给徐宝山的亲笔信，说明箱内装有艾某带给徐宝山的一件宋瓷钧窑朱砂红瓶，请徐宝山看货验收。门卫遂将货物送进房内，并报知此事。徐宝山一听有人送宝物前来，立即取来观看。他看过名片和书信后，随即从信封中拿出开箱的钥匙。当他把钥匙插进锁孔后左右转动时，突然听见箱内嗞嗞的响声，意识到这乃是炸弹，急忙将铁箱抛出。但是，炸弹已经爆炸，当即将徐宝山炸毙。国民党为此给黄金荣、杜月笙以重赏，黄、杜从此也开始同国民党建立了联系。

四、为黄金荣手下掌掴卢筱嘉事件解围

黄金荣五十四岁这年（1921），因其手下为名伶露兰春而掌掴卢筱嘉遇上了大麻烦。黄金荣在郑家木桥的共舞台，延揽了三位色艺俱佳的坤伶登台献艺。以往中国的舞台上，从未有过男女演员同台献艺的事，所谓共舞台，就是打破了这个传统，由男女演员同台演出，可谓开风气之先。这三位坤伶中的露兰春，更是技压群芳，经过黄金荣及其朋友的追捧，成了共舞台的台柱子。露兰春既为黄金荣赚足了钞票，黄金荣对露兰春也格外体贴。露兰春前往戏馆，黄老板车接车送；露兰春登台演戏，黄老板派保镖保护；不论有何要事，每天晚上必定在共舞台为露兰春把场。

露兰春

当时民国“四大公子”之一的卢筱嘉，是浙江督军卢永祥的儿子。这位卢公子不仅喜欢听戏，而且精于音律。一天，他一袭青衫，轻车简从，专程来听露兰春的拿手好戏《镇潭州》。露

兰春饰演戏中的岳飞，演出中，一时大意，将一段戏文唱走了板。台下观众虽然听出来了，但慑于黄老板的声势，没人敢在太岁头上动土。可是卢公子见观众不声不响，便毫不留情地喝起了倒彩。露兰春羞愤交加，匆匆唱完一段，便跑回后台大哭起来。黄金荣见此情景，顿时勃然大怒，命令手下立即把喝倒彩的人抓起来！黄老板手下的保镖均不认识卢筱嘉，抓过卢的衣领，当场给了卢筱嘉两记耳光。当一群人把卢筱嘉带到黄金荣面前时，黄老板一看是卢筱嘉，顿时傻眼了！可是在众目睽睽之下，只好装作不认识卢筱嘉，说了一句："好了，放他走吧！"卢筱嘉强忍胸中怒火，咬牙切齿地说："今天我算是阴沟里翻船，栽在你手里了，三天以后见！"说完，大踏步走出共舞台。

黄金荣虽然知道卢永祥如今在江浙一带的巨大势力，但觉得自己身在法租界，谅他也不敢贸然闯入租界来抓他。所以，尽管心存疑惧，但为了面子，仍然每天到共舞台欣赏露兰春的演出，并为她把场。而卢筱嘉也非等闲之辈，他倚仗其父亲的权势，在上海整天东游西逛，没有他不敢干的事，如今栽在流氓大亨黄金荣手里，当然不肯善罢甘休。他把被黄金荣保镖掌掴的事，立即向其父卢永祥哭诉。卢永祥岂能受此羞辱，立即命令淞沪护军使何丰林将黄金荣抓捕。可是，如果公然派军队进入法租界抓人，必然引起国际纠纷，所以，只能智取。就在卢筱嘉被打的第三天，黄金荣正在共舞台观看露兰春的表演，十几名军人改装易服，身着便衣，悄然进入共舞台，迅速将剧场控制。几个人来到黄金荣面前，突然用手枪顶住他的脑袋，并将他痛打一顿。然后由两个大汉将他拖出戏院，早已停在门口的汽车将黄金荣拉到何丰林淞沪护军使署的看守所。黄金荣在这里当然难免皮肉之苦。

就在卢筱嘉被打的当夜，黄金荣急忙打电话把杜月笙和张啸林请到钧培里公馆，商议如何应对这件事。黄金荣把晚上的事情经过向二人原原本本地述说了一遍，杜、张二人听了，也是紧锁眉头，沉默无语。这件事确实太难办了！首先，卢筱嘉的父亲卢永祥乃是控制着江浙一带的皖系军阀，打了卢筱嘉，无异于在太岁头上动土。其次，浙江督军虽然管不了上海的法租界，但是，三鑫公司的鸦片业务却离不开卢永祥。正是由于双方的通力合作，才使得公司的业务日进斗金。当时，从吴淞口外转驳来的鸦片，是以淞沪护军使衙门为转运站。这里地面宽广，房屋极多，地处法租界之南，将鸦片储存在这里，可保万无一失。而淞沪护军使何丰林乃是卢永祥的部下。所以，对黄金荣、杜月笙和张啸林来说，卢永祥是万万得罪不起的。一旦双方闹僵，后果将不堪设想！杜月笙经过慎重考虑，觉得这件事必须加以调解，求得和平解决。他对黄金荣分析说："卢筱嘉那边，还不是跟黄老板一样，但求面子上下得来，也不愿大动干戈，伤了和气。"黄金荣听了杜月笙的分析，高兴地说："好，就这么办!"

可是，由谁来充当和解人呢？这又是个难题。他们想到几个人，都觉得不合适。何丰林虽然同他们有鸦片生意的利害关系，可是，他是卢永祥的下属，显然不够资格。袁克文（寒云）虽然是前大总统袁世凯的儿子，而且是青帮"大"字辈，可是，他是人们心目中的"四大公子"之一，同卢筱嘉属于同辈，也不合适。其他在上海的青帮"大"字辈，如王德龄、高士奎和樊瑾成，俱属江湖人物，同官府不沾边。最后想到既当过高官，又是青帮"大"字辈的张仁奎，此时他正居住在上海法租界海格路的范园。

商量已定，杜月笙便催促张啸林去寻找他的亲家、缉私统领俞叶封，又让黄金荣的老婆林桂生去找何丰林的母亲，请她在卢筱嘉那边善加安慰，说明风光是要做给别人看的。然后他亲自到海格路的范园，拜访张仁奎的开山弟子吴昆山。吴昆山虽然只有三十多岁，但乃张仁奎的心腹，张老太爷的事情他可以做一半的主，所以上门的人，都要敬重他几分。杜月笙见面后，首先说到了对老太爷的仰慕之情，并托吴昆山代为向老太爷问安。然后开门见山，直奔主题说明来意。吴昆山也觉得办成这件事，无非是让双方都有面子，对于老太爷来说，只是顺水推舟而已，事成之后，对老太爷也很光彩，所以就一口替老太爷答应下来。在送客时，吴昆山轻飘飘地递过一个大难题，对杜月笙说："听说黄老板是'倥子'?"杜月笙当然心知肚明，原来黄金荣尽管以青帮老大自居，但他却并未拜过师入过帮，这在青帮便叫作"倥子"。对于吴昆山的话，杜月笙只好尴尬地笑了笑。吴昆山又加上一句："他还在收徒弟!"这更是违反青帮"十大帮规"的大事。黄金荣是"倥子"，这在上海滩并非秘密，青帮中人无人不知，无人不晓。无奈他身为法租界的督察长，位不高却权重。原来20世纪20年代，全国青帮的"大"字辈已经不多，在上海滩也就三四十人。而他竟敢自称"天"字辈，比"大"字辈还要高出一横。青帮中人虽然对他颇为不满，可是也无可奈何！如今机会来了，黄老板有事求他，也就是要顺便将他一军！这对杜月笙来说，不啻一座大山压了下来！看到杜月笙的窘态，吴昆山哈哈大笑，故意轻描淡写地说："这年头儿，世界在变，凡事都难保定规，我不过随口说说罢了!"这无疑是在暗示：黄金荣应该拜张老太爷为师，正式加入青帮。对张仁奎来说，他住在上海滩的海格路，地处法租界，而黄金荣乃是法租界的督察长，所谓"强龙压不住地头蛇"，如果有了黄金荣当徒弟，今后许多事情就更好办了！对于吴昆山这句"随便说说"的话，杜月笙却感到非常沉重。他回去后便向黄金荣试探是否愿意拜张老太爷为师正式加入青帮。对黄金荣来说，能够拜张仁奎这个"大"字辈为师，当然好，不过他也有一层顾虑："我是在外国衙门吃公事饭的，照规矩，怎好加入帮会呢?"杜月笙只好再次去拜访吴昆山，希望找到一个两全之策。杜月笙刚说了一句"黄老板一向是敬重张老太爷的"，吴昆山立即打断他的话，满面笑容地说："多承黄老板的盛意，前些时我也在老太爷面前提过这个话，他老人家却说：'黄老板的场面这么大，我们还是各行其是的好，请你上复黄老板，就说我们老爷说的，树大根小，不敢从命。'"

杜月笙由衷佩服张仁奎和吴昆山手段的高明。其实，吴昆山只要自己的半句话：黄金荣有意拜张仁奎为师，这就足够了！在杜月笙的周旋下，黄金荣向张仁奎递了门生帖，送了两万大洋的贽敬厚礼，从此，黄金荣便名正言顺地成为青帮的“通”字辈。当然，关于黄金荣究竟在何时拜张仁奎为师加入青帮，论者尚有不同说法，有论者认定黄金荣拜张仁奎为师，是在临城劫车案发生之际。不过，这并不重要。

当黄金荣被抓进淞沪护军使署的消息传来，当然急坏了老板娘林桂生。在杜月笙、张啸林的劝说下，由林桂生亲自出马，携带厚礼去拜见何丰林的母亲。她用甜言蜜语把何老太太哄得满心欢喜，老太太一高兴，还把林桂生的妹妹认作干女儿。林桂生于是乘机央求老太太，让儿子放了黄金荣，老太太满口答应。杜月笙又向烟土商们募集了一笔巨款，来贿赂卢永祥、卢筱嘉和何丰林，并答应送给卢永祥、何丰林合作鸦片生意的股份，请求何丰林放回黄金荣。再到海格路请求张仁奎出面调停，这件公案终于获得圆满解决，杜月笙如释重负。在整个事件的处理过程中，张啸林也是功不可没。他亲自到杭州拜见卢永祥，并通过同窗好友、时任浙江省主席张载扬出面，向他求情。卢永祥只要把气出了，挽回了面子，也不想把事情闹大。而且看到送来大笔钱财，又有诸多头面人物出面调解，加上黄金荣在上海滩上还有可资利用之处，于是命令何丰林放人。

五、帮助处理黄金荣同林桂生离婚

杜月笙在处理黄金荣下属掌掴卢筱嘉事件中，献计献策，往来奔走，将一场大祸消弭于无形，而且做到刀切豆腐两面光，黄金荣同卢家不但尽释前嫌，还成了儿女亲家。从此，黄金荣对杜月笙更是宠信有加，开始把更加重要的事托付给他。杜月笙在

“金荣哥”面前，不再是从前的小兄弟，而是平起平坐了。

一天，黄金荣突然对杜月笙说，他非常喜欢露兰春并想把她娶回家做偏房。杜月笙听后吃了一惊：因为黄老板一向惧内，老婆林桂生也非等闲之辈，是上海滩上有名的“白相嫂”、沪上十大女流氓组织“十姐妹”之首。他抬眼往楼上一望，随口说道：“这件事恐怕难办！”意思是：林桂生这一关你如何过得了？黄金荣轻轻地说：“你的话，她最听得进，你去跟她谈谈看？”杜月笙一向对黄金荣十分顺从，只好找机会把黄金荣的意思向林桂生透露了一点。自从黄金荣每天去共舞台给露兰春把场以来，林桂生就已经看出了苗头，如今杜月笙一说，原来的怀疑被证实了，于是苦笑着反问杜月笙：“你也觉得这件事可以做？”杜月笙立即表示，他对这件事百分之百不赞成，可是，黄老板一定叫他来试探，又有何办法呢？林桂生随即说道：“你去讲些道理给他听！”事情明摆着：露兰春是张师的养女，而张师又是黄金荣的徒弟，黄金荣娶露兰春，无疑是爷爷辈娶孙女，未免太不成体统！林桂生并不反对黄金荣讨小老婆，但是不会同意黄金荣讨露兰春做偏房的。可是黄金荣却也铁了心，非娶露兰春不可。这件事确实让杜月笙十分为难。自己既是黄金荣的心腹，又是林桂生一手提拔起来的小兄弟，他杜月笙能有今天，“桂生姐”功不可没。杜月笙一向重视江湖义气，知恩必报，认为“桂生姐的恩，是一生一世也报不完的”！两难之下，也只能两下周旋。可是，黄金荣此时已经铁了心，非娶露兰春不可，杜月笙也只好听其自然。而林桂生也觉得她同黄金荣的婚姻已经走到了尽头，于是主动提出离婚。黄老板对于离婚乃求之不得，便一口答应。林桂生提出的条件，是要黄金荣拿出五万块钱作为赡养费，这对黄金荣来说并非难事，很快得到了解决。林桂生这一关过了，而露兰春那面尚未搞定。这一年，黄金荣已经54岁，露兰春只有25岁。露兰春迫于黄老板的权势，当然无法直接拒绝，只好提出两个认为黄金荣难以答应的条件：一是她要明媒正娶作为正室夫人，要用龙凤花轿抬进黄家门；二是黄金荣必须把保险箱的钥匙交给她。她原本以为黄金荣会知难而退，未料到黄金荣为了娶她，居然全都答应了。

林桂生拿到五万块钱赡养费，第二天清早就搬出了黄公馆。杜月笙为了报答林桂生当年的提携之恩，冒着惹怒黄金荣的危险，毅然亲自送林桂生到西摹路新宅。这是一所由他出面租赁的房子，里面的家具一应俱全，尽量同钧培里的公馆一模一样。这样就解决了黄金荣同林桂生离婚的难题。

六、为解决临城劫车案出谋划策

1923年5月6日，在津浦铁路的山东峄县、临城（今枣庄薛城)、沙沟车站之间，发生了一起有计划、有预谋的抢劫案。被劫的是由浦口开往天津的蓝钢皮列车，该列车由美国制造，设备豪华。车内有乘客二百余人，被劫作肉票的69人中，有美国、英国、法国、意大利、墨西哥等国的39名外籍旅客。其中有不少还颇有来头，包括两位美国陆军少校和美国《密勒士评论报》的资深记者鲍威尔，还有美国石油大王洛克菲勒儿媳的妹妹露茜·奥尔德里奇，她的父亲甚至还是美国国会的参议员。特别是还有法国籍神父姚主教和一位法国公使馆的参赞。此案发生后，立即成了震惊中外的重大新闻。

劫持列车的策划者和指挥者，是当时活动在山东峄县抱犊崮一带的土匪头子孙美瑶。孙家本来是当地的富户，家里拥有良田六顷，房舍甚多，骡马成群。孙氏弟兄五人，老大孙美珠是清末秀才，足智多谋，老五孙美瑶性情粗鲁，敢打敢拼。孙家是当地望族，当地土匪时常向孙家“借粮”，官兵也借口进行敲诈勒索，使孙家不胜其烦。孙美珠于是同友人王翼民和孙美瑶商量，决定变卖家产，购买武器，招兵买马，逐渐把峄县及其附近的土匪集中起来，选择峄县城北六十里的抱犊崮山区为根据地。抱犊崮四周为悬崖峭壁，顶上有平地数亩，因为路险无法牵牛上山耕种，只好抱个小牛犊上去，养大后再用来耕地，因而得名“抱犊崮”。孙美珠在一次同北洋官军的战斗中被击毙，北洋官军又加紧了围捕，孙美瑶一伙土匪的活动范围日益缩小，觉得同北洋官军硬拼，无异于以卵击石，于是决定在津浦铁路上打主意。如果劫持国际列车，车内有洋人，北洋官军投鼠忌器，不敢轻易对他们剿捕，而且可以趁机要挟北洋政府，走招安的路，于是决定劫持这列国际列车。他们把劫车地点确定在临城与沙沟车站之间，时间为 1923 年 5 月 6 日清晨。土匪们先从铁路检修工的住房里抢得工具，把铁轨卸下一根，等火车司机发现，早已刹车不及，导致车头及三等客车车厢出轨，后面的头等、二等客车及卧铺安然无恙。列车停下后，早已埋伏在铁道两旁的匪徒们便飞快地扒上列车破窗而入，在列车上伪装成旅客的匪徒在内接应，整个劫持活动进行得非常顺利。

劫车得手之后，劫匪先把四个外国女客释放，同时让她们向官方转达三个条件：一是迅速将围山官兵撤出十里以外；二是收编孙美瑶的军队为一旅，以孙美瑶为旅长；三是给孙的军队补充军火。其实，绑匪的目的在于借此事件，让北洋政府收编他们，并不是要赎款。从山上送下来的第一封信，是上海《密勒士评论报》记者鲍威尔所写的，劝告政府军切勿攻山，须求和平解决，还让全体外籍旅客都在信上签了名。信上说：“被难旅客，除华人外，有属英、美、法、意、墨诸国之侨民数十人，警告官兵，勿追击太急，致不利于被掳者之生命。”

劫车案给北洋政府造成很大困难。如果武力解决，又恐伤及外国人的性命，引起国际纠纷，只好向孙美瑶妥协，与之谈判。可是，谈判进行了一个多月仍难以达成协议。最后，孙美瑶让被劫持的洋人记者鲍威尔下山给官方带去口信，如果官方想重新谈判，唯有将上海法租界的黄金荣请来。法国领事甘世东闻讯，立即催请黄金荣北上，解决这一大案。黄金荣觉得自己的势力出不了法租界，同抱犊崮的土匪素昧平生，如何解决得了如此重大的问题！于是问计于杜月笙。杜月笙对劫车案虽不知情，但他猜想此事可能同青帮的三位大佬张仁奎、张象珍和张飞有关。因为他们三人都是鲁南人，而且同孙美瑶有直接关系。所以，杜月笙直截了当地回答说："黄老板这一趟非去不可！"为了保证黄金荣的人身安全，杜月笙急忙拜访了他的师伯吴昆山。因为吴昆山乃是张仁奎的开山弟子，曾任张仁奎部的别动队队长，是张仁奎的心腹。而杜月笙的师父陈世昌也是张仁奎的弟子，所以他凭借着青帮这层师承关系，去拜访吴昆山。他见到吴昆山后，说明来意，提出想请张仁奎写一封信给黄金荣带在身上，以防万一，或者请吴昆山亲自陪同黄金荣一同前往。这两个想法均被吴昆山否决。他告诉杜月笙："黄老板到了抱犊崮之后，万一有什么风吹草动，不用害怕，只要把'张老太爷'四个字亮出来就行了，保证平安无事。"杜月笙还是不放心，于是，吴昆山告诉杜月笙一个秘密：原来张老太爷有恩于孙美瑶等人，当初他们建立土匪队伍"自治军"的番号和枪械，都是靠张老太爷的威望搞到的。这样杜月笙才算吃了颗"定心丸"，他急忙把这个情况告诉黄金荣，黄金荣心里的一块石头才落了地！于是，按照英国记者鲍威尔带来的口信，黄金荣自掏腰包前往抱犊崮解救被当作人质的中外"肉票"，使这起震惊中外的劫车案获得圆满解决。

对于临城劫车案的解决，还有另外一个版本。

据黄金荣的管家程锡文回忆，黄金荣曾在烟榻上对他说，他去临城主要是为了解救被劫持的法籍神父姚主教。姚主教乘车去天津，是以传教为掩护进行间谍活动，同法国驻上海领事关系密切。由于姚主教负有特殊使命，法国领事不惜以重金将人质赎回，上海法租界当局也限令巡捕房火速破案，将姚主教营救出来。巡捕房出动了所有人员，四处打听，却没有得到任何消息，只得用高价悬赏。凡提供姚主教下落者，赏银洋 3000 元；有能救出姚主教者，赏银洋一万元。黄金荣认为此案虽然难破，但却是个升官发财的大好时机，于是接受了破案任务。恰好，这时有一个从山东到上海出差的军官韩荣浦是临城人，又是军阀吴佩孚的副官。他从山东临城到上海买东西，在车站附近丢失了100元钱，只好来到法租界，到巡捕房找一个姓隋的同乡，请他帮忙。姓隋的巡捕帮他报了失窃案，并介绍他同黄金荣认识。黄金荣听说他是从山东临城来的，便向他打听临城的劫车案和法国神父的情况，韩于是把自己了解到的情况告诉了黄金荣。黄听说后大为高兴，便立即付给他150元，让他回到临城去仔细打听被绑架者的下落。约定一旦打听到确切消息，赶快到上海报信，再给500元赏金。如果破案成功，还另有重赏。韩荣浦回到临城之后，很快就打听到姚主教的下落，立即重返上海，与黄金荣联络。黄金荣先从巡捕房预支2000元，其中500元给韩荣浦，1000元让韩去收买姚主教的看守人员，并答应在事成之后再付2000元，让看守人员逃往外地。他让巡捕房的陶翻译用法文写了一个便条，告诉姚主教，请他放心，黄金荣会亲自到临城营救。一切都安排好后，黄金荣便带领十几个便衣巡捕，从上海乘火车来到临城。他们只花费了几千元便买通了看守人员，趁夜晚把姚主教救了出来，安然返回上海。这一事件使黄金荣的名声大震，不仅得到一万元的赏金，而且得到法国巡捕房的破格重用，提升他为原来只有法国人才能担任的督察长，还派了8个安南巡捕作为他的保镖，这一职务一直担任到他60岁退休。程锡文所述情况，同其他记载相悖，而且把劫车者说成是军阀张宗昌的部下所为，显系错误。看来，此说带有黄金荣自我吹嘘的成分居多。而且，大多数有关文章在讲述临城劫车案时，均未提及黄金荣的作用。真相究竟如何，请读者自行判断。

第四章　在黑色行业中施展拳脚

烟赌两行，乃是帮会分子的主要财源，杜月笙等三大亨，以法租界为依托，在烟赌两行干得风生水起，大发不义之财！

一、创立豪华赌场

杜月笙等三大亨在上海滩创立了全国规模最大的豪华赌场。

黄金荣和杜月笙最初是为了合伙诈骗袁世凯儿子袁克文的钱财而同他赌博。他们陪同袁克文玩麻将，开始时总是让袁克文赢钱，使得袁克文的赌瘾越来越大，最后把从北京带来的几十万银钞输得精光。这也使黄、杜逐渐对赌博产生了兴趣，而且发现赌博是个发财的好办法。他们本人虽然不精于此道，但他们的门徒当中却不乏高手。1920 年前后，有一天，黄金荣在同几个徒弟一起玩麻将，正在兴头上，他提出开设几家赌馆赚钱的主意，立即得到几个徒弟的赞成。其中有个叫王茂廷的，还介绍了国外开设赌台和“轮盘”的内幕。黄的另一门徒马祥生出身赌博世家，精通赌术，给黄金荣讲了一大套赌博的奥秘，还介绍了如何做赌具和在骰子内灌铅等，使师父大为高兴。黄金荣当即拍板，让马祥生前去筹备，多开几家赌场。马祥生利用黄金荣的招牌和租界巡捕房的权势，很快找到了合适的地点，开始“营业”。他们不仅购置了中国传统的麻将等赌具，而且从国外引进了新颖的“轮盘”，由于赌法新颖别致，很受赌徒们的欢迎。为了欺骗一般赌客，他们还在赌具上做手脚，安装绝密的机关，使庄家赢得更加容易。至于赌场的安全问题，则由帮会弟兄们分头负责，必要时则请巡捕房出面干预。在很短的时间里，三大亨就先后在英、法两个租界交界的地方开设了四五家大型赌场。他们还学习欧洲摩纳哥的经验，集吃、喝、嫖、赌于一体。赌场门口戒备森严，由几名彪形大汉把门。楼内每一层都有两三个流氓，配备有匕首、短棍和手枪，不停地巡逻。每一层还都开有单间客房，供嫖客、妓女和烟客们使用。后来，黄金荣和杜月笙、张啸林每月又花4000两白银的租金，在福煦路（今延安路）181号开设了一家上海滩最大的赌场——上海高级俱乐部。这里原是洞庭山富户席姓的产业，在法租界算是数一数二的私邸。前门开在福煦路，后门直抵巨籁达路，占地六十余亩，双扇铁门，汽车可以直进直出。章君谷在《杜月笙传》里写道：建筑是英国式的，进门是一座辟有亭台楼阁、柳岸梅洲的大花园，正中一片碧茵草坪，坪中间有奇花异卉，四季长春。坪后一栋三层楼大洋房，崇伟闳丽。坪后面建有一座三层楼的大洋房，一楼和二楼是赌场，里面中西赌具一应俱全，仅三十六门的轮盘赌台就有八张。环绕中间大厅的四周，有数不清的大小赌室，设有牌九、麻将等赌具。三楼是赌客休息之所，迷宫般的大小房间，新颖设备，高级享受，从吞云吐雾的鸦片烟，到名牌洋酒、大菜咖啡，包括名厨烹调菜肴，中西各色美点，日夜供应，不虞匮缺。尤有经过特别训练的美貌少女，彩蝶儿似的飞来飞去，挑土烧烟，侍奉巾栉，利用秀色可餐的姿容，舌底生花的谈吐，能使赢钱者兴高采烈，输者也忘其所以，还可以免费乘坐小轿车回家。由于赌具中使用的骰子被灌了铅，轮盘下面安放了吸铁石，所以，赌客几乎没有赢钱的可能。偶尔赢了钱，出门后也会被跟踪，用各种办法把钱抢回，甚至派巡捕把赢钱的赌客押往法租界。

赌场由黄金荣、杜月笙、张啸林、范回春、金廷荪、顾嘉棠、王茂亭、马再度等担任董事。赌场开张以后，福煦路、巨籁达路顿时车水马龙，赌客纷至沓来，业者应接不暇。挥金如土的大赌客，一夕输赢动辄十万八万。这些赌客大多是杜公馆的座上客，或者是经常陪杜月笙白相的老朋友。在杨威所写的《杜月笙外传》里，对该赌场有一段生动的描述：赌客们自下午三四点钟起陆续上场，入夜以后，男的女的，纷至沓来，更是门庭若市。其中豪赌自是欢迎，小试亦无不可。先将现款换成筹码，再由你喝雉呼卢。赢了鸿运当头，尽可拍拍屁股走人。输了是自寻烦恼，跳黄浦江也不还钱。赌饿了，只消一声吩咐，自会有一盘一盘的食品端到跟前。赌倦了，跑上三楼，横陈下来，自会有一个一个的食物送到嘴里。在腹饱神旺以后，便又像飞蛾扑火般赶到赌台落注。如此这般，在几个回合里，包管你祖宗三代都不认识。这真是一片快活林，也就是变相的活地狱。范绍增回忆说：他（指杜月笙——引者）另一大宗收入是包赌，上海许多大赌场，都是由他负责包下来。我只去过其中一家最大的，是在同孚路（应为福煦路）181 号，那里由顾嘉棠派顾根苗等十几个人，携带手枪，担任保镖。这是一座相当大的花园洋房，铁门经常关闭着，只有认识的汽车才能直开进去，对不认识的人，他们还要抄一下身，怕带手榴弹等物进去闹事。他们对前去捣乱的小流氓，轻则殴打，重则杀害。那种赌面相当大，一次输赢都是几百到上万元。

1927 年南京国民党政府成立后，从南京到上海来“白相”的新贵们，一天天的增多，先则躲躲闪闪，偷偷摸摸，继而堂而皇之，登堂入室。福煦路 181 号奢侈豪华的大赌场，于是平添不少阔佬，同黄浦滩上那一群赌国的元勋，分庭抗礼，一争短长。某长、某公的喊声，此起彼落，如应斯响。大门外，汽车排成长龙，司机保镖，都得另设招待的处所。张啸林、杜月笙等以大老板之尊，笑口常开，乐不可支，周旋于权贵富豪、亦官亦富的赌客之间。福煦路181号，除是有名的赌场外，又复成了官商勾结的高级俱乐部。

二、组建“三鑫公司”

最初，杜月笙率领“小八股党”将抢劫来的鸦片皆储存于三马路（今汉口路）潮州会馆的停尸房里。但停尸房的空棺材毕竟有限，能存放的烟土数量也有限。恰好这时，英租界当局迫于舆论压力，表面上表示要禁烟。于是英租界的潮帮土行纷纷向法租界转移，鸦片贸易又获得法国总领事的认可，法租界对鸦片贸易大开绿灯。杜月笙获信，灵机一动，就跑去找桂生姐商量：“我们手里有货色，法租界也有很大的市场，为什么我们不自己来开一家土行呢?”林桂生觉得这个主意不错，只不过她担心黄金荣不会答应，因为黄金荣作为巡捕房的人，公开贩卖烟土，会招致舆论谴责。杜月笙于是提出可以不让黄老板出面。林桂生表示让杜月笙先做起来，暂时不让老板晓得。那么，开一家烟土行需要多少资本呢？杜月笙认为，要么不开，要开就要做得像样点儿。他估算，买幢房子加上装修，以及本钱，需要两三万块钱。至于如何筹措资本，可以按股分摊。杜月笙提出，不管黄老板知不知情，他都要算一股，其余的由林桂生认一股，杜月笙本人认一股，再请黄金荣的心腹金廷荪认一股。这样一共是四股，每股五千元，一共凑两万元的股本。林桂生则提出，她同黄老板一股，杜月笙一股，金廷荪一股。每股出一万元，总共是三万块钱。这样，一个著名的贩毒机构三鑫公司就诞生了！

上海人称“三鑫公司”为“大公司”。黄、杜等之所以能在法租界开设“大公司”，包办烟土买卖，主要基于法国帝国主义对殖民地的搜刮政策。欧战后法国很穷，只要殖民地政府能将刮削所得上交巴黎，对于任何丧失国格的事，均采取放任态度。

"大公司"在与法租界当局勾结下，成为帮助其搜刮钱财的工具，故能获得法租界的批准，垄断租界里的鸦片贸易。各土行经"大公司"批准，发给执照，即可营业，门市批发，各随其便。唯所需烟土，必须向"大公司"购买或由"大公司"配给，土行不得自运，为最重要的条件。"大公司"制有印花，烟土贴上印花的即为官土，托在手里走，巡捕看到，也不干涉。所有印花收入及公司一部分利润，按时呈缴法捕房，转缴巴黎，而捕房经费亦多取给于此。所以业务开展得风生水起。

烟土的来源，一为通过洋行向印度、波斯、土耳其等国订购；二为通过西南军阀向四川、云南采运；三为通过北方军阀向皖北、热河等处采运。所需资本，由"大公司"与各土行合力筹集。所需运输工具，由杜月笙设法调度，兵舰邮轮有时亦被利用。其销路除上海市场外，主要向松江、青浦等地销售。江、浙两省水上警察统领如沈葆义、俞叶封、徐朴诚等，与"大公司"向通声气，一遇烟船过境，无不视为要务，派出炮艇，沿路护送。"大公司"虽然由金廷荪担任经理，但因其并非熟手，故于业务推展，另由苏嘉善从中策划。此人与潮州土帮具有深厚渊源，与各地土贩亦向有密切联系。在集合资本、推广销路两方面都是驾轻就熟。苏嘉善后因于1930年一病不起，才由金廷荪包揽一切。

三鑫公司的资本曾多达1000万元，主要业务是为中外鸦片烟商提供保护，公司本身也经营鸦片贸易。凡经过三鑫公司保险后，如果被盗、被抢，由公司赔偿损失。保险费是鸦片价值的10%。这些保险费，每月收入可达几十万元到上百万元。保险费的收据不仅由公司盖上条戳，还有法租界巡捕房的收条。当时，有21家潮帮土商加入了公司，每月付给三鑫公司5万元，作为保障其在上海及江南地区的生意，以免遭当地青帮分子抢劫。三鑫公司本身经营的鸦片有川土、北口土和波斯土。川土是从湖北宜昌运来的，在隆茂码头提取；从汉口运来的，在大阪码头提取；北口土在怡和及金利源码头提取；波斯土则在高桥的东海滩提取。

三鑫公司的运作方式带有典型的黑社会特点。鸦片的押运，是由法租界治安当局以武力进行。黄金荣派出巡捕房几百名安南巡捕押运鸦片，并且出动警车巡逻开道，声势浩大，鸦片从起运到入库房，都有严密的保护措施。军阀孙传芳的军队，负责保护鸦片安全通过华界。为此，孙传芳每年可以从公司得到 1500 万元的回报。1925 年 5 月，杜月笙代表三鑫公司同法租界代表公董局签订了一项协定，规定法租界内可以开设二十家鸦片零售店和一家土栈。三鑫公司每月向法租界巡捕房预付烟税，并提供保镖制服，在启运烟土时，预先通知巡捕房，对于不属于三鑫公司的土商，法租界巡捕房将予以逮捕和起诉。三鑫公司则向巡捕房一次付给 14 万元报酬，此后每月按期付给 8 万元。公司除包销法国军队的鸦片外，还包销部分土商的鸦片，然后由公司把鸦片批发给租界里的烟馆经销。公司利用自己的特权，向各个烟馆收取烟枪执照费，发现隐瞒，则进行罚款，甚至吊销执照。美国作家斯特林·西格雷夫在《宋家王朝》中记载，当时世界上每 8 包海洛因中，就有 7 包是从杜月笙运输过去的鸦片中提炼的。于是，鸦片源源不断地通过法租界运出去，白花花的银两源源不断地流进杜月笙等人的腰包。据估计，公司每年进账约 5600 万元。

后来情况发生了变化。1919 年年初，上海《申报》刊登一条消息："万国禁烟会议"定于 1 月 17 日在上海举行。杜月笙和金廷荪获悉此讯，急忙去找黄金荣商量。金廷荪提出：万国禁烟会议之后，将宣布禁烟，英租界里的潮州帮所开土行，在英租界难以存身，必将迁往法租界。因为法租界当局对于鸦片贸易，一向持睁一只眼闭一只眼的态度，对潮州帮土行的迁入，必将持欢迎态度。杜月笙于是向黄金荣建议：鉴于鸦片商一向依赖"大八股党"，所以会听从"大八股党"的意见。只要请"大八股党"把英租界对潮州帮鸦片商的保护权让给三鑫公司，就争取到了最大的财源。可是，“大八股党”如何能把巨大的财源拱手让给三鑫公司呢？经过商议，决定由黄金荣出面，邀请“大八股党”的沈杏山吃顿饭，只要他答应把英租界土行的保护权转移到法租界，事情就成功了一半。黄金荣觉得凭借他同沈杏山的交情，这件事应该问题不大，于是决定，次日晚间请沈杏山在四马路的倚虹楼吃饭。由于这只是一般朋友聚会，而且倚虹楼地处英租界，属于沈杏山的势力范围，所以他毫无顾忌地赴约前往。出席作陪的除杜月笙和金廷荪外，还有顾棠生和马祥生。宴会开始时，气氛颇为轻松，大家谈笑风生。可是，酒过三巡，金廷荪便开言道：“听说英租界要禁烟，大小土行不是搬家就是关门，要搬，自然是到法租界来，能否把保护的差事，交给我们来做？”沈杏山只是应付地说：“英国人禁烟，不过说说罢了，当不了真的。”金廷荪追问说：“要是真实行了呢？”沈杏山推托说：“到时候再说！”顾棠生也插话说：“现在就是这个时候了！”一时间双方剑拔弩张。黄金荣委婉地说：“大家都是老朋友了，英租界禁烟已经势在必行，几家大的土行已经在做搬迁的打算。我们是自家兄弟，肥水不流外人田，你们肯把保护权让出来，至于将来怎样拆账，全好商量！”沈杏山这时才发觉，今天的宴会，乃是鸿门宴，不免回想起诸多不愉快的事：“小八股党”硬抢烟土，致使“大八股党”在土商面前坍台；不仅如此，“小八股党”还用抢来的烟土，开设公司公开发卖。以往，碍于黄金荣的面子，只好隐忍不发。如今彼此既然摊牌了，免不了要发发牢骚。于是对黄金荣说：“金荣哥，你的手段真令人佩服，你吃巡捕房的饭，做的是没本钱的买卖。你手下这么多三头六臂的人物，何必要我们让出保护权呢？干脆喊人搭了兵舰，把烟土统统接过来算了！”沈杏山一席话，把黄金荣脸都气青了，伸出大手，对沈杏山左右开弓，给了他两记耳光！沈杏山被打得眼冒金星，一时吓呆了。马祥生和顾棠生见老板动手了，也准备向沈杏山扑过去。沈杏山知道这两位小兄弟的厉害，光棍不吃眼前亏，急忙大呼：“不要动手，有话好讲！”黄金荣的两记耳光，居然把沈杏山镇住了！这是杜月笙和金廷荪始料不及的。之后，英租界果然禁烟，大小土行纷纷迁入法租界，烟土的保护权也就自然归于“小八股党”。沈杏山同黄金荣毕竟是老交情，黄金荣也不愿赶尽杀绝，特别是看到沈杏山对自己恭敬服帖，也觉得自己有些愧对老友，甚至特意同沈杏山结为儿女亲家。黄金荣的二儿子黄源焘娶了沈杏山的四女儿。这样，黄金荣集团不仅独占了法租界的鸦片市场，而且把触角深入公共租界。三鑫公司财源滚滚，日进斗金。据1928年《字林西报》披露，公司每月在吴淞一处上岸之烟土，就在1000箱以上，每箱平均2800盎司，每盎司公司收1元，每月收入约250万元，一年有3000万元之多。这个数字相当于当时中国政府年财政收入的十分之一。

掌控了法租界的鸦片保护权，使杜月笙、金廷荪更可以大干特干了，而张啸林的加盟，更使得三鑫公司在鸦片生意方面如虎添翼。

英租界禁烟后，黄金荣、杜月笙虽然垄断了法租界烟土行业的保护权，但是，还有一个重要关口必须打通。因为从吴淞口经高昌庙、龙华进入法租界，沿途全属于淞沪镇守使的天下。举凡水警营、缉私营、警察厅，无不是侦缉密布，这对于鸦片走私无疑是最大的威胁。而张啸林的到来，帮助公司解决了这些难题，对于杜月笙来说，不啻如虎添翼。

张啸林会说普通话，对于官场的交际应酬，更是游刃有余，他同浙江省省长张载阳、军阀周凤歧虽无深交，但毕竟有同学之谊。1924年齐鲁战争之前，上海属于浙江军阀的势力范围。张啸林通过张载阳的关系，结识了由淞沪护军使升任浙江督军的卢永祥。而继任的淞沪护军使何丰林，又是卢永祥的心腹。因此，杜月笙把张啸林视为同这些人交际、联络的最佳人选。他要张啸林去联络何丰林手下的军警头目俞叶风，进而同何丰林攀交情，同他谈鸦片生意经。江湖上的规矩，有饭大家吃，不妨彼此合作，使鸦片进入上海化暗为明，接驳护运，由军警一体保护。对于军阀来说，鸦片乃是其主要经济来源，对于鸦片的暴利，早已垂涎三尺，只是苦于搭不上关系。如今有张啸林前来“结缘”，早已虚位以待了。所以二者一拍即合，共同分享鸦片的暴利。不仅如此，在张啸林的运作下，黄金荣老婆林桂生的妹妹，还过继给何丰林的老太太做干女儿，张啸林本人也同俞叶风成了儿女亲家，达到了军阀、帮会凝为一体的效果。从此，三鑫公司的鸦片生意，更是蒸蒸日上。因为英租界的土行全部迁移到了法租界，每年收得的保护费在100万银圆以上，三鑫公司本身也在做烟土生意，而且控制烟土的进出和价格的涨落，从中获得暴利。这些巨款，在公司内部，按照大三股、中六股和小八股分配。大三股即黄金荣、杜月笙和张啸林三人，每人每年收入在数百万元。中六股即金廷荪、顾嘉棠、叶焯山、芮庆荣、徐采丞等人。法租界当局则是享受公司利润的一大势力，鸦片税乃是租界当局财政收入的重要来源，租界的官员，上至总领事、公董局董事、巡捕房总巡，下至一般巡捕小吏，均按照官阶尊卑，分享鸦片余润。杜月笙依照江湖上“有饭大家吃”的规矩，从淞沪镇守使何丰林到各级衙门的每一位官员，按照盈余的数字分派好“红利”、“俸禄”的标准，一年三节，定期结账。于是从达官贵人到军警巡捕，以致散兵游勇、地痞流氓，人人分润。而瘾君子们也得以安稳地一榻横陈，吞云吐雾。

1924年9月，爆发了第一次江浙战争，上海的霸主卢永祥与何丰林被赶出上海。1925年年初，奉军张宗昌部进驻上海，张宗昌在上海通过其青帮师父李征五的介绍，结识了黄金荣和杜月笙，经过双方协商，由张宗昌派军队保护公司的鸦片贸易，而公司预付给张宗昌300万元酬金。1925年10月，军阀孙传芳击败了奉军，控制了上海，又同三鑫公司达成协议：由孙传芳的军队保护公司的鸦片通过华界的安全，并取缔公司在鸦片贸易的对手。作为回报，孙传芳的军队每年从公司获得1500万元。1926

年，又同四川袍哥大爷、川军师长范绍增拉上关系，使杜月笙的鸦片贸易的业务范围扩大到四川范绍增军队的驻防区。

黄金荣通过各种黑道生意赚足了钱，便不满于原来的住宅，命手下人去寻觅理想的地皮。这时，恰好法国天主教会要在霞飞路买一块十余亩的地皮，准备在此建造一座天主教堂。黄金荣闻讯，急忙托法租界的翻译曹显民，用四明公所北面一块放置棺材的地皮，同霞飞路的地皮相调换。曹显民此时已经是法租界天主教会的神父，所以很快就疏通好了。黄金荣于是在此建造了一座富丽堂皇的豪宅，并且在外面建造了 20 余间门面房，中间形成一条宽阔的弄堂，取名“钧培里”。

黄金荣迁入钧培里新居后，杜月笙和顾棠生也迁入了钧培里的新宅，整个弄堂都是黄金荣的产业，杜月笙和顾棠生每月仅象征性地向黄老板交几块钱房租。金廷荪、马祥生、袁珊宝和其他“小八股党”的成员，也都在附近的宝厂里、贞吉里、生吉里等弄堂居住。

杜月笙的姑母万老太太在乡下听说侄子发财了，于是不辞辛苦，从乡下来到法租界，找到杜月笙。对他说：“你如今发财了，有这么大的场面，应该帮帮穷亲戚。你表弟墨林还在十六铺做铜匠，工钱少，生活苦，你帮个忙，把他安插到公司里，好多赚几个钱，将来也好成家立业！”杜月笙表示可以让他先在自己家里打杂，在“大公司”（三鑫公司）那边也挂个名。这样万墨林就进入了杜公馆，最初被委派服侍杜妻沈月英，后来成了杜月笙的管家。

第五章　初期的杜公馆

一、一妻二妾

杜月笙在钧培里的公馆，每天晚上总是车水马龙，嘉宾盈门，大开筵席，竟夕豪赌，一个月下来，所积存的赌博抽头钱动辄上万元。夫人沈月英作为女主人，其职责自然繁重。可是她瘦弱多病，为了减少身体上的痛苦，她又染上了鸦片烟瘾，以致精神越来越萎靡，往往整日躺在榻上吞云吐雾，足不出户。杜月笙为了保管财务，不仅买了几只大铁柜，而且制备了保险箱。一大串钥匙，沉甸甸地挂在身上颇不方便，于是把它交给夫人沈月英保管。最初，沈月英很高兴杜月笙对她的信任，后来觉得简直是累赘。每天杜月笙的亲信们络绎不绝地前来取钱，开箱、关箱，不胜其烦。沈月英只好把钥匙还给杜月笙。杜月笙接过钥匙，转手给了管家万墨林，然后对沈月英说："我想讨两房小来帮助你!"沈月英头也不抬地说："你有本事你去讨!"这件事对杜月笙来说，简直就是"言（闲）话一句"（上海话，类似北方话小菜一碟，或不在话下）。加上黄金荣的赞同，张啸林的撺掇，这一年，杜月笙一连娶了两房侧室。上半年娶了年方 15 岁的苏州小姑娘陈氏，下半年又娶了也是来自苏州 15 岁的女孩孙氏。这样，钧培里的公馆自然住不下了，杜月笙便在民国路民国里租房另设了两座公馆，同亲信顾棠生和王阿庆成了邻居，以便彼此照应。新娶的两位夫人同住在一条弄堂，只是中间隔了王阿庆和龚姓两家。

1926年前后，杜月笙三十八九岁时，事业也逐渐进入鼎盛，几家赌博公司生意兴隆，鸦片买卖干得得心应手，光是三鑫公司里派定的“公费”，每月已可收入现大洋一万元，其他种种收益，更可能十倍于此。杜月笙在法租界，接二连三地建立小家庭，陈氏、孙氏两位夫人前后为其添了几个孩子，杜家人丁兴旺，佣人更是一批批地添加。杜家在钧培里和民国里的三处房子都已不够住。尤其杜月笙声誉日隆，交游渐广，需要有更加气魄的新公馆。一天，杜月笙和黄金荣闲谈，谈起他住处不敷的苦恼。黄金荣深以为然，当时便说：“你应该造一幢像样点儿的房子。”杜月笙眉头一皱，答道：“就是一时找不到合适的地皮。”黄金荣慨然答道：“我有一块地，在华格臬路，足足有两亩，你要觉得合适，我就送给你。”华格臬路（今宁海西路）地处跑马厅后隔两条街，距离大世界不远，地点适中，交通便利。两亩空地盖一幢深宅大院，非常合适。杜月笙求之不得，便欢欢喜喜地谢了黄金荣，然后去找张啸林商议盖房子的计划。“张大帅”脱口便说：“极好极好，既然有两亩地，我们何不一人盖一幢：两幢房子连在一起，以后我们来来往往，不是更加方便了吗?”杜月笙表示：“就按啸林哥的意思办！”于是两家开始在华格臬路上大兴土木，造起两幢大楼。中间隔一道砖墙，一扇便门，使两家人往来十分便利。1926年春，大楼竣工，两家同时搬进新宅。

这座新建成的杜公馆，是座三层楼的建筑。一层三间开通后成为大厅，称为“大菜间”，是杜月笙会客和办公的地方。“大菜间”后面有一间不大不小的房间，名为古董间，实际上是吸食鸦片和会见极重要的朋友和门徒的地方。西面厢房，前面是秘书室，后面是杜月笙同普通朋友谈话的地方。一间是客厅，东厢房是杜月笙的办公室，内设写字台和沙发。二楼由第二个妻子陈氏居住，三楼由第三个妻子孙氏居住。还有一间密室是囚禁原配夫人沈月英的地方。

在杜家新公馆鼎盛时期，三位夫人各配有男女佣人四五名，汽车一共有九部，每车各有司机、助手一人。除了上学校的少爷、小姐各有四轮代步，临时采买也配专车一部。起先只有维藩、维垣、维屏进学堂，他们三兄弟先念大东门的育才学校，后就读于杜月笙自己创办的正始中学。三位少爷上学，除自备汽车外，杜月笙还给他们请了三位荷枪实弹的白俄保镖。保镖专门负责保护三位少爷。少爷们上学散学，出门游玩，保镖皆随侍在侧，严加保护。

在杜公馆新宅，共有四位秘书，其中翁左青是张啸林的门生，邱访陌是陈群介绍给他的，王幼棠（曾任淞沪警察厅秘书）是刘春圃介绍的，胡叙五原是上海地方协会秘书，由黄炎培介绍给他。杜公馆配有八名保镖，两名守大门，两名在屋里守卫，其余四人分为两班，跟随他的汽车保卫。他自己有两辆汽车，每个老婆一辆，还有一辆为公馆里一般办事时使用，因此雇用了六七名司机。

杜月笙因为小时候只读过五个月小学一年级，所以对教育事业非常重视。1930 年，杜月笙在老家高桥镇建了一所学校，学生读书费用全免。1931 年 7 月，杜月笙创办了私立正始中学，自任董事长，任命陈群担任校长。学校地点设在法租界的善钟路，闹中取静，交通方便。他告诉陈群说："老八，办学堂不是做生意，我有这个决心多赔几两铜钿进去，你要用钱，只管来问我要。我只希望正始中学办起来，可以培植一些有用的人才。学校能不能够办好，那就完全依靠你了。"他常年赞助学校经费，1933 年 6 月他一次就捐给学校大洋 20000 元。他办正始中学的原则是，老师要请顶好的，待遇必须最优厚，学生素质要高，只要小孩子有天分、有志气，将来可能有成就，缴不起学费的免学费，买不起书本的送书本，家境清苦的还免费供给食宿。总而言之，无论如何不能叫肯读书的学生没有书读。陈群当正始中学校长，他聘请的老师，极一时之选，老师的待遇，也比其他学校好得多。要求老师务必专心任教，心无旁骛，把全部心力放在学生身上。

学生家中有钱的各费照缴，倘若贫苦的，连衣食住行都由学校包办。学生管理极为严格，校规由陈群亲自制定，由于陈群是日本留学生，照日本规矩，入学之初，男生必须剃光头。后来正始中学迅速扩充，善钟路的校址不敷使用，而附近又没有合适的房屋和地皮，杜月笙乃将正始中学的高中部迁往靠近法租界的法华镇上。在法华镇分校的附近，有一座观音寺，多出五十亩空地，杜月笙把它租下来，作为扩充校舍之用。

杜月笙对子女的教育也颇为重视。因为自己从小失学，因此他对子女的就学问题非常重视，极希望他的子女能够出洋深造，学有所长。除了杜维藩是长子，舍不得让他远行，陈氏夫人生的次子维垣被送到美国留学，孙氏夫人所生的老三维屏、老四维新，在就读初中的时候便由他们的母亲陪同，远赴英国伦敦去读书。

杜月笙每月开支颇巨，他的收入来源主要有两项，就是靠开赌场和走私鸦片，再就是东挪西借，一度负债三百余万银圆。

二、日常生活

（一）起居饮食

杜月笙在发迹以后，常说自己是“鲤鱼跳过了龙门”，是“泥鳅修成了龙”。有关他的平日生活，上海老中医陈存仁（1908—1990）对杜月笙有所回忆。这位老中医写得一手漂亮的汉字，曾为多位杜月笙的门生书写“门生帖”，因此有机会亲自登门拜访杜月笙，并有所交往，所以他的回忆当属可信。陈存仁第一次同杜月笙见面是在一个端午节，是在淞沪警察厅侦缉队长韦钟秀的陪同下前往的。他当时只拿了一本硬面贴报簿，簿上剪贴了三段有关杜氏的新闻。他回忆说：我去见他那天，是在下午一时许，杜氏刚起身，室内除我和韦钟秀外，别无他客。他是瘦瘦的个子，体重约一百磅，穿了一件熟罗长衫，身材好像一个文弱书生，只有一对鞋子显得有些特别，是纯中国布鞋款式，但不是布质，而是用深紫色的皮革做的，此外一无特异之处。见面之后，彼此先寒暄了几句，都用浦东话。杜月笙请陈存仁坐在他的烟榻上，他抽着鸦片烟说："困，下来谈谈。"又对陈存仁说："你写的门生帖我收到不少，写得整齐干净，真是不错。"陈则答道："我有一件礼物送给你，这是最不值钱的东西。"他接过去打开一看，是一本贴报簿，里面贴了三张剪报。杜月笙因为识字不多，所以请陈存仁读给他听。杜月笙最初除了自己的名字之外，只识十来个字。后来请了一位教书先生，天天为他读报，还教他认字。经过若干年，他竟会看信看报了！他对熟人并不讳言自己一生从未受过教育，只是幼年时当了五个月的一年级学生，学费是小洋五毫。后因五毫子筹不到，就此辍学。杜月笙虽然未受过良好的教育，但却有一套为人处世的本领。凡是办一件事，他先决定上策如何，中策如何，下策如何，三点决定后，还要考虑这件事的后果如何。所谓后果，即有无反应或副作用，好会好到什么地步，坏会坏到什么程度。在决策时，他往往先听别人讲话，自己默不作声，等到别人讲完，他已拿定了主意，无非是说"好格，闲（言）话一句"，或者是说"格件事，不能这样做"。他说过之后，从来不会变更。杜月笙所受的教育，主要得益于听说书，如《说岳传》、《水浒传》、《七侠五义》、《三国演义》等，所以他对戏剧演出极感兴趣。

杜月笙平日在饮食方面并不讲究，从不贪食，对于西餐尤无好感。在重庆时，遇到国民政府举行庆祝宴会时，备的全是西餐。有一次，他在参加后对人说："我和（钱）新之先生都不感味，枯坐终席，整整的两份西餐全送给邻座的刘文岛包办了。亏他量大能吃，照单全收，居然咽纳得下。”他唯爱饮浓的红茶，不爱用茶杯，常用一把精致的小茶壶作为饮具。在精神不继时，则用鸦片提神。

关于穿着，杜月笙觉得要跻身上流社会，必须改变形象。他脱下鸭舌帽，卸下短褂裤，改穿长袍马褂后，不像顾嘉棠那样挺胸腆肚的强盗扮书生的模样。可是，在初期，仍然隐约可见当时所说的那份“流气”，如敞着领下的纽扣儿，戴上熠熠生光的钻戒。在经过一段时期后，领下的纽扣儿扣上了，指上的钻戒褪去了，嘴头上的“三字经”也少了，人们很难看出他是黑道出身的人物。独有一个烙印是他终身所未能磨灭的，就是他在左膀上刺着的蓝色小雀子。他在私宅里，三伏热天，照常穿上汗衫短褂，衣冠楚楚。有人劝他不必如此拘束，尽可宽衣解带，迎风招凉。他总是笑着对人说道：“我手下这些佣人，多是红眉毛、绿眼睛的。如果我仅穿件汗衫，他们必进一步裸着上体。如果我穿上汗马甲，他们必更进一步浑身只剩下一条短裤。我这里当然算不上名门大宅，但我的佣人多，往来的朋友上、中、下三等都有。如果全屋子来来往往的都是些穿短裤的汉子，我这杜公馆岂不变成大混堂？因此，我只好熬着热，冒着汗，受着这点不大不小的罪。”杜月笙不仅自己如此，而且命令他的大弟子们，在大庭广众之下也必须如此装束。他身材消瘦，在上海时，他曾穿过军装，背过皮带。在香港时，他曾西装革履。在由贵阳飞越芷江时，他也曾穿上黄色咔叽布的中山服。他腰部有些弯，所以他穿上这类服装后，为保持笔挺的姿态，总感到浑身不得劲儿。尤其是那条硬领儿和那双皮靴，使他颇感难受。往常他所穿的缎面鞋子，多由万墨林代穿到软熟时他才上脚，而皮鞋却不是一时穿得软的，而那硬领儿更是无人可以代劳的，所以他非在必要时，对于这类行头总是敬而远之。他觉得称心如意的，是在穿着半新不旧的短褂，躺在榻上，让人给他按摩，捏着脚趾，捶着小腿。那时他的双眼眯成一条缝儿，似睡非睡，如于游仙之境。可是，后来他一改早年每天泡澡的习惯，于沐浴大不感兴趣。据说必待仆人再三劝说，他才肯入浴。有时仅洗半身，便匆匆地擦干离去。在重庆四年，山城燠热，汗流如沉，旁人巴不得终日浸在浴缸，借以消暑。他却只在不得已时揩沐一番，从未闻其通体泡在浴缸。

（二）爱好和娱乐

杜月笙最感兴趣的是京戏皮黄。所有海派名伶、京朝大角儿，他都乐意周旋，至于一般的角儿，无论为女为男，外路来的，或本地扎起的，露演以前，循例得到杜府拜访，男的请安，女的万福，他自会捧场如仪。如果是他赏识的，来时是土包子的模样，一经他包装，会变得有声有色。因此京剧角儿中，投拜他门下的大有其人，认他做干爹的亦自不少。

杜月笙不但喜欢看京戏，而且爱学唱京戏，凡是他所看过、听过的好戏他都想学，至于唱不唱得像，练不练得成，却并不在意。他虽然喜学皮黄，但仅会六出戏，加之土音很重，咬字吐音仍未全脱浦东乡音。所以，人们对杜月笙所学到的京戏，都大大不敢恭维。据说，他的戏是由京剧名花脸金少山的哥哥金文中所教。学来学去，却只学过《连环套》里黄天霸这一个角色。他是浦东人，浦东乡音在吴语系的区域中最为重浊，若叫他弯着舌尖儿打京片、咬字音，行腔使调，压根儿就不容易。在扮相方面，他是高个子，登上粉底靴，戴上英雄帽，更嫌高度过人。加上他功架不足，脸上无戏，举手投足平板生硬，全不够味。和他配搭这出《连环套》的，总是张啸林的《窦尔墩》。无独有偶，他俩往往在台上忘了词儿。但张啸林借着窦尔墩手中的大折扇遮盖，可把大段剧词写在扇面上，遇有必要，将扇打开，随看随念，犹可敷衍了事。可是黄天霸一角，在戏台上却是白手。所以杜月笙一到忘了词儿，只见两眼翻腾，喉头咽哽，透着满脸尴尬。此时，台下便大大地起哄了。鼓掌的鼓掌，喝彩的喝彩，直到他把下节剧词接上，才逐渐地平息。杜月笙第一次票戏是在无锡，为荣宗敬五十诞辰祝寿；最后一次票戏是在漕河泾，为蒋介石五十诞辰祝寿。中间为赈灾义演，粉墨登场，亦有多次。杜月笙在最后一次赴港期间，每逢周五晚间，宅中必有清唱，赵培鑫、吴必彰、钱培荣、朱文熊、杜维屏等多是届期必到。杜月笙对景兴怀，有时亦哼上几句。在其将近病故以前，还曾录音一番。

杜月笙的第二个爱好是听说书和听读报。

杜月笙因为自幼失学，中年以后，虽然自学，但也识字不多，一部通俗演义武侠小说，也很难逐字逐句地辨认下去，但是他偏又喜欢历史小说和演义。有很长一段时期，他每天请来上海最有名的说书先生，替他开讲大部头的小说，如《三国演义》、《水浒传》、《东周列国志》等，以丰富他的历史知识，为此，一讲便是一年有余。而且对于听书非常认真，每天不论怎样忙，一定要抽出时间听说书。他还边听边读，一面聚精会神地听，一面拿一卷大字本原著对照，帮助自己识字。

据杜维藩回忆：杜月笙还喜欢听读报。报纸他原不会看，而是要秘书读给他听，大小新闻连广告等，都不让遗漏。他一面用心听，一面注目看，积时既久，听多了，看多了，自己也能诵读，更能看一些侠义小说。每日晨兴，第一件事即是听读报，大至世界时事，小至本埠广告新闻，琐屑无遗，数十年如一日，未尝或间断。抗战期间寓居重庆时，一日清晨，恒社社员某君来访，杜月笙以无外客坐谈良久，诸如世界时事，巨细靡遗。某君读报素以精细称，及杜月笙询问报载本日某家喜事（亦恒社社员），不发请柬，礼已饬送，嘱于道贺时，代为致意，因气喘病发，不良于行。某君不觉瞠目，退而语人曰："不及先生之一字不遗也!"

（三）识字、写字

杜月笙未曾受过教育，他原不会写字，慢慢练习，不久便能自己签名，以代手印或盖章。他于阅读普通书信及报章刊物，虽不免碰上"拦路虎"，但由头到尾，已能领会其意。故其中年以后，很多文事，已能无师自通。秘书们所撰文稿，居然也能加以修改，而且所修改的常恰到好处。他在参加社团活动后，又感到习字的需要，尤在识字之上，因为字之识与不识是内在的，还有滥竽充数之可能。而参加活动、集会时的签名，必须当场表露，无法请人代笔。于是他每天腾出片晌工夫，临池摹写，由秘书徐慕邢加以指教。毕竟写字比识字还难，行家们犹难免于涂鸦之诮，何况是他！所以，他于“月笙”二字，久练之后，总算可以应付。而于那个“镛”字，则因笔画过多，方寸之间，往往写成一圈黑饼。其在晚年，因经历已深，与一般文人浸渍渐久，文字之事，不无体悟。虽无法画写自如，而于信札中词气之轻重，语意之显晦，似能加以辨认。有时指出，还不失为中肯。现存的几幅网络上的杜月笙笔迹，估计是秘书代笔。

杜月笙笔迹之一

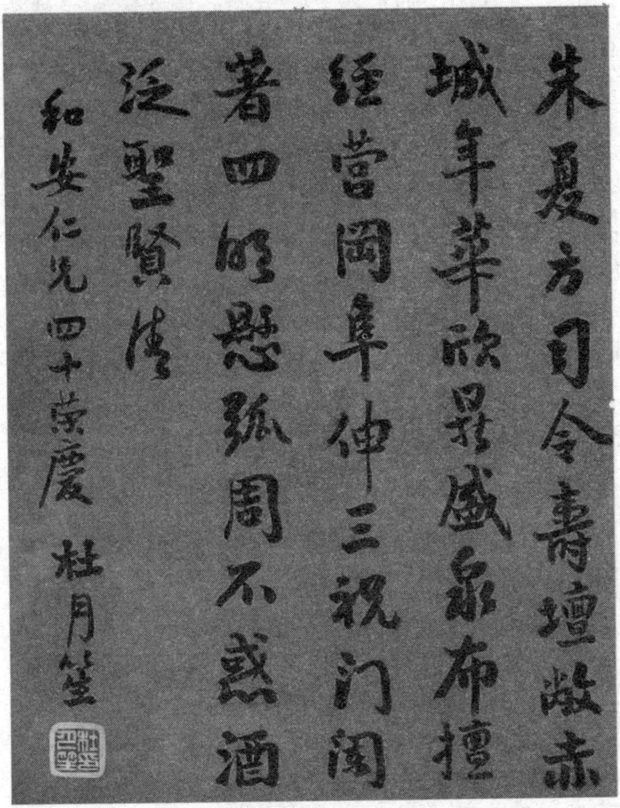

杜月笙笔迹之二

（四）不良嗜好

杜月笙的不良嗜好包括嫖娼、赌博和吸食鸦片。

杜月笙的嫖娼是年轻时从逛低等妓院开始的。当时上海的妓院称作“堂子”，分作“长三”、“幺二”和最低等的“烟花间”。早期，杜月笙虽然有了一些积蓄，但仍不敢去长三书寓，也逛不起幺二堂子，只能在那些拉客野鸡的烟花间里流连徘徊。发迹以后，虽然已有好几个老婆，但仍然常到会乐里长三书寓去嫖妓，平时做个“花头”，照例只是十二元，客人买票一份。那时王晓籁担任公和祥总账房，应酬买票，出手二十元，已属极“阔”。可是杜月笙却“阔”上加“阔”，一掷便是五十元。书寓中又有固定“花头”，如新年开张要做“花头”，待仙（斋仙老爷）要做“花头”，宣卷（本家或姑娘生日）要做“花头”，杜月笙于其属意的人，每次所费，总在六千元至一万元之谱。抗战前，他同范绍增去妓院请一次花酒，就要花上五百银圆到一千银圆。

赌博乃是杜月笙平生最大的爱好。他的赌博生涯是从蹲在马路边的赌摊上开始的。稍后，觉得在这里掷骰子、押单双，不仅赌法单调，而且输赢太小，实在难以过瘾。于是又钻进赌棚区呼幺喊六，推牌九、搓麻将。一次，他中了获利 30 倍的花会，从制钱铜板，到角子银洋，弄来一大堆，使他赌兴大发，一发不可收拾！赌博是杜月笙一辈子持续不断、乐此不疲的“消遣”。他由儿时的嗜赌，少年的滥赌，青年的溺赌，直到中年后的豪赌，一生几乎从来不曾断过赌。赌注的大小，也是水涨船高。20 世纪 20 年代左右，麻将“挖花”，一场输赢，动辄上万元。后来到了重庆，他和四川的刘航琛、康心如兄弟辈赌起钱来，胜负之数，更是惊人。

时人以为杜月笙既以烟赌起家，他经营着规模宏大，堪称全国第一的大赌场，以为他的赌术一定很精，事实上并非如此。杜月笙虽然在上海拥有过最大的赌场，但他自己从不到这里来赌，平日总是在家里赌。客人赢了钱，照理要给他家佣人小费，为数相当可观。有人为了巴结他，故意输钱给他。在 181 号赌场开设的时候，他在里面另辟一个秘密房间，供他自己和几个有身价的大亨在里面赌。181 号赌场关闭后，他又在外面另辟秘密赌博的地方。平时他不在家赌博也不许别人在他家里赌钱。他一般小赌是“挖花”，陪他玩的有刘航琛、康心如、顾嘉棠和范绍增等。虽说是小赌，但每次输赢也是上千块银圆。大赌是推牌九，每场几万到几十万大洋。杜月笙其实往往“以赌会友”，他在赌场上结交了不少推心置腹、情同手足的生死患难之交。像赌场老手严老九、吴家元，还有对他帮助颇大的上海名律师秦联奎，都是赌场上交的朋友。

吸食鸦片和戒烟。20世纪20年代初，杜月笙刚过而立之年，因为饮食起居无常，身体日渐衰弱，从外貌上看，他两肩微耸，面容清瘦，高颧尖颏，隆眉阔嘴和一对大而厚的招风耳，愈加显得瘦骨嶙峋。为了提神养气，他便借助于鸦片来应对川流不息的访客。为此，他特地把侍候老婆沈月英母亲抽烟的郁永馥调来为自己服务。郁永馥乖巧伶俐，能以最快的速度装好高达一寸的烟泡，无论杜月笙长抽短吸，都可以肆应裕如，从此郁永馥便专门负责为杜月笙烧烟泡。据郁永馥回忆说："杜在开中汇银行以前，每天起身很迟，烟瘾也很大。他的烟榻旁，挂了十杆各式各样的烟枪，我总是很早赶到那里，打好烟泡，把十杆枪都装好，杜一下楼，进了这间房，就吞云吐雾起来。起身后，吃一杯鸡汤，两片面包，吸上两三筒烟，就出门去。"

杜月笙吸食鸦片同一般烟民不同，他往往把鸦片烟泡只抽上两三口便抛掉，因此他中的毒不深，抽上一口反而使他精神抖擞，容光焕发。所以，杜月笙的鸦片烟虽然抽了一二十年，却没有一般瘾君子的貌相。有一天，好友杨志雄来看杜月笙，正值他在吸鸦片烟。杨志雄躺在他对面，凝望着鸦片烟灯旁吞云吐雾的杜月笙出神。于是，忍不住将久藏在心中的一句话说了出来："月生哥，你近年样样都好了，唯独一桩，美中不足。"杜月笙忙问哪一桩？杨志雄伸手一指烟枪。杜月笙懊恼地说："王八蛋要吃这个！真叫作没有办法，你想想看，一个人做事体，会朋友，要从早晨忙到晚，人总归是人，不靠这个提提神，怎么受得了！凭良心说，我已经不晓得几百次，想要把这个戒掉！"杨志雄趁此机会追问："你也想过要戒烟？月生哥，是真的还是假的？"杜月笙断然地说："你不相信，我发誓！"杨志雄连连摆手，"那倒不必。月生哥，如果你真想戒烟，我可以替你策划策划。"于是，托宋子文延请时任卫生署署长的刘瑞恒来帮助杜月笙戒烟。为此，刘瑞恒亲自来到宋子文公馆，杨志雄便打电话通知杜月笙说，你戒烟的事，宋部长已经把卫生署的刘署长请到上海来了，刘署长一口答应帮你戒烟。杜月笙匆匆赶到，见了刘瑞恒，再三表示戒绝鸦片的决心。他请刘瑞恒鼎力协助，当面商定戒烟的步骤。嗣后杜月笙果然一口也不抽了，如此持续了一个星期，朋友们非常高兴，杜月笙戒鸦片烟的消息也在黄浦滩上不胫而走。后来，杜月笙患了感冒，杨志雄得知后，以为是戒烟所致，于是又去劝说杜月笙恢复吸烟，结果被杜和家人拒绝。戒烟成功后，杜月笙除注意力略显涣散、记忆不似以往外，精神焕发，笑逐颜开。他为了庆祝自己戒烟成功，特地宴请宾客，以资庆祝。

杜月笙对于当时流行的娱乐，如跳舞、电影等，均无特殊喜爱。

杜月笙对于跳舞原属外行，勉强下池，只知朝前推进，对于步伐、音乐，均非所谙。他参加跳舞，其实是醉翁之意不在酒，无非借此交朋友、谈生意。所以，各大舞厅常见他的身影。后来高鑫宝开设“丽都舞厅”，辟有大舞池、小舞池及游泳池，并就余屋另辟单间，陈设烟榻，专备知己朋友歇脚过瘾。酒菜茶点，应有尽有，更自不必说。杜月笙来时，多在单间盘桓。当时和杜月笙共逛舞场的多为王晓籁、张啸林等。此外，也有前呼后拥、一批“跟屁头”的朋友。杜月笙等在这稠人广众之中，只是呼召舞女，陪坐谈笑，多少带点儿矜持态度。仅为了逢场作戏，适可而止。

至于当年在上海新兴的电影业名人，如张石川、周剑云等都是他的门徒。他于这一行虽无深厚兴趣，但在电影界的纠纷上，他却曾参与其间，将事情摆平。他于中外影片，尽管时为天王牌巨，也绝少寓目。他前后旅港八个年头，仅到过“皇后戏院”一次，不及终场，便先退席。但于当时的女明星，他却在倚翠偎红之列。

以前，杜公馆的大门，不似他抗战胜利后移居“十八层楼公寓”时那般严紧，总是敞着的。一些走江湖的朋友，穿过大门，便有见到他的机会。于是用舌头蘸墨作画的、用指头写字的、唱道情的、要把戏的，都能在他面前呈身献技，讨个丰厚的赏赐。而拳师、力士，由友好介绍而来，更能得到他的招待。某年，范绍增推荐一位张姓的人从四川来沪，据说擅踏梅花桩及壁虎功。杜月笙原有一位名叫高守武的高徒，练硬功、谙技击，于上海“大世界”国术比赛时曾膺亚军，也曾到过杜公馆献艺。

（五）为人处世

杜月笙会做人，在江湖上是出了名的。杜月笙会做人还不是从他发财以后才开始，早在少年时期，他就善于同朋友相处。在他母亲去世时，时值寒冬，他却只穿一双破单鞋，姑母连夜给他做了一双新棉鞋。当他看到穷伙伴还在饿肚子时，就把这双新棉鞋拿去当了几文钱，买了烧饼给穷伙伴吃，赢得了小伙伴的喜爱。在他浪荡于金利源码头时期，逢到大家没钱吃饭，只要他身边有两角小洋，他就会全数掏出来给大家。说道：“你拿了去吃饭吧，有了钱来‘救我’！”他自己有时就这样挨一夜饿。当他遇到困难时，朋友们自然也会拔刀相助。

成年以后，他在为人处世方面，更是别具功夫。据同他交往了多年的朋友范绍增介绍，杜月笙有一套拉拢人的手段。他想要结交某人，总是先找到同某人有关系的亲友，向他们表示对某人的敬仰，话传过去，使某人乐于同他会面。见面时，他则表现得热情诚恳。如果觉得这个人对他有用，便在其他场合，或在与某个人有关系者面前，故意将某个人吹捧一番，这些话传到某人耳里，自然对其产生好感。杜月笙从青年时期就善于揣摩别人的心思，能根据不同人的性格，运用不同的手法，使这些人乐于同他结交。别人找他帮忙，只要他觉得以后可以找回本钱，他就会痛快地答应下来，即使暂时赔点儿钱，他也肯干。据杜维藩回忆，杜月笙往往能够做到善体人情，有时只言片语，就能使别人心悦诚服。“有一回，出身黄埔的某省主席在上海宴客，先父也为座上客之一，末座即主人身旁的一位是先父的老友王柏龄将军。第二天，王将军来看先父，颇有牢骚，认为某主席不应轻视他，他说：‘他神气什么，我当年得意的时候，他还不知道在哪里当排长还是连长呢！’先父当即正言相告：‘茂如兄（王将军字茂如），你弄错了！某主席是把你当自己人，才请你坐在他旁边，这哪里是看不起？如果他要我坐在他旁边，我杜某人在上海滩还要吃得开呢。’就这几句话，消除了王将军对某主席的芥蒂。先父一生，类此为人在无形中消除误会隔阂、拉拢关系的事，指不胜屈。还有件事也可一谈，先父有位姓顾的朋友，也是中汇银行的同事。有一天跟先父说，他有个同乡想来拜访，先父欣然相许。第二天，顾先生带了他的朋友到中汇银行来拜访，谈得非常投机。告辞时，先父亲自送到电梯旁边，看那位初次会面的客人进了电梯，方回办公室。那位顾先生大为诧异，他说：‘杜先生，平时我们来看你，到走的时候，你摆一摆手就算数，何以对我的朋友那样客气？’先父答复他说：‘我对他客气，是因为他是你的朋友，头一次见面，我应当尽我做主人的道理。至于对你摆一摆手就算数，那是因为我们是熟人啊！这叫作熟不拘礼呀。’这样一解释，那位顾先生对先父自然更加亲近了。”杜月笙还善于用小恩小惠来为自己谋大利益。用他自己的话来说，就是“花一文钱要能收到十文钱的效果”。这也就是为什么不论什么地方发生天灾兵祸，他都乐于捐助，花钱可以使他名成利就，所以一直乐此不疲！

据杜月笙的亲友和心腹回忆，他平日不发病时脾气还比较好，对待左右和下属、仆人，从不打骂。但是，一旦触及其切身利益，则表现出黑老大的本性。当他得知原配夫人沈月英同表兄有不轨行为时，竟把沈月英囚禁十年，让手下人把沈氏表兄的双腿打断（亦有说双足砍断），把沈月英司机的双眼弄瞎。他与万墨林和郁永馥三人，在没有外客时，非常随便，大家海阔天空，胡拉乱扯。他场面大，交友广阔，一天到晚，应酬极忙。有人说他烟铺上挂有一块水牌，开列着一天中该去应酬的人家。其实水牌是不挂的，每天由账房间把接到的请柬帖子排一排队，按照主人的地位与情面大小，分别轻重先后，列成一表，给杜过目后，通知司机、保镖等人，照单行事。据他的心腹郁永馥回忆，杜月笙善于听取别人的意见，“我亲见杜会客时，先是侧耳倾听对方的话，等到人家讲完，才沉思一下，启口缓缓说上几句。妙在要言不烦，语中肯綮，叫听者动容。有人说他福至心灵，其实这是他做人的一种方法”。杜本来胸无点墨，自从当了五十六家行厂董事长后，为了装点门面，对自己的姓名“杜镛”二字，早夕勤练，居然写得笔笔着实。经过一个时期，签名签得多了，格外熟练，倒也有飞舞动人之势。一般来说，杜的身体是结实的，平时很少打针吃药。每逢有病，就请一位姓陈的中医把脉。抗战期间，杜月笙在四川有病总是请中医看。有一次，他突患腹痛，大约是盲肠炎，请了一个五十多岁的老中医诊治，这名医生不用开刀，对症下药，一服而愈，从此他格外相信中医。

杜月笙的处世哲学有其别出心裁的见解，他常挂在嘴边的，是他的“三碗面”理论。他认为在为人处世方面，有三碗难吃的“面”：一是情面，碰上朋友尴尬时，天大的事也得代顶下来，即使顶不住，这当前的情面却不能不讲，所以这碗“面”很难吃，但又不能不吃。二是体面，必须准定地吃。不论是别人的事还是自己的事，纵然穿不上长衫，冒充不得斯文，但在口头上、行为上，总应显得光明磊落，切忌做“小吊码子”。这碗“面”不易吃，却必须吃。三是场面，有了天井想花园，有了老婆想妾侍，这是没法填满的无底洞。如果在这上面考究，场面越拉越大，做人的道理也就越拉越远，始而自己已走了样，继而得罪了朋友，最后非栽跟斗不可。所以这碗“面”最好不吃，如果要吃，须得细心地吃。“三碗面”理论，使他在为人处世方面，练就一身本领。上海江湖上流传一个说法：黄金荣爱财，张啸林爱打架，杜月笙会做人。黄金荣只顾眼前小利，而杜月笙则眼光远大，不孜孜于近利。他不论当权者还是在野的，都肯折节交结，对于那些落魄的名人，也加以接济或收留，或每月给予数百元。有些知名人士，被他罗致门下，尊为上宾，遇事倾心请教，久之成为幕僚。他结交这些人，很有一套办法。据说有一位姓杨的，曾任福建督军周荫人的秘书长，卸任时，把历年搜刮所得，装满六个大皮箱，其中全是珍宝古玩，派人押运来沪，准备在上海做寓公。不料抵达上海时，六个皮箱全部不翼而飞。杨某虽请沪军督护使何丰林代为查找，亦毫无结果。于是转请杜月笙帮忙，三个小时后，六个皮箱全部找回。杨某感激之余，拿出四千元请杜月笙转酬其属下，杜则坚辞不受，说："自家人，交个朋友。"某年，北洋政府时期做过国务总理的孙宝琦，时在上海做寓公。发起一个赈灾会，苦于资金不足，上海总商会副会长向他献策说："杜月笙急公好义，如果慕老（孙宝琦字慕）出马，一万八千，想必他一定会解囊的。"孙宝琦于是准备了三个大土（印度鸦片，每个十两或二十两，相当于今天的一市斤或两市斤），前往杜公馆拜访。杜月笙看见这位前总理亲自来访，不免一怔，因为他同孙某素昧平生，想必此来，当有大事相求，马上请入客厅。寒暄以后，孙仿佛不在意地向杜请教："照目下行市，不知印度大土每只值多少钱?"杜答道："目前烟禁甚严，大土久已绝迹，没有行情了。"孙说："哪里话，我还有三只。"说着吩咐跟班立即从汽车里取来，放在桌上。笑着说："以前听说是二百两银子一只，现在算它涨了几倍，也不过千儿八百元一只吧!"杜连忙说："是好东西，大概绝不止千元一只，怕要两千块吧。"孙得意地说："听说足下有时喜欢香两口，'宝剑献于烈士，红粉赠之佳人'，这就献给足下吧!"杜连说"不敢"，并说："让我照价买下来，送给时疫医院，救济穷人为慕老造福吧。"孙忙说："那么，就算捐给慈善会吧!"当即取出捐款簿，杜吩咐写上一万元，并把支票给了孙。孙兴冲冲地告辞，上了汽车，司机对他说："那三只大土，已经送回，放在后座上了!"就这样，杜月笙结交了孙宝琦这位北洋时期的前总理。

对于一般中下层人员，杜月笙则通过年节发放红包的方式，进行笼络。据杜月笙的贴身亲信回忆，当年杜公馆过年，天天门前车马盈门，宾客如流，发给压岁钱。压岁钱有三种，第一种是现钱，大都是红纸包好的"袁大头"，至少五圆，多至数十圆，对象主要是租界内的巡捕、包打听以及其他杂色人员。从年初一起，人们流水般地前来给"杜先生"拜年，一般由他的小徒弟来应付，根据来者的利用价值和平时的效劳程度，分别赏给一包银圆。第二种是由银楼特制的金钱，大小不一，从元旦开始，每天由徒弟们带着孩子们来给师父、师公拜年。一般由一位当家的师母接待，有的还留下吃年饭。临走时，还分情况，给一枚金币作为孩子的压岁钱。第三种是特制的金元宝，分别给几个得力的徒弟和账房的孩子作为拜年的压岁钱。

第六章　参与“四一二”反革命政变

一、“四一二”反革命政变的背景

1925年3月12日孙中山在北京逝世，7月1日国民党在广州成立国民政府，同年10月爆发反奉战争。1926年4月国民党反奉战争失败，张作霖的奉军占领北京，并与吴佩孚联手迫使段祺瑞下台。这样，北洋政府便控制在以张作霖为首的奉系军阀手中。1926年7月4日，国民党中央为了完成孙中山的遗愿，在广州召开临时全体会议，通过《国民革命军北伐宣言》，组建八个军，兵员二十六万四千人，枪支二十二万七千。由蒋介石担任总司令，李济深任总司令部参谋长，白崇禧任参谋次长代理参谋长，邓演达任政治部主任，郭沫若任政治部副主任。

但是，不久发生了“三二〇”事件，也就是“中山舰事件”。蒋介石怀疑海军局局长、中共党员李之龙企图把他劫持到苏联的海参崴，实际上这是子虚乌有的事，蒋介石借此机会召开国民党二届二中全会，通过了所谓“整理党务案”，开始严格限制共产党员在国民党中的地位与权力。蒋介石提出整理党务案，是要确保自己的政治生命与前途，所以，他大权在握后的第一件事就是北伐，希望借此来确立自己的绝对权威和独裁统治。他提出党、政、军、民、财等各项权力都要集中统一，以便实行总司令领导下的独裁体制。他明确提出在“军政期间”，一切团体的言论、宣传品都必须接受总司令部政治部的检查和监督，一切团体的组织言论，“都不准他们自由”。“在本党和政府之下，战时随便罢工，就算是反革命的行动。”1926 年 7 月 7 日，蒋介石以北伐军总司令的名义下达北伐部队总动员令，国民党中央政治委员会随即公布了《国民革命军总司令部组织大纲》，规定总司令统辖国民政府属下所有海、陆、空军，对国民政府与国民党在军事上负完全责任，战时状态中国政府所属军民财政各部机关，均受总司令节制。

蒋介石在完成了上述准备之后，于 1926 年 7 月 9 日誓师北伐，以摧毁北洋军阀的统治，完成对全国的统一。为了把上海从军阀手中夺回来，蒋介石于同年 9 月派北伐军总司令部参议钮永建秘密前往上海，负责策应北伐军进攻上海的使命。钮永建到达上海后，找到青帮头子黄金荣，要求他立即组织一支队伍，听候调遣。这支由黄金荣招集来的乌合之众，在一次进攻北洋军阀驻军的战役中，仅放了几枪，就作鸟兽散了。年底，杜月笙又利用自己的关系，把军阀孙传芳派驻上海的淞沪警察厅厅长严春阳和上海防守司令李宝章等介绍给钮永建，谈判投降条件。这样，黄、杜等人便与国民党方面建立起密切关系。与此同时，他们也千方百计地与中共方面接触，当时中共因为担心国民党可能背叛革命，破坏国共合作，也希望帮会势力能够在未来的斗争中保持中立，以减轻武装起义的阻力。于是，双方通过杜月笙与上海市总工会委员长汪寿华保持联系。杜月笙还将悄悄筹集的一笔款子交给中共上海领导人之一、上海市总工会委员长汪寿华，向他表示愿意资助上海市总工会。杜月笙还充当中共与法租界当局秘密对话的牵线人，向中共提供北洋军阀的活动情报，保护租界内的中共党员，协助他们建立机关，提供开会的会场和安装电话等。1927 年 2 月 28 日，杜月笙以法租界巡捕房代表的身份，会见了中共上海领导人，表示他愿意保护工会，中共尽管到法租界里设立工会，并表示可以准备哨子，如果有人被捕，可以吹哨子。如果被巡捕房逮捕，他可以设法释出。1926 年 10 月到 1927 年 3 月，上海工人在中国共产党的领导下，举行了三次工人起义，以反对北洋军阀，响应及支持北伐军进军上海。在上海工人三次起义期间，杜月笙与汪寿华先后会晤五次，并向中共通报了北洋军阀准备逮捕中共领导人罗亦农、陈独秀的重要情报。对于黄、杜等帮会人物来说，在当时复杂的政治斗争的趋势尚不明朗时，按照帮会的一贯信条：“多个朋友多条路”的原则，希望一旦共产党得势，自己仍然可以保有既得利益。所以，杜月笙一再向汪寿华表示，尽管军阀与租界当局都曾要他们参加对抗上海总工会的行动，但均被他拒绝，并对汪寿华说：“无论你有与没有，始终保护你们，但以后你们要帮助我。”当汪寿华进一步问他将来需要共产党帮什么忙时，杜月笙却狡黠地回答：“现在谈论为时尚早。”帮会头子们是十分善于在复杂的政治斗争中进行投机的。1927 年 2 月，北伐军顺利攻入苏、浙两省。2 月 19 日，北伐军第七军中路进入浙江，白崇禧进驻杭州的消息传到上海，汪寿华发动了一次规模不大的罢工，遭到上海守将李宝章的残酷镇压。他派军队驱散了罢工的工人，当场抓到两个散发传单者，不经审问，立刻砍死在大街上，枭下两颗血淋淋的人头，高挂在电线杆上示众。李宝章是军阀孙传芳手下的一员悍将，打仗彪悍勇猛，行事心黑手辣。孙传芳让他扼守最后的据点，当时其正担任淞沪镇守使。2 月 20 日，中共发动罢市罢工。李宝章早有准备，所有他掌握的军队，全部以武装肉搏式姿态出动，如狼似虎地对工人大肆砍杀，刀光霍霍。大街两畔，家家户户门窗紧闭，南市闸北，转眼间变成一座死城。

二、主导上海青帮充当反共打手

在北伐军进抵长江流域后，帝国主义列强感到其在华利益进一步受到威胁，一方面继续拉拢蒋介石，另一方面加紧准备进行武装干涉。到1927年3月，列强在中国水域停泊的军舰已达170艘，其中在上海有60余艘，军队增加到3万多人。3月23日，国民革命军第二军、第六军从安徽东进，击败直鲁军，占领南京。3月24日，南京发生劫掠事件，造成外国使馆和侨民的财产损失及人员伤亡。游弋在长江上的英、美军舰借口保护外国侨民，于当日下午炮轰南京城，毁房多间，致使百余人伤亡。南京惨案是帝国主义以武力干预中国革命的严重挑衅事件。这一事件加速了蒋介石同帝国主义势力勾结的步伐。

3月26日，蒋介石乘军舰从南昌赶到上海，开始与日本驻南京和驻上海总领事频繁接触。在秘密商谈后，日本帝国主义者立即宣称南京事件是“由过激分子煽动而起”，其“目的在于摧毁蒋介石”。这时，英、美帝国主义者渲染南京事件是“义和团之祸重演”，仍坚持要对华实行“武力制裁”。日本帝国主义者已摸清革命阵营内部的矛盾和蒋介石的真实态度，认为“武力制裁”未必能够奏效，力主拉拢蒋介石为帝国主义“维持秩序”、“镇压暴行”，并帮助蒋介石巩固地位。日本帝国主义者还将获得的情报和自己的主张频频向英、美通报，以协调他们之间的行动。4月11日，日本伙同英、美、法、意等国，就南京事件向武汉国民政府外交部部长陈友仁和国民革命军总司令蒋介石提出“抗议”照会，实际上是通过软硬兼施的手段促使蒋介石公开反共。

当白崇禧率领的北伐军到达上海附近，收到蒋介石停止前进的命令，并多次拒绝共产党的要求，延缓进攻上海时，杜月笙等人便逐渐弄清了蒋介石的意图，知道蒋介石不会同共产党合作，于是逐渐改变了对共产党的态度，完全倒向了蒋介石一方。这期间，蒋介石同帝国主义分子、江浙财阀和流氓势力举行了一系列秘密会谈。帝国主义列强公然鼓动蒋介石“迅速而果断地行动起来”，“使长江以南的区域免于沦入共产党之手”。江浙财阀也保证在财政上给蒋介石以全力支持。上海的青帮头子黄金荣、张啸林、杜月笙等也决定把大批流氓、暴徒组织武装起来充当反共打手。3 月中旬，蒋介石特派第一军副军长王柏龄、总司令部特务处处长杨虎和东路军前敌总指挥部政治部主任陈群为代表，先后到达上海。他们改装易服进入法租界，带着秘密使命与黄金荣会晤。当黄金荣得知国民革命军总司令蒋中正就是他的徒弟蒋志清时，非常得意，遂召集张啸林和杜月笙密商合作反共“清党”事宜，并负责统一指挥。然后，杨、陈二人又到杜公馆再次同杜月笙密谈，请黄金荣、张啸林、虞洽卿、王晓籁、杜月笙等协助。在三大亨当中，杜月笙支持蒋介石最为坚决，他向陈群和杨虎表示：“只要陈先生和啸天哥有所吩咐，即使是赴汤蹈火，我们也乐于从命！”他首先说服了张啸林，然后又去说服黄金荣。黄开始拿不定主意，担心国民党对付不了共产党，要看准以后再说。杜则认为机不可失，只有参加反共，将来在政治上才会有地位。于是向黄提出：“共产党胜利了，绝不会对我们有好处，我们只会同国民党同归于尽。与其这样，不如全力与国民党合作反共，使国民党取胜，才有前途。”黄金荣权衡利弊后，决定投靠国民党。1927 年 4 月初，蒋介石在上海召集国民党将领李宗仁、白崇禧、黄绍竑、李济深和国民党中央监察委员张静江、吴稚晖、李石曾等十余人举行反共秘密会议，诬蔑共产党要打倒国民党，打倒“三民主义”，贻害北伐军，主张立即以暴力手段“清党”。

这时，杜月笙从密友陈群那里了解到蒋介石反共“清党”的准备情况。有关国民党准备驱逐共产党、解散上海总工会和工人纠察队的阴谋，也已经被泄露出来。杜月笙又接到陈群和杨虎的通知，要他立即动员上海帮会参加反共“清党”活动。

三大亨鉴于当时上海总工会拥有一支 3000 人的工人纠察队，仅仅依靠他们自己的力量是不够的。于是又联络其他各股的青帮和洪门（红帮）共同行动。首先，由洪门龙头张伯岐等牵头，组织“上海工商界联合总会”，企图取代上海总工会。其次，以黄、杜为后台，宣称由红帮龙头张伯岐、青帮“通”字辈的金廷荪和浦锦荣为会长的“中华共进会”“恢复活动”。这里需要说明的是，所谓“恢复活动”，意指恢复辛亥革命时期的共进会。他们认为援用“共进会”的名义，就可以起到兼容并蓄，号召全沪帮会中人的作用。主要任务是取代上海总工会，为反革命政变做准备。

辛亥革命时期的“共进会”，是清末由一部分长江中下游和南方几省的同盟会会员组织的革命团体。1907 年 8 月，一些在会党中有较高地位而且籍隶长江中游各省的同盟会会员，认为同盟会领导人孙中山、黄兴不重视长江流域的武装起义，因而倡议另外组建一个革命团体，作为发动长江流域起义的领导机构。成员以接纳会党为主，发起人为各地“哥老会”、“孝义会”、“三合会”、“三点会”首领焦达峰、张百祥、邓文辉、刘公、吴永珊等，均为同盟会会员。而黄金荣和杜月笙等人所组织的“共进会”，则是为了对付上海工人纠察队而临时成立的帮会流氓组织。因此，成立后，上海市警察厅立即“准予备案，并给以保护”，而且拨款50 万元作为活动经费。“共进会”的头子浦锦荣是上海人，绰号“阿水徒”，属于青帮“通”字辈，和金廷荪是同参弟兄，他们的前辈便是上海青帮“大”字辈的王德龄。浦锦荣在法租界混了几十年，徒子徒孙，到处皆有。这样，一大批青帮、洪门（红帮）的头目和骨干分子，便麋集在这两大组织里，成为蒋介石对付工人纠察队的两根棍子。

杜月笙在杨虎、陈群的策划之下，积极着手组织帮会流氓武装。一面训练，一面购置武器。他委托几位与他有关的洋行买办来办这件事。平时，这些人都是专做军火买卖的，只要有好价钱，他们随时能找到合适的各式枪械弹药。现在，杜月笙对他们下了一道命令：“自即日起，不惜一切代价，要以最快的速度，大量收购长短枪支、弹药，以及轻重各型的机关枪。至于价款，不必担心，有货色我就照付铜钿。”这时，华格臬路杜公馆，每天从早到晚进进出出的，便是“小八股党”的几员大将：顾嘉棠、芮庆荣、高鑫宝、叶焯山等人，只要杜月笙一声吩咐，他们会立刻放下一切日常事务，夜以继日，守在杜公馆里听候差遣。杜月笙指挥他的部下则从容不迫，得心应手，往往三言两语，底下人便能心领神会，妥善办理，效率之高，无与伦比。于是杨虎和陈群对于黄、杜、张三人做了如下考评，秘密呈报上级：“黄金荣忠党爱国、老成持重，唯以法租界巡捕房职司关系，不便对外公开露面，渠声势虽大，仅可暗中加以助力。张啸林辄喜结交军阀，崇慕权势，虽亦能深明大义，复以性情刚烈，易于树敌。杜月笙则出身寒微，时刻不忘奋发向上，谦冲自抑，且时值年富力强，颇富国家民族思想。”从此，国民党决定重用杜月笙。

一日，王柏龄从江西南昌来到杜公馆，杜月笙同杨虎、陈群一同与之相见，格外亲热。杜月笙高兴地说：“真是天从人愿，仿佛为我们添了十万雄兵！柏龄哥，依我说，从今天起，顶好是你多偏劳一点，请你来指挥我们，驱策我们，当我们这般人的头脑。”王柏龄急忙推辞，杜则表示以后再说。

3 月 27 日，蒋介石到达上海后，黄金荣便积极充当蒋介石与日本人之间的牵线人，他设法为蒋介石搞到一张法国总领事签署的在法租界内的特别通行证，允许蒋介石自由出入法租界时，可以带领十名武装士兵。蒋介石在上海刚住下，便亲自接见三大亨，并对他们说：“将来有些重要工作，还希望借重你们！”然后便派亲信杨虎、陈群去找黄金荣等密谋镇压上海工人运动和屠杀共产党人的罪恶勾当。经过密谋，蒋介石同帮会方面商定，立即停止对共产党的一切帮助，采取以组织对组织、以武装对武装、以群众对群众的策略，来对共产党和工人武装“一举加以解决”。

“以武装对武装”由杜月笙负责秘密进行。因为在上海进行武装行动，必然涉及租界。三大亨便积极与租界当局接触，杜月笙要求法租界提供枪支弹药，公共租界（英租界）也应允杜的武装通过。然后又加强帮会的流氓队伍，由蒋介石派来的王柏龄对他们进行军事训练。所谓“以群众对群众”，就是杜月笙派出大批青红帮分子，事先仿制了许多总工会的标志，混入总工会和工人纠察队中，为他搜集情报，散布谣言，借以混淆视听，扰乱人心。

这时，在“共进会”总部，每天都举行“军事”会议，参加的首要分子，除了黄金荣、杜月笙、张啸林、金廷荪、顾棠生、马祥生、浦锦荣、顾竹轩和“小八股党”诸人以外，还有自宁波炮台司令卸任的张伯岐，参与北伐军远自广东抵达的王柏龄，杨虎与陈群，还有一位洪（红）帮大哥、担任过袁政府特别军法处长的江干廷。

帮会流氓队伍为了攻打工人纠察队的总指挥部，即商务印书馆的俱乐部，需要通过英租界。杜月笙便请蔡福堂去见英国总领事费信惇，代表他去交涉，称4月12日凌晨，杜某人有一队人马要通过英租界，请费信惇准许假道。费信惇在问清楚了详情后，大吃一惊，认为杜月笙手下的一群乌合之众根本无法同训练有素的工人纠察队相抗衡，说杜月笙此举简直是“发疯了”！蔡福堂飞快赶回总部，把方才交涉的经过详详细细地告诉杜月笙。杜月笙和蔡福堂又急忙赶到英国总领事办公室，杜月笙来不及寒暄，板起面孔大声说：“我今天来只有一句话，4月12日我的人要过英租界，向你借路！这个仗我们打不打得赢，不劳你操心，顶好，你等我的人通过以后，立刻拉上铁丝网，架好机关枪，倘若有人退回来，你尽管下令开枪扫射！”费信惇望着杜月笙，长长地叹了口气说：“好吧，就照你的意思办。”

三、帮助反动当局杀害共产党人和镇压工人起义

一切准备就绪后，蒋介石于4月9日留下白崇禧等具体执行“清党”计划，自己则前往南京。三大亨也开始行动，他们首先

设计杀害了上海工人领袖、上海总工会委员长、中共党员汪寿华，企图使上海工人群龙无首。

汪寿华（1901—1927），浙江诸暨人，1923 年加入中国共产党，担任中共江浙区委（上海区委）常委、区委职工运动委员会书记、上海总工会代理委员长，是五卅反帝爱国斗争的主要领导人之一。1926 年 10 月至 1927 年 3 月，他先后参加并指挥了上海工人三次武装起义，当选为上海总工会委员长。1927 年 4 月 11 日深夜被青帮流氓头目杜月笙活埋于上海城西枫林桥，是“四一二”反革命政变中第一位牺牲的共产党员。

4 月 9 日下午，在杜月笙家里召开秘密会议，策划杀害汪寿华的阴谋参加者有：杨虎、陈群、张啸林、张伯岐、顾嘉棠、芮庆荣、叶焯山、高鑫宝、杜月笙。商定后，杜月笙把管家万墨林喊进来，让他亲自送一份请帖给汪寿华，请他前来杜公馆吃饭，告诉他“有机密大事相商”。让他一定要来！万墨林来到上海总工会所在地湖州会馆，见到汪寿华便说：“我是专程送请帖来的。”汪询问哪一位请客？还有什么人？万墨林答道：“当然是杜先生，仿佛只请你一位吧。杜先生说，有机密大事和你商量。”

4 月 11 日晚上，杜公馆里里外外，人影幢幢，埋伏重重，“小八股党”八人担任谋杀汪寿华的主凶。在大门之内，由顾嘉棠、芮庆荣、叶焯山、高鑫宝“四大金刚”负责，由马祥生和谢葆生助阵。大门外面还有一支机动部队，包括两部汽车。一部车上除了司机还坐着两个彪形大汉，停在华格臬路通往李梅路的转角处；另一部车则停在杜公馆大门口，后座车垫下掖好一只麻袋、一根绳索，以及铁锹、铁铲等作案工具。

八点差两分，汪寿华如约来到。汪寿华所乘汽车刚刚在杜公馆门口停下，预先等在马路转角的小汽车便徐徐滑动挡住其去路。汪寿华来到门口，杜公馆门房还笑容可掬地喊了一声：“汪先生！”汪寿华一面打招呼，一面大踏步进入杜公馆的铁门。这时，铁门便在他身后迅速关上，徐徐滑行的那部神秘车辆恰好驶近汪寿华座车的左边，车辆右侧的两扇门同时打开时，跳下来两个彪形大汉用手枪强迫司机把车子开走。

当汪寿华穿过杜公馆宽敞的庭院走进中门时，看见张啸林身穿一件日本东洋和服，脸孔上显得杀气腾腾。在他的身后，马祥生和谢葆生分别侍立左右。汪寿华一看苗头不对，抽身便往回走。然而中门里外，早已埋伏着“四大金刚”。汪寿华刚跨过门槛，匿身在左的叶焯山便猛地向汪寿华左胸一撞。汪寿华没提防，险些被撞倒在地。然后顾嘉棠闪出，一把捉牢汪寿华的胳膊，在前的芮庆荣又猛伸出手，捂住汪寿华的口与鼻。这时杜月笙在前楼听到汪寿华的惨叫，急忙跑到扶梯口，高声一喊：“不要做在我家里噢!”这样，上海总工会的领导人和工人纠察队的首领汪寿华便被挟持到枫林桥活埋了。事隔二十二载，到了1949年5月24日上海解放后，马祥生和叶焯山双双被逮捕，被押到沪西举行公审，然后执行枪决。

4月11日当晚，杜月笙等人还举行了“共进会”的“歃血结盟”仪式，为流氓打手们打气。他们宣称：“因为‘共进会’的弟兄，天不亮就要出动，冲锋陷阵，危险得很，所以大家事先约好歃血为盟，吃血酒，表示从今以后，有福同享，有难同当。”当有人提出吃血酒乃洪帮的规矩时，顾嘉棠解释说：“管它哪一帮的规矩，只要大家表示诚心就好!”所谓“洪帮”实为“红帮”，是以结拜弟兄的方式结成，结拜时需要举行歃血也就是吃鸡血酒的仪式。而青帮则是以师徒传承的方式结成，加入青帮时只举行拜师礼，而不举行歃血仪式，二者有所不同。当晚参加“共进会”歃血结盟仪式的除黄金荣、杜月笙、张啸林、杨虎、陈群和王柏龄六人外，还有“共进会”的成员多人，密密麻麻地挤满了大厅。大厅正中，高悬“刘关张桃园结义”的绣图，一对巨烛、三支线香，八仙桌上摆有三牲祭品及香花鲜果。当天深夜，由黄金荣、杜月笙、张啸林、杨虎、陈群和王柏龄六人及其他“共进会”分子，一同祭告天地，同饮血酒，立誓共患难、同生死，结为异姓弟兄。六人以年齿为序，老大黄金荣，老二张啸林，老三王柏龄，老四杨虎，老五杜月笙，老六陈群。

4月11日下午，上海市民已经嗅到浓烈的火药气味，国民革命军第二十六军第二师的官兵，一队队地从龙华开往南市闸北。他们在四点钟左右分批抵达，立即开始巡逻、布岗，使华界的气氛格外紧张。许多商家提早打烊，傍晚，大街小巷，行人稀少，入夜后，更宛如一座死城。杜月笙手下的“小八股党”和张啸林、浦锦荣、金廷荪、傅阿发、马祥生、徐福生、严老九等人的徒子徒孙，以及顾竹三、顾竹轩两兄弟的“江北帮”，共出动一百六七十人，均听从总指挥张伯岐调遣，在法租界的预定地点集合。他们身穿玄色或蓝色的短打扮，腰上束一条宽板带，在集合场上排列。每一小队有十八到二十人，由队长发放枪支子弹，副队长给他们系上符号臂章，白布上用墨笔写个大“工”字。这时工人纠察队的总指挥处，已经得到情报，当夜将有流氓帮会联合队伍，向纠察队的据点进攻。总指挥顾顺章下令，八处据点一律严密防范。法租界绝大部分机动车辆均被“共进会”征用，进攻南市华商电车公司的一队，全部乘车出发。进攻闸北总工会和闸北商务印书馆图书馆、印刷所的一路，先后整队步行。

4月12日凌晨4时许，帮会流氓武装携带武器，获得英租界的允许，乘汽车通过租界，分别前往闸北和南市，向工人纠察队驻地及电车工会、三山会馆、湖州会馆、申新纱厂等处的工人纠察队发起进攻。双方发生激战，然后由周凤岐率领的二十六军，借口工人“内讧”，前往“调停”，用武力和欺骗的手段解除了工人纠察队的武装。当天上午8时，二十六军第二师占领了纠察队的指挥总部，有120多名工人遭到杀害。当晚，三大亨得到工人将于次日举行罢工的情报，当即通知陈群，让二十六军做好大屠杀的准备，并且派遣大批流氓武装前往配合。4月13日上午，上海总工会在闸北青云路广场举行有10万工人参加的群众大会，会后整队游行，要求释放被捕工友，交还纠察队枪械。游行队伍行进到宝山路时，埋伏在里弄内的二十六军士兵突然冲出，用步枪、机关枪向密集的游行群众扫射，打死100多人。之后，疯狂的搜捕和屠杀继续进行。

为了掩盖屠杀工人的真相，4月13日中午，淞沪警备总司令白崇禧贴出了布告："为布告事：本早闸北武装工友大肆械斗，值此戒严时期，并前方用兵之际，武装工友任意冲突，殊属妨碍地方安宁秩序。本总指挥职责所在，不得不严行制止，以保公安。除派部队将双方肇事工友武装一律解除外，并派员与上海总工会安商善后办法，以免再启斗争，而维地方秩序。所有本埠各厂工友，务各照常工作，毋得轻信谣传，自贻伊戚。为此布告，仰各界人等一律知悉，此布。"

下午五点多，上海戒严司令部司令兼二十六军军长周凤岐也发出了一通布告："照得本日拂晓，本埠各处忽闻枪声四起，即经派人调查，据报系有工人及莠民及类似军人持械互斗，势正危急等语。当以本埠地处要冲，偶有不靖，势将影响大局。况当戒严之际，尤不容有此等越轨行动，危及安宁。本部职责所在，不得不力予维持，妥为消弭。当即分饬所部，赶赴各地弹压，不论何方面有不遵约束者，即依照戒严条例，勒令解散缴械，以靖地方。兹据报称：所有各地持械之工人莠民等，势甚嚣张，无法制止，业经遵令一律解散，并将所持枪械，暂为收缴等情。似此突如其来之事变，业已平定，深恐地方人民未明真相，转滋误会，合亟布告，仰尔军民人等一体知悉，务宜各安生业，勿得惊扰，致碍治安。倘有不逞之徒，仍敢造谣生事，一经察觉，定当严办不贷，切切！此布！"

"共进会"的行动被布告称为"莠民"，把"共进会"屠杀工人纠察队称为工人"互相械斗"，是"戒严时期妨碍秩序，扰乱安宁"，当然引起"共进会"的不满。杜月笙只好向大家解释说："我们只问自家做得对不对，用不着管人家说我们好不好，何况各位应该可以了解，官方不比私人，他们办事总有顾忌。”为了安抚杜月笙等人，陈群打电话给杜月笙说：“今天能够迅速平定暴乱，全靠你所得来的情报，不论是站在公谊或私交的立场，我都不知道怎样谢你才好。”然后又向杜月笙提出：“有两件大事必须立刻进行，一件是改组总工会，另一件是进行‘清党’。月笙哥，我们是自家兄弟，我不跟你客气。我现在急需一位行动大队长，请你推荐一个合适的人给我。”杜月笙随即向他推荐说：“芮庆荣怎么样？他头脑快，手底下人多，这一次他的功劳也不小。”陈群当即表示欢迎：“我马上发表派令，月笙哥是否可以立刻请他过来。”

杜月笙派人去把芮庆荣找来，告诉他要当大队长了！芮庆荣高兴得嘴都合不拢，杜月笙则对他千嘱咐，万叮咛，叫他“步步留神，事事小心”。芮庆荣立即走马上任，在陈群的指挥下，由驻军和警察协助，全面搜查上海特别市临时市政府、上海特别市党部、上海学生联合会、平民日报社和中国济难会，一天之内先后逮捕了共产党员一千余人，全部解送龙华东路军总指挥部扣押讯办。

1927年4月下旬，杜月笙又参与了杨虎带领下的“清党”行动。以杨虎为领队，成员包括陈群、杜月笙以及杨管北、芮庆荣。芮庆荣带来的两百多人，全是行动大队的凶狠之徒，有专门负责审讯的法官，有打板子、施酷刑的高手，还有职业化的刽子手。这一支杀气腾腾的队伍，在宁波前后住了三天。他们一到，宁温台防守司令部和总警察厅，立即下令解散宁波总工会。芮庆荣率领的行动大队径入总工会和其他有共产党员的机构，全面展开搜捕，当场出现流血惨剧。在这三天里，宁波城里到处腥风血雨。由共产党员宣中华、韩宝华一手建立的党组织宁波分部，均遭到彻底破坏。

在上海发生反革命政变前后，四川、江苏、浙江、安徽、福建、广西和广东等省也发生以“清党”为名，对共产党人和革命人士进行大屠杀的事件。在四川重庆，反共势力制造了“三三一”流血惨案，封闭国民党各级党部和省农协、市总工会、市妇联会，搜捕共产党员和革命群众，伤亡400多人，重庆地委书记杨阇公等人惨遭杀害。在广州，李济深制造了“四一五”惨案，仅七天被捕者即达2100人，其中共产党员约600人，被秘密杀害者100多人。著名共产党人李启汉、刘尔崧、萧楚女、邓培、熊雄等英勇就义。

杨虎这伙人回到上海后不久，北伐军总司令部便任命杨虎为上海警备司令，陈群除担任东路军政治部主任外，还兼任了警备司令部特别军法处处长、二十六军政治部主任、上海宣传分会分会长，兼差达20余个。警备司令部的工作以“清党”为中心，组建了“上海清党委员会”，由杨虎、陈群分任正副主任委员，芮庆荣仍任行动大队大队长。

反动当局对于参与“四一二”反革命政变的人员，进行论功行赏。黄金荣、杜月笙和张啸林均被委任为国民革命军总司令部少将参议和行政院参议的头衔。杜月笙特地定做了一套军服，然后领取证明书及证章，回来时还在国际饭店附近的光艺照相馆拍了一张照片，这张照片后来被悬挂在他公馆的大厅中。为了表示庆祝，杜月笙大宴亲朋，逐日排开盛筵，一连热闹了多天。杜月笙的门徒张伯岐当上了二十六军义勇军司令、淞沪警察厅副厅长；黄金荣的徒弟徐福生任谍报处处长、董明德当上了上海市公安局侦缉队副队长、金九龄担任了淞沪警备司令部少将参议。黄、杜二门，掌握了拥有生杀予夺大权的重要职位。

“四一二”反革命政变后，杜月笙同国民党政府的许多“党国要人”都建立了密切关系。孔祥熙曾亲自到杜月笙在华格臬路的住所看望他。杜月笙同宋子文、孙科等人因为在上海开银行、做买卖、玩女人，也都建立起密切关系。杜月笙同特务头子戴笠、杨虎、陈群等还是结拜弟兄。三大亨既然在反革命政变中充当打手，蒋介石自然要给予回报，就是保障他们从事鸦片贸易的安全。正如国外学者所指出的：“有理由相信，1927 年 4 月 12 日反共政变中，青帮和国民党右派合作，本质上就是这种交易。三大亨为了做鸦片生意，与各省的军阀也都有勾结。”

四、为上海青帮找到政治靠山

黄金荣、杜月笙、张啸林等人既是上海的青帮三大亨，通过与国民党当局的勾结，又成为当时的“党国要人”。杜月笙中年以后曾经对他一位知己朋友说：“看看我们今朝的排场，像煞鲤鱼跳过了龙门，化鱼为龙，身价百倍了。但是你要晓得，我跳龙门比你难得多。你好比是条鲤鱼，修满五百年道行就可以跳，我是河浜里的一只泥鳅，先要修一千年才能化身为鲤，再修五百年才有跳龙门的资格。因此之故，我无论做任何事体，都是只可成功，不许失败的，譬如说我们两个同时垮下来，你不过还回你的鲤鱼之身，我呢，我却又要变回一条泥鳅喽！”

为了站住脚跟，杜月笙必须找个有力的靠山，这个靠山就是国民党当局。而国民党当局，由于得不到广大人民的支持，也只能依靠同帮会流氓的合作，借助于流氓帮会的合作，来维持其反动统治。所以，二者一拍即合。为了投靠国民党，杜月笙便积极参加“清党”工作，于是全力协助杨虎和陈群。芮庆荣的行动大队，徐福生的谍报处，还有其他奉命执行的机关，几乎每天都在捉人。有时候在光天化日之下，有时候在漫漫黑夜之中，或者当众捕拿，或者登门搜查。凡是有共产党嫌疑者，捉到了就往“清党委员会”办公的所在地枫林桥送，只要被押到枫林桥，就等于进了鬼门关，是共产党便枪决。弄得上海人风声鹤唳，草木皆兵，出趟门不晓得回不回得来，闭门家中坐，又怕祸从天上降。半夜三更听到敲门声，一个个吓得面无人色。所以，那时候的上海人，有“狼虎成群，鬼神皆惊”之说，“狼虎成群”是杨虎、陈群的谐音。对于流氓帮会同国民党当局勾结进行“清党”的情况，李宗仁先生曾一针见血地指出：黄金荣、杜月笙、张啸林等“他们自以为与蒋有旧，于清党更有微劳，遂居然以绅士姿态出现，周旋于党国要人之间，而我党中枢领袖，不自觉其在政府中地位的尊严，竟与这批流氓称兄道弟，不以为耻。官箴全失，斯文扫地，以视北洋军阀，犹等而下之，实堪浩叹”！

陈群在上海担任党政军要职达20余个，最重要的活动便是积极进行“清党”，对潜伏各处和从外地来上海的共产党员进行抓捕。他为求速效，采行双管齐下的办法，一方面，他和杨虎合作无间，使他能如意指挥杨虎的警备部队；另一方面，他更和杜月笙紧密携手，取得杜月笙的帮助。他所要利用的，乃是杜月笙那数以万计的徒子徒孙。所以，“清党委员会”一成立，陈群就立刻打电话向杜月笙借人，主持“行动大队”。陈群跟杜月笙说：“关于清党工作之执行，我也需要你那边的力量尽力支持。”杜月笙便推荐芮庆荣过去，当天就搜查了共产党的四大机关，捕获“嫌疑犯”1000余人。除了配合行动的军警，芮庆荣调集的帮会弟兄至少有两千人。芮庆荣要在短短几个小时里纠集这么多人马，当然不是他一个人的力量所可及，而是杜月笙在以实际行动，来答复陈群还没有开口提出的要求。杜月笙使陈群晓得，他并不只向杜月笙借了一个芮庆荣，他借到的是整个杜月笙的人马。从此，杜月笙的人马便连同他自己在内，一道投入“清党”的行动，从而同国民党建立了密切关系。上海青帮在杜月笙的主导下，找到了国民党这个政治靠山。国民党当局为了解决财政困难，对鸦片贸易实行“寓禁于征”的政策，从而为三大亨的鸦片贸易大开方便之门，成为他们发财致富的源泉之一。

第七章　攀附国民党权贵集团

黑社会作为有组织犯罪团伙，如果不得到当权者的庇护或与当权者勾结起来，就很难得到进一步的发展。上海青帮三大亨之所以能够迅速崛起，是和他们同国民党统治集团相勾结密不可分的。而在与当权者勾结方面，以杜月笙最为突出，他同国民党上层权贵集团有着不寻常的密切关系。蒋介石集团的特务头子、政府的多名部长、历任上海市长，均与杜月笙有着密切关系，作为回报，杜月笙对军统特务机关资助经费和输送“人才”，对历任市长每月均“私敬”五万元大洋。

一、戴　笠

杜月笙与戴笠的关系，可以追溯到戴笠在上海过流浪生活的时候。1921 年到 1923 年，戴笠初到上海，寄居在表姐家中。他表姐很讨厌他，主要原因就是他不务正业，经常同流氓瘪三杜月笙等在一起鬼混，常常对他闭门不纳。戴笠只好跑到广东投考黄埔军校，他在军校第六期骑兵科混了一个时期，没有毕业，就去给蒋介石搜集情报，获得蒋介石的青睐，让他在陆海空军总司令部成立了一个特务机构，为蒋介石调查异己分子和考察部下对他是否忠诚。据美国学者魏裴德研究，1927 年秋，蒋介石第一次

戴笠

下野后，暂时解散了戴笠的秘密特务组织，几乎身无分文的戴笠来到上海寻找生路，结果他找到了老朋友杜月笙。那时，杜月笙在上海滩已经很有名气，他两次分别付给戴笠 50 块钱来帮助他渡过暂时的困境。后来，蒋介石复职，戴笠又恢复了他的秘密特工组织，继续为蒋介石进行特务活动。戴笠一直记着杜月笙对他的慷慨资助。后来，戴笠在上海当上了特务处处长，为了监视上海的进步人士，需要得到杜月笙的帮助。杜月笙则利用自己的得意门生王兆槐在淞沪警备司令部侦查大队为戴笠效力。帮助杜月笙同戴笠关系得到进一步密切，是缘于“军事委员会苏浙皖行动委员会”的建立。戴笠在出任特务处处长以后，野心勃勃，企图逐步扩大自己的实力。他认为“搞政治必须有武力作后盾，否则是卖狗皮膏药，不为人所重视”。但他知道蒋介石绝不允许他搞正规武装，所以想搞一支实力雄厚的特务武装。1937 年 8 月 13 日，上海淞沪抗战爆发后，戴笠借口抗日，向蒋介石建议，让杜月笙把上海青红帮的力量组织起来，以便在日军占领上海后，开展敌后工作。蒋介石批准了这个建议，并指定由他负责。戴笠便到上海和杜月笙商议，决定由杜出面，召集上海青红帮头目杨虎、向松坡、刘志陆等开会，筹建一个帮会武装组织。1937 年 9 月 4 日，蒋介石发来电令，授予戴笠、杜月笙及其组建的帮会武装以“苏浙行动委员会”与“苏浙行动委员会别动队”的番号。领导成员包括杜月笙、黄金荣、王晓籁、张啸林、杨虎、梅光培、向松坡和陆京士，由戴笠担任书记长实际负责，在法租界的善钟路上设立了办公室。

委员会分成参谋处、政训处、情报处、训练处和总务处。各处处长均由特务处的人担任，如陈旭东、汪祖华、谢力公和余乐醒。不久，戴笠又在委员会之下，设立一个“淞沪别动总队总司令部”，设在市南枫林桥附近的沈家宅1号。名义上由杜月笙领导，实际上由戴笠控制。杜月笙的“外交”助理、山东来的青帮老军阀刘志陆，担任别动队总司令部副司令。各部门的关键职位全由戴笠的人担任：如陈旭东当参谋长，方超任参谋处处长，周伟龙负责政训，周家礼是经理处处长（后由谭良甫接任），周济文为总务处处长，余乐醒主管技术室。余还和谢力公一起负责松江和青浦的训练点。淞沪别动总队由5个支队组成，每个支队有500人到1000人，总共有六七千人。每个支队又分成中队、小队和股。股及其以上的队长们都是戴笠特务处的特务或者恒社的骨干。其普通成员来自社会各界，如商店的店员、帮会内的地痞流氓、国民党溃兵、上海沦陷后倒闭工厂的失业工人和工会成员等。

蒋介石最初给“别动队”的任务是协助国民党正规军作战，扰乱敌后，方便国民党军队撤退、转移。因此，别动队成立后，只经过短暂整训，武器还没配齐，就直接投入战场。在上海附近的浦东、南汇、奉贤几个地方，别动队集中了大部分兵力，顶住日军进攻，掩护国民党军队撤退。由于组建时间短，武器又杂七杂八，无法形成较强的战斗力，同日军一经接触，即溃不成军，等到国民党军队撤出淞沪战场时，别动队基本被打散，回归部队的只有2000余人。戴笠所组织的这两支队伍，虽然也进行过一些抗日活动，但主要还是借抗日之名，破坏新四军的抗日活动，抢劫人民，绑架勒索，滋扰江南一带农村，后来被蒋介石利用作为反共、反人民的特务武装。

1938年，国民政府迁至重庆后，杜月笙和戴笠合作成立了一个“港济公司”，将四川的鸦片烟土外运，一次就获取暴利3500万元。此后，戴笠扩充军统特务组织，感到经费紧张，杜月笙也常常给予资助。杜月笙在重庆时，还曾管理过军统局拨给上海秘密单位的经费，使他和戴笠有了更加亲密的特殊关系。戴笠也投桃报李，在关键时刻给予他帮助。抗战后期，杜月生在重庆陷入黄金储券丑闻，戴笠便让他远赴淳安，使他得以摆脱困境。所以，当杜月笙获悉戴笠因坠机死亡时，痛苦得如丧考妣。1946 年 3 月 17 日，戴笠乘专机由北平起飞，要先到上海，然后转飞重庆。专机到达上海上空，因为大雨无法降落，只好折向南京，下午一点，飞机误触南京东郊板桥镇的岱山，机毁人亡，自戴笠以次，连同飞行员无一幸存。戴笠的死讯传到上海，杜月笙闻知后，宛如晴天霹雳，震得他呆若木鸡，定定地坐着不动、不哭、不说话，眼睛眨都不眨。他的神情把众人都吓坏了，大声地喊他，轻轻地摇他。终于，杜月笙恍如大梦初醒，回过神来便放声大哭，泪如雨下，泣不成声。这是他生平最伤心悲切的一次号啕大哭。痛哭过后便急喘和剧烈地咳嗽，他青筋直暴，面孔胀成绛紫色，家人和随从施以氧气、药物，一概无效，不停地急喘与剧咳，使他死去活来，坐卧不宁，沉重深切的悲哀，使他就此生了一场大病，日日咳，夜夜喘。呼吸方平顺些，想起“雨农兄”又是痛哭流涕，锥心刺骨。他说戴笠和他不但是好友、拜把子兄弟、并肩作战的伙伴，且是生平唯一的知己。对前来探疾慰问的朋友，杜月笙总是热泪盈眶、呜咽啜泣地说道：“我哭雨农兄，不但是为我个人失了平生知己，我也为国家民族在这种时候，竟失去了雨农兄而伤心难过！雨农兄一死，共产党又不知要闹到什么田地了啊！”道出了他内心深处的悲哀。

二、宋子文

杜月笙同宋子文的交情始于 1933 年。是年 4 月中旬，宋子文以南京国民政府行政院副院长兼财政部长的身份，对美国进行

访问，同美国政府签订了《中美棉麦借款协定》。同年8月回国

宋子文

前，因担心在上海遭人暗杀，遂致电杜月笙，请他布置安全事宜。杜月笙不仅动员了杜门的大量人马担任保镖，而且延请租界当局的警卫，从码头到法租界宋宅，沿途戒备森严，保障了宋子文的安全，从此二人结下了友谊。后来，国民政府发行航空奖券，用来购买飞机。奖券发行前，时任财政部部长的宋子文恰好前赴美国。一天，宋子文的挚友杨某突然接到宋的来电，以该奖券拟由邮政储金汇业局经销发行，嘱杨某转与该局局长沈叔玉接洽。杨某在未与沈叔玉接洽前，先应史量才之邀，晚间便宴，席间提到宋子文的电报。史量才想到杜月笙自从烟赌歇业，进项日短。如将此事委他承办，不失为一宗可观的收益，当即提出此项建议。杨某原属杜月笙的老友，不唯同意，且认为杜月笙乃最佳人选。于是决定把回复宋子文的电稿，由史量才起草，而由杨某署名。电报去后不到5天，宋便复电接受此项建议，杜月笙获此喜讯，乃委托金廷荪出任经理。在此之前宋、杜虽然认识，但谈不上私情交谊。此事正是杜月笙与宋结交的大好时机，于是由杨某居间介绍，约期专往宋邸拜访，宋子文自表欢迎。在拜访的那天，杜月笙对于宋邸佣人，逐名犒赏，自园丁以至侍役，不论男佣女佣，每人赏给50大洋。阴历年间，杜月笙又送给宋子文大轿车一辆。由于杜月笙高明的交际手腕及彼此间的互相需要，以后二人交情日笃。

三、洪兰友

洪兰友曾任国民大会秘书长，乃实权人物。在杜月笙朋友圈里的人物，如吴开先、庞京周、骆清华、陆京士等，均与洪兰友结交甚厚，杜月笙自然也就成了洪兰友的朋友。杜月笙在重庆所涉黄金储券案，最后由洪兰友予以消弭，这使杜月笙心头的一块石头最后落地，自然对他感激涕零。抗战胜利后，在洪兰友任国民大会秘书长时，开会期间，在文书、招待、交通、布置各方面，需人颇多，而洪兰友一时未能网罗到这副班底。于是杜月笙便将其恒社弟子，拨给他遴选听用。而杜月笙去南京参加国民大会，亦即以洪宅为其下榻之所。由于环境上的彼此凑合，心理上的互相了解，在推心置腹之下，他俩遂成莫逆之交。

洪兰友

四、范绍增

杜月笙同军阀、官僚由结交而成为知己，最典型的便是范绍增。

杜月笙同范绍增的交往始于1925年前后。范绍增字海亭，四川渠县人，本来是杨森的部将，后来改投刘湘，在川军任第七师师长，同时又是四川的袍哥大爷之一。他在袍哥里拥有很高的地位，他的队伍清一色是袍哥。范绍增生性豪爽，小事糊涂而大

年轻时的范绍增

事精明，外表上看起来有点儿大而化之，所以他外号为“范哈儿”，哈儿者，四川话喻人憨而傻也。杜月笙作为上海青帮的头子，时常介绍徒弟们到四川来找他，让他帮助在他的驻防区域收购鸦片。每当接到杜月笙的介绍信，范绍增总会尽力帮忙。1928年，范绍增担任刘湘手下的川军第四师师长时，杜月笙还曾介绍他的同门兄弟陈坤元到范的驻防区域邻水县开设了一家吗啡工厂，由范绍增给予保护，使陈坤元所获暴利比从四川运鸦片到上海大十几倍。1929 年，范绍增第一次到上海同杜月笙见面，杜月笙除对范盛情款待外，还同他结为异姓弟兄，并陪他在上海尽情享乐。之后，范绍增几乎每年都抽时间到上海游玩，杜月笙均投其所好加以招待。范绍增为了回报杜月笙给他的好处，准备赠送杜月笙一批鸦片烟土。但照规定这批鸦片烟土需要缴纳不少的税，于是他专程拜访督办公署财政处处长刘航琛。对他说，上海有个杜月笙，他在上海帮了我不少忙，譬如说采办军火呀什么的，这个人对朋友真诚热心得很，我欠了他不少情，因此，想送他两百担鸦片烟土。这两百担鸦片烟土我买好了，只花了 14 万块钱。但是，照你督办署财政处的规定，我运这两百担的鸦片烟土出去，要缴 24 万元特税，这批鸦片烟土运出四川，经过宜昌的时候，又要抽 40 万元的特税。24 万元加 40 万元，一共是 64 万元，特税要比鸦片烟土价高出四倍之多。宜昌该抽的特税，我没办法，只好照缴。督办署财政处归你哥子管，可否请你把这 24 万元的税免了。刘航琛表示要请示刘湘。刘航琛找机会向刘湘提出：范绍增很想交杜月笙这个朋友，买了二百担鸦片烟土，要送给他。范绍增说既然是送礼，24万元的特税，可否免掉？刘湘回答："范绍增要跟杜月笙交朋友，我不妨也跟杜月笙交交朋友哩。这样，你跟范绍增说，这24万元的特税，算是我奉送给杜月笙的。"于是，这二百担鸦片烟土运到上海，送给了杜月笙。范绍增回忆说："1929年我第一次去上海和他见面，他除对我盛情欢迎外，还和我换了庚帖，结为异姓弟兄。"

1931年，刘文辉为了拉拢范绍增，赠送给范50万元，刘、范的来往为刘湘得知，范绍增只得向刘湘说明刘文辉送了50万元，问刘湘如何处理。刘湘回答："你拿到上海去玩，假都不必请。"范绍增将其中一部分钱用于上海游玩，其余部分，在重庆上青寺修建了一座豪宅范庄。1933年，蒋介石调四川部队去湖北攻打红军。范绍增率部队两旅进犯革命根据地时，被贺龙指挥的严英所属部队在老河口、新沟嘴一带痛歼，被俘千余人，范绍增身负重伤，被打伤一条腿。范骑的马、穿的雨衣等都被红军缴获。当杜月笙得知范绍增在汉口养伤的消息时，立即派徒弟张松涛赶到汉口，接范到上海就医。船到码头，杜月笙又叫顾嘉棠代表他前来迎接范，送范到白渡桥公济医院，找了一个英国医生为范诊治，范虽然保住了一条腿，但成了瘸子。此后，范与杜的交情更加深厚。范绍增每次携巨资来到上海，由于赌博成性，免不了要在此大赌特赌、大玩特玩一番。此时，杜月笙则一连多日盛情招待，再派顾嘉棠奉陪，一天到晚的花天酒地，尽情享乐。腰缠重金，加之受杜月笙、张啸林等上海大亨的感染，范绍增花起钱来，便像黄河决堤一般。他出手大方，赏茶房、开电梯的仆役，一出手便是以百元为单位。

抗战时期，杜月笙寓居重庆，范绍增时常从前线回到重庆，二人常在一起。抗战胜利后，范绍增住在上海，杜月笙让二女儿杜美霞拜范绍增为义父，两家成了干亲，关系更加密切。据范绍增回忆，1946年国民党政府在上海拍卖接收敌伪的物资，可以把整个仓库购买，只要找到门路，拿到一个仓库，就能发一笔横财。范绍增就找到杜月笙，同他商量如何找到门路。杜月笙让范绍增宴请“敌伪物资管理局”局长刘攻云吃饭，再由他出面说情。范绍增依计而行，便在家里设宴款待刘攻云，由杜月笙作陪。在酒足饭饱之后，范绍增便向刘攻云提出顶一个仓库的事。刘还没有回答，杜便插嘴说：“这些东西都是抓在他手上，那还有什么话好说。”刘只好答应顶一个仓库给范绍增。这件事不用拿现款，只是由范绍增开了一张福华银行的支票便妥，等于是白送的。仓库里的布匹、棉纱、蜂蜜、皮毛等数量之多，出乎范绍增的意料！这一单买卖，使范绍增足足赚了三千多两黄金。还有一件事，说明两人关系之密切。杜月笙身兼上海证券交易所理事长，范绍增和顾嘉棠想做投机生意，便向杜月笙请教，杜月笙仅仅点拨他们一下，就可以得到几十两到几百两黄金。后来，范绍增又向杜月笙要交易所经纪人的号码，他说怕别人说闲话，因为黑市上一个号码已经卖到几亿元。但是，杜月笙还是给了他一个，后来，范绍增懒得跑交易所，便把这个号码卖了几百两黄金！抗战胜利后，范绍增在上海大肆挥霍，大都是靠杜月笙的帮助。

范绍增曾参加过杜月笙的两次盛典。一次是 1931 年 6 月，参加浦东高桥的杜祠落成；另一次是 1947 年 8 月祝贺杜月笙 60 岁生日。

五、吴铁城

吴铁城从 1932 年年初到 1937 年 7 月就任上海市市长，历时五年半。在此期间，杜月笙以私人身份给予上海市政府和吴铁城的协助颇多，因此二人建立了密切关系。

吴铁城（1888—1953），字子增，祖籍广东香山，出生于江西九江。1924 年 9 月随孙中山北伐，任大本营参军长。1929 年当选为中国国民党中央执委、国民政府立法委员。1932 年任上海市市长兼淞沪警备司令。在吴铁城担任上海市市长期间，举凡“一·二八”事变、日军进犯淞沪、通牒之答复，后方之准备，以及之后停战条件的磋商、交涉和签订，均有赖于杜月笙的帮助。尤其是上海两次发行公债九百万元，皆由杜月笙担任募集之责。借助于这笔巨款，使市中心区工兴政举，建造虹江码头，京沪铁路也得以延长。这些成就，均有赖于杜月笙出钱出力，而使之大功告成。在吴铁城担任上海市市长的五年半期间，上海物价稳定，民生安定，杜月笙也出力颇多。此外，杜月笙还帮助上海市政当局平息工潮学潮，破获中共地下党组织。吴铁城在法国总领事公然索取重贿的时候，曾经和杜月笙密切合作。当时，中国政府有关禁绝烟毒的政策正在大力推动，一方面提高税率，寓禁于征；另一方面则举办烟民登记，限令分期戒烟。但是上海素为鸦片烟土最大的市场，而租界更是华界戒烟的无底漏洞，瘾君子在华界吸食鸦片受到限制，便到法租界去吞云吐雾，上海市政当局的禁烟工作自然难以执行。为此，吴铁城想利用法国官员和烟赌两界相持不下的局面，让烟土商从法租界迁到华界的南市和闸北。市政府方面每个月获得数额惊人的收入，巨额的投资也从法界移转华界。而法国驻沪总领事柯克林却向上海市政当局每个月索贿 40 万元，杜月笙便设法使烟馆搬出租界，使得法租界当局顿时失去了巨大财源。所以，吴铁城对杜月笙赞叹说：“我任上海市市长五年多，于私，我甚为感谢杜月笙先生友谊的匡扶襄助，于公，我更佩服杜先生

吴铁城

努力地方建设和政府设施。像杜先生这种爱国家爱乡土的热情和赤忱，求之于社会贤达之中，实在是凤毛麟角！”

六、陈布雷

陈布雷（1890—1948），名训恩，字彦及，笔名布雷，浙江慈溪人。1927 年加入国民党，历任浙江省政府秘书长、国民党中央党部秘书长、国民党中央宣传部副部长等职。1935 年后历任蒋介石侍从室第二处主任、最高国防委员会副秘书长等职，长期为蒋介石草拟文件。

陈布雷

陈布雷号称蒋介石的“文胆”，颇受蒋介石的信赖。1941 年，杜月笙寄寓重庆，和陈布雷往还甚少，但却相当默契。陈布雷为国民党清流，身任文学侍从，要动笔墨，要费脑筋，而启发文思的香烟，按当时的物价，他只够买土制劣货。杜月笙了解他的情况和需要，不时送赠“三五”牌香烟数十罐。而在致送的手法上，又特尽其审慎之能事。他把香烟包扎以后，上面不着一字，亦不附名片，仅备一短简，套在粗糙的信封内。信封上除收信人姓名外，下款仅写“内详”两个字，使人看不出此信和香烟有何关联。他还嘱咐送礼的人，送到以后，立刻回转，不得停留，无须讨回名片。杜月笙之所以弄此玄虚，并无他意，完全为对方着想。因为陈布雷是不大与外界接触的人，何况接受礼物，又是当时属于名贵的礼物。而香烟却是他所必需的，名烟更是他所深嗜的。为使受者心安，杜月笙自不能不考虑这些，否则因送礼而有伤其清名雅操，那就有违本意了。

七、吴开先

吴开先（1899—1990），字启人，上海市金山县人，曾在国民党上海市党部任职。抗战爆发后，随国民党政府撤往重庆，出任军事委员会第六部第一组组长、国民党中央党部组织部副部长。担任过上海敌后工作统一委员会执行常委兼书记长，全面负责上海的党、政、军、团地下抗日工作。吴开先初到上海担负党务方面的重任，杜月笙已久闻其大名，曾一再在他的门生、在市党部担任要职的陈君毅面前提及。陈君毅了解杜月笙的想法，便主动地去向吴开先游说，希望吴开先去见见杜月笙。可是，吴开先却一再推托，直到第三次，才终于见面。届时，吴开先独自一人驱车驶往华格臬路杜公馆，一进大门，先看见杜月笙的总管万墨林毕恭毕敬地站在二门口迎候。又见杜月笙的要好朋友、黄浦滩上大名鼎鼎的大律师秦联奎满面春风地迎了出来。他把吴开先领到内客厅里，杜月笙亲自到客厅门口相迎。杜月笙一见吴开先便说："照说，应该我去拜望吴先生，也是因为忙不过，一拖再拖，反而劳动吴先生屈驾过来看我了。"吴开先只好回应说："哪里，原该我来拜望杜先生的。"洽谈了个把钟头，吴开先站起来说："今天打扰杜先生太久了，杜先生外面还有不少客人，

吴开先

我这就告辞。以后有空，再来拜访。”杜月笙也不强留，他站起身一面和吴开先握手，一面还在关照吴开先说：“你什么时候有空，希望你随时过来坐坐，有许多事情，我都需要向你讨教。”初次见面，杜月笙便将吴开先当作要好朋友看待，推心置腹，无话不谈。之后遇有重大的问题，或则邀吴开先来，或则利用电话筹商，吴开先渐渐被杜月笙诚恳的态度所感动，于是成了杜月笙的最高顾问之一。“一·二八”事变后，杜月笙出任抗敌后援会副会长、东北难民救济会会长和沪战善后救济委员会委员诸要职。但凡劳军、救济种种事项，杜月笙经常找吴开先商量，而且言听计从，对于吴开先的主张非常尊重。从这时开始，杜、吴二人关系越交越深。

第八章　结交社会名流

杜月笙喜欢广结社会名流，大至党政军领袖，小及于金融界、工商界、文化界的著名人物，都倾力交结，尽量争取。尤其是知识分子和专业人员。在密友陈群的建议下，他结交了诸多富豪与社会名流，还有许多文化界大名鼎鼎的人物如章太炎、章士钊、杨度、江一平、郑毓秀、秦联奎、杨云史、杨千里等，连大教育家黄炎培也是他的好友。

一、钱新之

钱新之（永铭）是浙江人，出生于上海，为工商世家，接受西方教育，可谓新派知识分子的典型。辛亥革命后，他曾在上海都督府财政部任事。1912 年被派往北京参加接收农工商部，任会计课长。后回上海，与友人组织中华捷运公司，出任经理。自 1916 年起出任交通银行北京总行秘书，1919 年任交通银行上海分行经理。1920 年，时年 35 岁的钱新之出任上海银行公会会长。1922 年任交通银行总行协理。1925 年 5 月离开交通银行，担任盐业、金城、中南、大陆四行储蓄会副主任及四行联合准备库主任。他早期对黄、杜、张这一帮人颇为不齿，曾对法学家、后来同为杜氏好友的吕光说："租界时代，上海五方杂处，繁复

钱新之

不可尽述。有些人凭恃着租界的势力和当时国政的窳败，产生不少地方上不正当的力量。我们做银行业务的人，跟外间的接触甚多，但是对于这些势力圈中的人，老实说，既不能臭味相投，也不愿引以为友，更何况折节下交！”拒绝同杜月笙交往。而杜月笙却急于同他攀交，一次两次的碰壁，使杜月笙感到万分的失望与惆怅。后来因为遇到国华银行生死存亡的事，千钧一发之际，钱新之受了唐寿民的恳托，复以本身利害相观，遂毅然去找杜月笙帮忙。果然，他这一宝押准了，杜月笙救下了险象环生的国华银行，从此，二人便成了密友。

二、章太炎

章太炎（1869—1936），浙江余杭人。原名学乘，后易名为炳麟。1906 年赴日本参加同盟会，主编同盟会机关报《民报》，辛亥革命后回国，担任孙中山总统府枢密顾问。1917 年脱离孙中山改组的国民党，在苏州以讲学为业，是著名的国学大师。杜月笙同章太炎有着不寻常的交情。杜月笙本名叫“杜月生”，是章太炎为他改名为“镛”，并为他取字曰“月笙”。据杜维藩回忆：“章太炎与父亲的私交甚好，1930 年父亲在家乡买了 50 亩地，造了‘杜氏家祠’，章太炎不但为杜家编了家谱，还写了洋洋千言的《高桥杜氏祠堂记》。”那么，杜月笙又是如何攀上章

章太炎

太炎这位国学大师的呢？据说章太炎有个侄儿家住上海，同一位非常有势力的人士发生了房屋纠纷，于是有人建议章太炎去找杜月笙帮忙。章太炎试着给杜月笙写了一纸便函，杜月笙接到后，立刻亲自出马，为章太炎的侄儿解决了困难，然后又亲自跑了一趟苏州，专门拜访他心仪已久的当代国学大师。章太炎见杜月笙温文尔雅，谦恭有礼，和他心目中帮会头子的形象截然不同，于是一见如故，晤谈良久。当杜月笙告辞后，章太炎发现在杜月笙饮用的茶杯下面，暗暗压着一张两千银圆的支票，这是他的贽敬。接下来，杜月笙更每月派人送一笔款子到章家，这对于当时境况并不算好的章太炎来说，无疑是雪中送炭，从此二人便建立起深厚友谊。

三、章士钊

有关杜月笙同章士钊的交往始末，赵君豪于《纪念杜先生》一文中记之颇详，现摘录如下：

“初，早期政客，薄有才名之章士钊执律师业于沪滨，以先生（指杜月笙，下同）素常爱重文人故，夤缘时会，做杜府座上客。而利用先生之关系，颇有裨益于其业务。即中日变作，先生恐章晚节不坚，或为日人所利用，遂迎其赴渝，共寓于南岸。章日常无所事事，终日诗酒流连，烟霞啸傲，先生则竭力供应，无使其缺也。”

章士钊

章士钊是我国近现代著名的学者和社会活动家，他交游天下，谋道各界，历经“六朝”而始终活跃在政治舞台的中心。诸多重大历史事件他都起到了别人无法替代的作用。他与孙中山、毛泽东、周恩来、袁世凯、蒋介石、胡适等著名人物的关系一直为坊间所乐道；他扑朔迷离的思想个性与独特高超的处世之道充满了传奇与神秘色彩。据杜维藩回忆：父亲对文人一直有一种向往，也对他们很敬重。他结交了很多文化名人，很多文人也都成为他的私人律师或座上客。章士钊曾做过教育总长，后来又在上海做大律师，所以那时他们的交往比较多。章士钊算是父亲的私人律师兼参谋。很早以前，共产党要送很多党员到巴黎去，找到章士钊帮忙，章士钊又来找我父亲要钱，父亲觉得各方面人都要结交，求到门下就更要帮一下。

四、张学良

张学良（1901—2001），字汉卿，辽宁省籍，奉系军阀张作霖长子，中国近代著名爱国将领。“皇姑屯事件”后，他继任为东北保安军总司令，拒绝日本人的拉拢，坚持“东北易帜”，为祖国统一和民族团结作出了贡献。后任中华民国陆海空军副司令，陆军一级上将。张学良积极主张抗日，反对内战，曾同杨虎城将军一起发动震惊中外的“西安事变”，促成国共第二次合作，结成抗日民族统一战线。1933年3月7日，张学良因东北事变宣布下野。3月8日，悄然南下，携夫人于凤至、密友赵四小姐、副官长谭海少将同行，还有大批的参谋、副官和卫队相随。大队人马自天津乘船抵达上海，沿途行踪，非常隐秘。到上海的住处，也煞费周章，居住条件得够理想，禁卫尤须十分严密。

张学良

杜月笙和张学良并无深交，但是，他对张学良的际遇颇感同情。于是他力排众议，毅然宣布，张学良寓沪期间，他将把福煦路181号那幢水木清华的巨厦，布置一新，请张学良下榻。杜月笙招待张学良殷勤诚恳，无微不至，他为张学良大开盛筵，甚至彩排演出精彩的京戏堂会。于是，张学良的家小和杜月笙的内眷，迅速建立了亲密的友谊。

正在盛会连连，宾主欢洽，突然发现福煦路181号的大门口有人放下一枚去除引信的炸弹。而且在炸弹上附有警告信，略谓："请张学良即日离开上海，否则的话，第二颗炸弹送来，保证爆炸。"炸弹和警告信，经杜月笙派在附近的便衣保镖捡拾起来，原封不动地交给杜月笙。杜月笙一看，大惊失色，旋又勃然大怒：张学良在上海，由他负责招待，几乎已成公开的秘密，如今有人敢捋虎须，公然地丢放炸弹，留书警告，这就等于是跟我杜月笙过不去。他既害怕有人真的做出这种事来，又因为居然有人不买他的账，显颜色给他看，因而怒不可遏。

他一方面吩咐他的手下，把这件事情瞒住，不使张学良一行晓得；另一方面则派出大批人马秘密访查。到底是哪一路朋友，硬要叫杜月笙坍这个台？不久查明原来是王亚樵干的。

王亚樵字九光，1889 年出生于安徽合肥，自幼读书，聪颖过人，少年时期目睹官吏豪强压榨人民，恨之入骨。1921 年，王亚樵从余诚格手中接管安徽旅沪同乡会，又组建劳工总会，号召皖籍工人入会，一时间入会者络绎不绝，劳工总会人数达到十万之众。劳工总会因其用斧头、手枪和炸弹等武器，来对付那些专门欺压工人的富商和其他帮会，故被称作“斧头帮”，也被人们称作“暗杀团”。王亚樵在上海时而是阔佬、时而当瘪三，不得开交的时候，也曾请杜月笙帮过钱忙。杜月笙深知此人心黑手辣，行动飘忽，胆大包天，只好派人去跟他“讲斤头”，并问他为何要同张学良如此过不去？王亚樵的回答非常漂亮：“我这么做，只因为张学良是国家和民族的罪人，我要对他加以制裁。”张学良得到了消息，十分惊恐。他请杜月笙出面调解，并且提出，如果王亚樵的那个组织需要活动经费，他愿意尽力帮忙。杜月笙笑了笑说：“请少帅放心，我老早就派人跟他们‘讲斤头’了。即使要花点儿钱化解，你是我的客人，一切也该归我，我断乎不会使你破费。”

然而，钱并解决不了问题，王亚樵郑重声明，他此举是为国家和民族大义。他请杜月笙转达张学良，提出三项条件：马上回到北方，重整兵马，和日本人决一死战；如不能战，请返东北，自杀以谢国人；既不愿战，也不肯死，那么，请将全部财产交出，购买军火，并且接济关外的义勇军。三条路，他请张学良择一而行，否则的话，他的第二颗炸弹就要掼下来了。杜月笙代表张学良答复，他说这样不行，你们不能逼人太甚。张学良果若有罪，国家自有法律，你要私人采取行动，张学良是我杜某人的客人，我有保护之责，义不容辞，那么我们便以私人对私人，行动对行动。你若伤了张学良的一根汗毛，我必将尽起上海青洪两帮弟兄，管教你的徒子徒孙，一个也活不了。摊了牌了，王亚樵开始软化，三项条件合而为一：请张学良限期离开上海，以免他话已出口而收不回，在外面混世界的讲究言出必行，逼急了唯有性命相拼。杜月笙又叫人去说：你放心吧，张学良已经在发奋振作，他正请上海疗养院的美国医生米勒帮他戒毒。戒毒完成，最多不出一个月，他即将出洋考察，离开上海这个是非之地。福煦路181号由于王亚樵的炸弹警告，如临大敌。杜月笙一直坚持保护到张学良离开上海为止。

五、郑毓秀

郑毓秀（1891—1959），民国时期著名的社会活动家、女权运动的倡导者。她出生于广东广州府新安县，祖父郑姚曾加入过孙中山领导的同盟会。她早年留学法国，获博士学位。她是中国历史上第一位女性律师、第一位省级女性政务官。她到上海之初，担任上海地方法院民事审判厅厅长，后来升为院长。由于她任职厅长在先，华格臬路杜公馆自杜月笙以下，都习惯称她“厅长”。

郑毓秀

郑毓秀的公馆设在法租界的马斯南路，杜月笙和郑毓秀认识以后，对她相当敬仰，而郑毓秀也由于杜月笙为人谦逊坦率、对待朋友热心诚恳而乐于同他交往。上海地方法院院址在南市，平时讼案不多，郑毓秀比较清闲，因而她也常去杜公馆走动。杜月笙的几位夫人都晓得郑厅长是杜月笙最敬重的人，兼以是位女性，于是，每逢郑厅长来了，几位杜夫人莫不争先恐后地出来迎接，嘘寒问暖，请教商量，把郑厅长像个凤凰似的捧着，心腹之言、痛苦之处向她诉个不停。当郑厅长觉得自己有仗义执言、保障女权的必要时，也会毫无保留地跟杜月笙交涉。在此情形之下，不论杜月笙心里怎么想，他都得笑眯眯地点头称是，敬谨接受。

郑毓秀在杜公馆地位崇高，一言九鼎，等于是华格臬路杜公馆的最高法官，连素具无上权威的杜月笙也不得不听她的。郑毓秀担任院长的时间并不长，她后来从事自由职业，在上海挂起"郑毓秀律师事务所"的招牌，是名副其实的大律师。她只接民事案件，而且涉讼费高得惊人，动辄以万数计，据说仅大马路的一件房屋拆迁案，郑毓秀所获的诉讼费就等于上海大赛马的一个头等奖。

郑毓秀还捐资兴学，在打浦路桥畔办了一所法政学院，和东吴大学设在上海的法科、大律师沈钧儒办的法学院三足鼎立，俱是东南一带有名的法学学府。而在这三大学院之中，又以郑毓秀的法政学院声势最大，当时若干新闻界人士和上海市党部的下级职员，都纷纷报名附读，以跻身郑毓秀博士的门墙为荣。

杜月笙和郑毓秀的交往，对他的事业有莫大的帮助，由于结识了郑毓秀，杜月笙和司法界人士也有了关联。关于法律事务方面，郑毓秀对他尤能尽心尽力地加以指导和帮助。郑毓秀虽不是杜月笙的法律顾问，但是她所提的意见，杜月笙无不言听计从。

六、刘航琛

刘航琛，四川泸州人，出生在一个酿酒世家，富甲一方。1923年毕业于北京大学经济系，以实业为后盾进入政界。1927年受四川军阀王陵基的赏识并被重用，后被刘湘挖去承办财政。刘航琛上任后，在财政上有力地支持了刘湘独霸全川的梦想。

1935年出任国民党重庆行营财务处副处长，翌年任四川省财政厅厅长。长期奔走于重庆与南京间，调处刘湘与蒋介石的关系。1941年后任国民政府粮食部特派员、政务次长兼四川粮食储运局局长，兼任川康平民商业银行董事长、川盐银行董事长以及重庆电力公司、自来水公司、四川水泥厂等企业的董事长、总经理。

最初，刘航琛和杜月笙仅为玩友，在事业方面很少关联。1937年7月刘湘病逝后，刘航琛主持四川财政，为了一宗盐税问题，跟王缵绪结了怨。王缵绪担任四川省主席后，曾扬言只要遇见刘航琛，必定将他枪毙。刘航琛迫不得已，只好从重庆逃到昆明，再自昆明远走越南河内。他刚住进旅馆，却抬头看到了顾嘉棠！顾嘉棠说明来意：“杜先生听到消息，刘先生某月某日到河内，因此吩咐小弟赶来迎接。”又说，“杜先生诚心诚意，约刘先生到香港小住。”刘航琛于是放弃了预定的南洋之行，由顾嘉棠陪着到了香港。在见到杜月笙后，二人一夕长谈，最后，杜月笙向他问道：自己这次尽弃所有，两手空空地离开上海来到香港，究竟做得对不对呢？“当然对喽！”刘航琛诚心诚意地说：“杜先生，我正要恭喜你哩！在上海，你只不过是上海的杜月笙，现在你到了香港，一心一德，支持抗战，对于国家、民族、社会以及若干个人，都有很大的贡献，你的抉择令人赞赏，你的作为令人钦佩，我敢这么讲，如今你已是中国的杜月笙了。”

杜月笙担心王缵绪会在香港下手杀掉刘航琛，特派顾嘉棠同他朝夕与共，形影不离，一方面充保镖，另一方面当导游。杜月笙还专门指定了几家餐馆，循序轮流，每天送一桌上等的鱼翅全席到刘航琛的房间，随刘先生宴客也好，自用也罢，这一日一席绝对不许中断。如此这般，前后历时三个月之久。1939年8月，行政院院长孔祥熙从重庆打电报给刘航琛，说有要事相商，请即来渝，刘航琛才结束为期将近两年的流浪生活返回四川。为了刘航琛的安全，杜月笙特派顾嘉棠全程保护。

到了重庆，顾嘉棠和刘航琛为防万一，还是形影不离，刘航琛为尽地主之谊，沿袭杜月笙的方式招待顾嘉棠，每天请他一顿全席，平安无事地过了40天。1939年9月下旬，孔祥熙公馆来电话通知，明日上午九时，院长有要事相商，请刘先生准时到范庄会客室。届时，由顾嘉棠陪同前往。原来是孔祥熙要让刘航琛同王缵绪冰释前嫌，约二人在此见面。刘航琛十分感激，连声道谢，数年积怨被孔祥熙这一巧妙安排一扫而空。

七、秦联奎

秦联奎字待时，是上海律师界的前辈，经验丰富，精湛的法学造诣和多年的体验阅历，使他洞悉人情，判断能力极强，曾是上海著名的大律师。他同杜月笙的交往，始于赌博。

杜月笙向来好赌，时常和清末富商盛宣怀的几位少爷小姐、上海叉袋角富户朱如山、地产投机大王钟可成等，日夕豪赌，一博万金。当时，秦联奎尚执业未久，仅小有积蓄。他艳羡杜公馆里的盛大场面，有一次央托朱如山带他去开眼界，结果一入局中，一转眼便输了四千大洋。他输了以后极为懊丧，还了赌账不待告辞，黯然离去，种种神情表现，恰好被杜月笙看个正着。秦联奎走后不久，杜月笙便问朱如山："你带来的这位朋友，是做啥事体的？"朱如山回答说，他叫秦联奎，是个执业未久的律师，那天是央他带来看看热闹的，不承想他也下起注来输了钱。杜月笙于是把那张四千元的支票找了出来，轻轻地拿给朱如山，说："当律师，用心血，摇笔杆，逞口舌，能有几个铜钿好赚？我实在不想赢他的钱，请你替我退还给他。"秦联奎本来是个心高气傲、自命不凡的人。朱如山代杜月笙退支票时，他一时不肯接受。朱如山便一再解释：杜月笙此举唯有诚敬之心，绝无轻蔑之意，而且杜月笙向来有个习惯，他送出去的钱万万不容推却。于

杜月笙的部分朋友圈

是秦联奎收回了这笔钱，对杜月笙更加心仪，往后他和杜月笙自然而然地接近，成为杜月笙的义务法律顾问，杜月笙对他无话不谈，而他更能殚精竭虑，为杜月笙处理法律事务，甚至运筹帷幄，代为划策。

第九章　帮会里的朋友圈

杜月笙作为青帮的“悟”字辈，在帮里原本只是个后生晚辈，但是他却能后来居上，结识了不少帮会大佬，甚至连青帮“大”字辈的“老太爷”高士奎，都当面称他为“杜先生”。可见他在帮会的朋友圈里能量之大。

一、高士奎

高士奎为青帮“大”字辈，字步扬，山东鱼台人，出身绿林，后投身徐宝山部，与张镜湖（仁奎）既为同乡，又同为“大”字辈，资深望重，故后辈亦尊称为“高老太爷”。他曾利用在青帮老前辈的地位，帮助杜月笙的航运公司打通苏北航线。抗战期间，他也寓居香港。

抗战期间，香港的外省人虽已不少，但山东省籍的则为数更多。香港差役多半是由烟台招募而来。此外行船的和开菜馆的，亦多为山东籍人士。高老太爷受着同乡的招待，又因他是四海为家的人，饮食起居，简单朴素，所以生活得很是安乐。他去杜家时，杜月笙把他当作老前辈看待，礼数不拘，而亲热之情则甚为周挚。顾嘉棠、芮庆荣等看到他的影子，更是唱其大喏，献其殷勤，总要死拉活扯，陪去馆子，喝上几盅，以表尊重之意。可是高士奎却如闲云野鹤一般，巨室高门，很少涉足，仅与杜家秘书王幼棠往来较密，他俩文武殊途，却有共同之处。王幼棠已是望七的人，和他年龄不相上下，且为一瘾君子，与他恰是“吾道不孤”。王幼棠除为杜月笙办理书札外，是是非非，一概不问，和高士奎更为气味相投，正所谓“老对老，谈不了”，正是如此。

二、黄金荣

黄金荣字锦镛，原籍浙江余姚，清同治七年（1868）十一月初一生于江苏苏州。其父黄柄泉曾在浙江余姚县衙门刑事监狱当捕快，因为办错了一件案子而丢了饭碗。他的大女儿黄凤仙嫁到上海城内梅家弄的邹家，于是全家来到上海，在漕河泾开了一家“悦来茶馆”。黄金荣9岁时被送到私塾去上学，但他并不认真读书，而是喜欢到住所附近听捕快们讲述破案的故事，或到赌场去观看赌博。不幸的是，黄金荣后来因染上天花而落下一脸麻子，后来就有了“麻皮金荣”的绰号。

黄金荣

光绪七年（1881）黄柄泉病故，黄金荣一家陷入了贫困之中，年仅14岁的黄金荣只好到外面做杂活儿混口饭吃。17岁那年，黄金荣进入一家裱糊店当学徒，每月只有400文（40个铜板）的“月规钱”，勉强糊口。而且每天除了学手艺，还得干杂活儿，一天下来，已经筋疲力尽。后来学徒期满，黄金荣有了一些工钱，他便到茶馆去同一些流氓鬼混。这时，他结识了上海青帮的头目之一陈世昌（也是杜月笙的师父），他教黄金荣赌博，带他去玩女人，甚至一起抢劫分赃，把黄金荣带入了黑色世界。经过陈世昌的指点，黄金荣很快掌握了全套赌术和嫖娼的本领。他非常羡慕捕快的生涯，后来，他向陈世昌和其他兄弟借了一笔钱，准备了一份厚礼，终于也当上了一名捕快。黄金荣 22 岁那年，遇到一个贵人——法国驻上海副领事兼法租界总监的翻译官曹显民。当时，黄金荣正在老北门当差，对每天经过这里的曹显民毕恭毕敬，给曹显民留下了颇深的印象。1893 年，法租界需要招募 120 名华捕，黄金荣前往报名。结果被曹显民看到，将他录取。租界的巡捕分为两类：一类是巡捕，包括巡士、巡长、巡官；另一类是密探，俗称"包打听"，包括探员、探目和探长。中国籍的巡捕简称"华捕"。经过一段时间的训练，黄金荣被分派到油水较大的十六铺地段值勤。

黄金荣在当上华捕后，时常到城隍庙的得意楼去喝茶，趁机结识了那里的地痞流氓和青红帮分子。当时人们通常把地痞流氓称为"郑家木桥小瘪三"，黄金荣逐渐同这些人混熟了，便利用他们来为自己服务。

现在上海的延安东路，原来是一条宽阔的小河，是黄浦江的支流，名叫"洋泾浜"。位于"洋泾浜"的郑家木桥是英租界（即公共租界）与法租界的交界处，这里商贾云集，十分繁华，也是地痞流氓活动的场所。因为法租界的巡捕不能到英租界捕人，英租界的巡捕也不能到法租界办案，这样，流氓、小偷在法租界作案，便跑到英租界躲避，反之亦然。黄金荣为了得到法国主子的青睐，显示自己侦缉本领的高超，便用小恩小惠收买了流氓瘪三和小偷惯窃的头目丁顺华和程子卿，作为"眼线"。同他们讲明，如果同他合作，一旦被捕可以保释。于是让"眼线"到租界内去抢劫，黄则密报于法国人，将"眼线"一网打尽，然后他又设法把他们解救出来。如此连续侦破几次盗窃案后，法国人果然对他另眼相看。为了对商店老板进行敲诈勒索，黄金荣便玩起猫捉老鼠的游戏，他唆使一班小流氓到当地商店去捣乱或假装打架骂街，自己则随后赶到，将小流氓赶走，他在店主人面前充当好人，让人感到小流氓见到黄金荣如同老鼠见到猫一样，以为黄金荣果然本事高强。他又让门生对老板们说，遇到任何事，只须托黄先生出面，一定可以平安无事。一些商店老板或富户，为了保平安，只好逢年过节向他送礼，有的还拜他做“先生”。黄金荣在晚年回忆说：“在租界的时候，巡捕房是外国人专制管理的，租界里的百姓，因为我是巡捕房里的‘包打听’，所以认为‘包打听’能有法子可以与外国人接近，讲得上话。所以，卖烟土的、开赌台的人，都来与我商量，托我去运动法国人头脑，谋求太平。等事体成功后，他们送些钱给我。还有一辈子做生意的人，因为怕被人欺负，也托人介绍，拜我做‘先生’，希望能够依靠我的情面不被人家欺负。但是，里面难免有行为不好的人，时常借我的名义，在外面‘讲斤头’，做不好的事情。我在旧法大马路聚宝楼做茶会间（这是‘包打听’平时碰头的地方），用了不少伙计，在外面打听盗贼线索与行动，每天在茶会间报告我，好去破案。”他时常唆使一些流氓瘪三故意在商店门前闹事，寻衅取闹，影响商店营业，使顾客远而避之，不敢进去购买东西。而黄金荣则带着巡捕和便衣包探上街巡逻，每到一处，闹事的流氓瘪三便逃之夭夭，有时黄金荣还故意抓起几个小流氓来惩办，借以显示他的威风。对于不肯买账的富豪，黄金荣则用绑架的办法进行敲诈勒索。他曾唆使徒弟丁永昌绑架富商荣德生，向荣家勒索几十万元，并威胁荣家说，如不把钱送到就“撕票”。荣家无奈，只好如数支付，荣德生才得以获释。光绪二十四年（1898），法租界发生了一起“四明公所案”，黄金荣又乘机勒索一笔巨款。黄金荣在处理“四明公所案”中玩弄的“刀切豆腐两面光”的手法，引起了法国人的不满。加上有人向巡捕房总监督报告，说黄金荣有与流氓盗匪串通一气的嫌疑，巡捕房总监督便趁华捕们新年拜年的机会，当面向黄金荣提出了自己的怀疑。黄金荣当时已经小有名气，无法忍受这种侮辱性的指责，于是同巡捕房总监督顶撞起来，最后干脆辞职不干了。

离开巡捕房后，黄金荣想起苏州尚有父亲的老朋友，于是决定回到苏州去闯荡。黄金荣来到苏州后，先是在一家“天后宫戏馆”当管事和保镖，后来摸熟了情况，干脆自己开了一家“共和戏馆”。他自己既是老板，又是保镖，生意非常兴隆。这时，他又认识了大胆泼辣的女人林桂生。

林桂生的父亲做当铺生意，母亲曾是烟花女子，她出生在农历的八月十五，故父母给她取名曰“桂生”。后来父亲去世，剩下孤儿寡母相依为命，时常遭人欺侮，所以，希望找个上门女婿做靠山。母亲看中了苏州衙门里的马捕快，招赘为上门女婿。马捕快是个胸无大志的人，只求过平安的日子，而林桂生却不安于这种平淡生活，对自己丈夫的无能颇为不满。恰好这时黄金荣出现了，于是赶走了马捕快。不久，黄金荣又应巡捕房总监督之邀请，与林桂生一同重返上海滩。临行前，二人在苏州正式结为夫妻！

黄金荣重返上海滩之后，在巡捕房官复原职，又招集郑家木桥的流氓瘪三，相互配合，使黄金荣的办案本领更加凸显出来，不仅很容易追回赃物，而且能顺利抓获盗贼，先后破获了数起大案、要案。

黄金荣作为上海青帮三大亨之首，最初并未正式加入青帮，更没有拜过“老头子”。他为了在上海滩进一步扩大权势，利用帮会这个工具，就需要广招门徒。但是，按照青帮的规矩，凡没有正式加入青帮者被称为“倥子”，不得开堂收徒。上海正宗的青帮分子们，虽然明知黄金荣是“倥子”，而且他开香堂收徒的仪式也不规范，他甚至自称“天”字辈，比“大”字辈还多一横。但是，鉴于他在上海滩拥有的强大势力，也只好默认，无法同他较真。黄金荣为了解决“倥子”的问题，在众人的劝说下，拜了当时青帮辈分最高的“大”字辈张仁奎（张镜湖）为“老头子”。黄金荣虽然在法租界拥有很大势力，但鉴于张仁奎乃是青帮“大”字辈，拥有众多有钱有势的门徒，自然也乐得投身其门下，名正言顺地成了青帮“通”字辈。

黄金荣为了扩大势力，招收徒弟多多益善，只要愿意充当他的徒弟，写上一张帖子，上写“拜黄金荣为老师”，下写“门生某某敬拜”即可。只要肯送礼，他就来者不拒。在升任法租界督察长以后，他一次就收了二三百个徒弟，这些徒弟大多是法租界巡捕房的骨干或小头目。有些演艺界的人士，为了自身安全，也被迫拜他为师。黄金荣的势力越来越大，他所居住的同孚里，被人们称作“黄公馆”。

三、张啸林

张啸林是杜月笙的结拜弟兄，原名小林，乳名阿虎，后改名张寅，以啸林为号，清光绪三年(1877)五月初四生于浙江慈溪县一个偏僻的山村。父亲张全海是个木匠，因为收入微薄，难以养家，在张啸林10岁那年，举家来到杭州拱宸桥，开设了一家“张记箍桶铺”。这时，张家的生活有所改善，张全海把大儿子张大林送到一家织造绸缎的机房当学徒，而把张啸林送进私塾去读书。私塾里有不少纨绔子弟，张啸林同这些人为伍，很快就学会了偷、摸、赌、色以及打架等本领。

张啸林

张啸林13岁那年，江浙一带遭受天灾，疫病大作，张全海由于积劳成疾而病故。张啸林的母亲和兄长张大林，只好重操父亲的旧业，勉强维持生活。张啸林则离开私塾，进了机房学习纺绸，但他惯于游手好闲，喜与流氓地痞为伍，不久便弃工考入杭州的浙江武备学堂，在此期间，他与同学张载阳等人结为密友。他在武备学堂待了两年，没有毕业就离开了，然后找到杭州衙门的探目李修堂。他除充当李修堂的跑腿外，还在拱震桥一带从事敲诈、勒索的勾当。后来因为与当地一伙赌棍为仇，寡不敌众，只好离开拱震桥，跟着吴鸿跑到上海鬼混。吴鸿是原浙江省警务厅厅长夏超的旧部，当过杭州蒙古桥第二警署署长，在上海青帮中有很多熟人。到上海后，吴鸿四处奔走，遍访青帮中的头目，托人把张啸林先后介绍给市区宝裕里的低级烟馆及沪西大赌台“荣生公司”当稽查（俗称“抱台脚”）。不久，张用得来的不义之财，在重庆路马乐里租到一处房屋，每天聚赌抽头。1912年，他结识了上海英租界著名的流氓头子季云卿，两人一见如故，成为莫逆之交。张跟随季云卿在五马路（今广东路）一带吃赌台和妓院的“俸禄”，专门干勾引嫖客、串赌、贩卖人口和逼良为娼的勾当。不久，他邂逅其父生前的友人唐观经，经唐介绍，拜青帮“大”字辈樊瑾承为“老头子”，成为青帮“通”字辈成员。从此，他利用青帮的势力，与人合伙贩卖烟土，同时广收门徒，扩张实力。由于他身材魁梧，臂粗力大，打起架来异常凶狠，且自比奉系军阀张作霖，于是被门徒们称作“张大帅”。张啸林读过一些书，对于青帮的秘籍颇为熟悉，因此受到帮内兄弟的尊敬。

张啸林早年在浙江武备学堂时，与后来的浙江省省长张载阳、军阀周凤岐等人有同学之谊，遂通过张载阳的关系，又结识了浙江督军卢永祥，这对张啸林日后的发迹有很大作用。当时上海滩的帮会各霸一方，互相争雄。张啸林为了夺取码头上贩运水果的权利，和广东帮的流氓大打出手，最终夺得在码头上贩运水果的特权。

后来，张啸林又与南市的流氓范开泰（绰号“乌木开泰”）、范回春（绰号“象牙回春”）、苏嘉寿等，为了抢夺鸦片贩运权，而同法租界的流氓金廷荪等发生斗殴。金廷荪乃是黄金荣的好友，而张啸林则与当时浙江省长张载阳和督军卢永祥有私交，双方都不愿把关系搞僵，于是，请出青帮“大”字辈出面调停，提出租界各帮会互相合作，合伙贩运鸦片，遂把事情“摆平”。之后，他便加入了黄金荣、杜月笙合伙组建的“三鑫公司”，经营鸦片的贩卖、保险生意。后来他拉拢日本浪人、特务头子土肥原贤二。又经土肥原介绍，认识了日本军人永野修身，经常在一起秘密活动。他还以“实业救国”为名，联络青帮头目范回春、周邦俊、黄楚九等，共同建立大赛马场“远东公共运动场股份有限公司”，实际上是个大赌场。又在法租界爱多亚路（今延安路）共舞台对面设立杭州饭庄，并与杜月笙合作组建“霖记木行”，由张啸林任董事长，杜月笙任总经理，独家经销苏联的木材。由于他早就与东北的日军有所勾结，故与汉奸殷汝耕取得默契，把从苏联运来的木材全部调到沈阳，由木行业务主任派一心腹办理卸货与交接事宜。后来，又组织“长城唱片公司”，拉拢文艺界、新闻界的人物捧场。

1927年“四一二”反革命政变时，张啸林与黄金荣、杜月笙组织“中华共进会”，充当国民党打击共产党、镇压工人纠察队的打手。事后，蒋介石为了酬谢他，委任他为国民革命军总司令部少将参议。1930年张啸林“衣锦还乡”，回到杭州时颇为轰动，当地土豪劣绅、反动政客、地痞流氓纷纷为他摆酒接风。杭嘉湖一带的流氓盗匪，纷纷投靠在他的门下。他则在杭州西湖畔购买土地，建造别墅，并在滨湖路上开设天然饭店。1931年，他又与杜月笙在上海合伙开设一家赌场，并利用非法得到的大量金钱，投资于银行和工商业，由流氓变成了“实业家”。因为他同国民党集团的孔祥熙、宋子文有来往，上海金融界、工商界中便有人请他做靠山，纷纷请他挂名。1932 年经杜月笙推荐，他当上了上海华商纱布交易所的监事，这样，张啸林也跻身于工商界了。

四、金廷荪

金廷荪是浙江宁波人，人称“三哥”。金廷荪自幼来到上海，学做皮匠，出师后在法租界开设一皮匠摊子，恰和杜月笙原住的钧福里（即黄金大戏院院址）相距不远，所以很早两人就认识了。1927 年由高鑫宝引见，拜王德龄为师加入青帮，成为青帮“通”字辈。他长相文雅，颇似规矩的生意人。所以杜月笙无论是黑道营生还是正路营生，总是交给他出面承办。他工于心计，心狠手辣，所以杜月笙有时遇事尚难下决心，便由他代为处理。黄金荣组建三鑫公司时，他是重要成员。“一·二八”战事结束，国民政府为了扩充空军，发行航空奖券，由邮政储金汇业局承办发行。局长沈叔玉保举杜月笙承办，金廷荪被杜月笙委为经理，利用大运公司的招牌推销航空奖券，发了一笔大财，他利用给杜月笙的分润，为自己在杜美路建造了一所豪宅。

抗战前金廷荪在杜门的地位极为重要。1941 年秋，他由浙闽辗转来港，不久，太平洋战争爆发，香港沦陷，杜月笙去重庆，与九龙的杜家失去联系。后以难民身份转往内地，孑然一身，手提包裹，跋涉长途，囊中羞涩，行抵河源地方，循例从赈济委员会领到救济金 15 元后，他默默地经由福建转向浙西而去。1945 年杜月笙奉命赴东南从事策反工作，金廷荪自浙西来会，不久，忽传日军进犯，他担心再度成为难民而离开，直到日本投降才回到上海。

五、陈世昌

陈世昌是杜月笙加入青帮的“老头子”，杜月笙发迹以后，他很少进杜公馆的门。抗战胜利后，他去过十八层楼的杜公馆几次。借助于同杜月笙的师徒关系，他的一个儿子曾在中汇银行当过襄理，后来盘下一个小钱庄，全部赔光。陈世昌于是带着儿子，夜里赶到杜月笙家里，诉说经过。他指着儿子说：“这个小鬼，在中汇做做本来很好，忽然心血来潮，做起那短命的钱庄来，蚀得一塌精光。”接着向杜月笙告贷两万五千元。杜月笙毫不介意地说：“明天一定如数送上。”

第十章 维护工人合法权益

杜月笙在“发迹”后，继续从事烟、赌两大黑道活动而发了大财，但他毕竟在底层社会生活过，同情劳苦大众的艰辛，所以，发迹以后，在维护工人权益和救济穷人及难民方面，做了一些好事。当然，他做好事也是另有目的，就是借此提高声誉，洗刷自己身上的污点，从而逐渐融入上流社会。

一、“五卅惨案”中维护工人权益

1925年5月30日，在上海爆发了震惊中外的“五卅惨案”，这是中国共产党直接领导的一次群众性反帝爱国运动。事件经过是：1925年5月15日，上海日商内外棉七厂厂主借口存纱不敷而关闭工厂，停发工人工资。共产党员顾正红带领工人冲进厂内，要求日商复工和开工资。日商非但不允，反而向工人开枪，打死顾正红，打伤工人十余人。次日，中共中央发出通告，号召各地党组织和工会等社会团体，一致援助上海工人的罢工斗争，决定在全国范围内发动一场反日运动。为了加强工会的力量，中共中央决定由共产党人李立三等主持，成立上海总工会。5月30日上午，上海工人、学生2000多人分组在公共租界各马路散发反帝传单，并进行讲演，揭露帝国主义枪杀顾正红、抓捕学生的罪行。租界当局大肆拘捕爱国学生，仅南京路的老闸捕房就拘捕了100多人。万余名愤怒的群众聚集在老闸捕房门口，高呼“打倒帝国主义”、“收回外国租界”等口号，要求立即释放被捕学生。在日商的请求下，英国租界当局公然开枪屠杀手无寸铁的群众，打死13人，重伤数十人，逮捕150余人。6月1日复枪杀3人，伤18人，制造了震惊中外的“五卅惨案”。当天深夜，中共中央再次召开紧急会议，决定由瞿秋白、蔡和森、李立三、刘少奇和刘华等组成行动委员会，具体领导这次斗争，组织全上海民众罢工、罢市、罢课，抗议帝国主义屠杀中国人民。

工人由于停工不发工资，生活发生困难，商请上海总商会出面调停。总商会害怕日本人的蛮横，意存观望，一味拖延。工人转而求助于上海学生联合会，文治大学举行募捐演讲，被捕房捕去两名学生，又有四位上海大学学生因前往参加“顾正红追悼大会”被捕。两校教职员随后赴捕房要求保释，复为捕房拒绝。工人和学生们情绪激动，热血沸腾。

6月1日上海总工会成立，李立三任委员长。从6月1日起，上海全市开始了声势浩大的总罢工、总罢课、总罢市。6月4日，上海总工会与全国学联、上海学联、各马路商界总联合会共同组成的上海工商学联合会宣告成立，上海各界民众结成了反帝联合战线。从6月1日到10日，相继有20余万工人罢工，5万多学生罢课，公共租界的商人全体罢市，连租界雇用的中国巡捕也响应号召宣布罢岗。

租界当局在进行武力镇压的同时，又以停止借款、通汇、航运和电力供应相威胁。上海总商会会长虞洽卿遂提出“单独对英”、“缩小范围”等妥协性口号，将原工商学联合会提出的17项交涉条件改为13条，删去了几项核心条款。6月19日，上海总商会召集76个团体讨论开市，并于23日单独宣布停止罢市。接着，总商会又以停发罢工救济费的办法挟制工人复工（各地支援罢工的捐款由总商会经管）。最后，在英、日资本家先后答应对罢工工人酌加工资、不得无故开除工人等条件后，各业罢工工人陆续复工。

在这场斗争中，杜月笙出了不少力。长时间的罢工，使上海十余万工人面临严重的生活问题。有关方面发起捐款救济，杜月笙首先响应，他出钱出力，不仅自己捐出了大笔款项，还发动工商各界的朋友捐款。大批捐款维持了爱国工人最低限度的生活，才迫使帝国主义资本家不得不妥协。

二、调解英美烟草公司工潮

英美烟草公司是英国侵略者对我国施行经济侵略的工具，从民国初年起就控制着我国的烟草市场。由于英商拥有不平等条约的保护，可以不受中国法律的管辖，还无须向中国政府缴纳税款，而且由于支持过军阀张作霖、孙传芳等，而获得他们的庇护，所以，在烟草市场的竞争上，英商拥有极大的优势。

1927 年 6 月 22 日，中国政府财政部决定从当年 8 月 1 日起，实行关税自主，裁撤各省厘金或通过税，入口关税除烟酒等依特定税则征收外，其奢侈品征税百分之三十、普通品征税百分之十二点五。这样，英美烟草公司也必须照章纳税，使其失去了在中国烟草业的霸主地位，不得不同中国烟业者在平等线上进行公平合理的竞争。英美烟草公司接到通知后摆出一副蛮横无理的姿态，扬言拒不缴纳。中国政府财政部当即决定：如果英美烟草公司拒不缴税，此后英美烟草公司的产品只能在租界内销售，否则立刻予以没收。之后，英美烟草公司企图象征性地缴纳一点儿税，以蒙混过关，但也被中国政府拒绝。最后，公司以税捐过重、燃煤缺乏为借口，宣布将公司所属的三家工厂停工两个月，使得公司的 8000 多名工人顿时失去了生活来源，企图借此引发工潮，迫使中国政府作出让步。工人们果然开始罢工，不过，令英美烟草公司意想不到的是，罢工矛头并非指向中国政府，而是对准了公司当局。工人代表向资方提出三点要求：第一，公司停工期间，不分职员、工友薪水一律照发。第二，储蓄金应仍照前定办法加倍发给。第三，恢复工人抚恤养老条例。

面对罢工工人同公司的对立局面，以党政军三单位为后盾的“工统会”却持审慎的态度，担心把事情闹大，不好收场。于是劝告工人应以大局为重，在停工期间，切勿采取暴烈手段，以免被资方抓住口实。而杜月笙却认为英美烟草公司的罢工风潮，是由于公司宣告停工，停工期间职员薪水照拿而工人不发工资所引起的，这是公司不讲道理，欺侮工人。况且，对于中国人自己办的烟草工厂来说，多年来由于受到英美烟草公司享有免税特权而无法与之平等竞争，以致尽管苦心经营，也不过勉强维持。如今却有了同英美烟草公司竞争的大好机会，英美烟草公司停工，消费者正好可以买中国烟草工厂生产的香烟！

8 月 1 日，数千名英美烟草公司的工人在祥左铁厂附近的空地上集会，由公司工会的几位主要负责人李长贵、顾若锋和江南学院法学士出身的陈培德等人，向大会发表演讲，更激发了工人们的反英情绪，最后，由顾若锋提出了几点意见：

一、即日派代表到南京，向国民政府请愿，请政府对英美烟草公司无故停工影响工友生活，提出严重交涉，以戳穿公司企图利用工人向中国政府施压的阴谋。

二、请求全国各商人团体抵制英美烟厂的产品。

三、请求本埠行政机关函知上海各中国烟厂收容因罢工而失业的工人。

四、请求各界发起募捐以实力援助，以便长期抵制，拖垮英美烟草公司。

五、组织失业临时工人代表团帮助工会办事。

六、停工期间，不准任何工人进入工厂工作，以防动摇分子的变节。

这六点意见，当场获得一致通过。

8000 多名工人的行动，给了英美烟草公司当头棒喝，使之目瞪口呆，手足无措。社会舆论也纷纷谴责英国人欺人太甚！各商店、烟贩不约而同地自动拒卖英美烟草公司的产品，英美烟草公司的营业额一落千丈，到了濒临倒闭的地步，于是，透露出来口风，态度渐渐软化。

8 月 13 日上午，上海交涉使署派出郭泰华为专员，陪同工会代表李长贵、顾若锋和魏云春，到英美烟草公司磋商复工事宜。公司方面由大班马立斯为代表进行谈判，前后花了四个小时，马立斯承诺下来复工三条件：第一，工会有代表工人之权。第二，复工后不得借故辞退工人。第三，停工期间，赔偿工人损失两天的工资。

罢工工人取得了胜利，8 月 15 日公司开始复工。但是，9 月末，公司方面却拒不履行双方约定的复工条件，导致罢工再次爆发。这次罢工的规模较之前更大，公司下属的好几家工厂同时罢工，超过万人。但是，也出现了新问题。有些工人提出：要我们罢工可以，但是，我们的职业前途和身家性命，必须要有所保障。也有工人对罢工并不认同，认为我们今天罢工不工作，明天就没有饭吃了呀！对此，杜月笙采取了两项措施：一方面，募集款项，为罢工工人解决生计问题，并说服华商烟厂，必要时扩充设备，对罢工工人加以收容；另一方面，通过工会领袖向罢工工人透露，杜月笙承诺：倘使工人生计发生问题，他绝对负责。这样，彷徨迟疑的工人也排除了顾虑，积极参与罢工。英美烟草公司工会的几位负责人顾若锋、李长贵、陈培德等人，又让拿到钱的叶子车间工人质问英国领班，为何停工？英国人恼羞成怒，竟将几名工人殴打成伤。事件发生后，激起各厂工人的义愤和同情。罢工开始后，由杜月笙暗中策划成立了“罢工后援会”，开展募捐活动。南洋、华成等大小华商烟厂和香烟零售商，包括杜月笙和他的朋友，纷纷慷慨解囊，募捐到相当数额的钱款，存放在后援会里。工人们每人可以拿到相当于工资数额的“救济费”，生活无虞，积极参加罢工。

华商南洋烟草公司非常豪爽，一口气捐了30万大洋。平均分配到罢工工人，每人可以拿到将近一个星期的工钱。眼前的生活问题解决了，将来的职业也有所保障，工人们乐得松散松散，回家休息。英美烟草公司方面最初也采取不理不睬的态度，他们以为一万多名工人每天至少要六七千块钱才能维持，不相信“罢工后援会”可以长期负担下去。实际上他们打错了算盘，因为罢工的时间拖得越久，对华商烟厂越有利，因而也就更能捐出大笔的款项，使消费者渐渐地把英美烟厂的制品淡忘。从10月4日拖到了11月19日，英美烟草公司的主管们越来越觉得情况不妙。于是企图动用武力解决，他们调来大批的英国军队，一拨拨开到租界上的工人宿舍区，挨家挨户地寻找工人，用枪和棍棒逼迫他们到厂里去上工。工人们不肯在如狼似虎的英军枪与棍下屈服，聚成一堆，高声抗议。英军于是枪棍齐施，在混乱中，有一名工人被英军打死，十几名工人受伤。工人们群情激愤，在忍无可忍的情况下，决心拼命抵抗。愤怒的工人像潮水一般涌向英军，烟草公司的英籍领班看势头不对，只好带着那些行凶施暴的英国士兵仓皇撤离。惨案发生后，黄浦滩上乃至全国各地均为之震动，一起声援上海的罢工工人。而被激怒的工人们更自发地组织了纠察队，日夜不停地在上海华界大街小巷巡查，禁止售卖英美烟草公司的香烟，一旦发现，立即将货物没收当街烧掉！南洋兄弟烟草公司和华成烟草公司的上万工人也卷入了这场空前热烈的罢工行动。他们和英美烟草公司的工友合流，声势更为浩大，抵制行动也越来越严格。纠察队一旦查获零售商藏有英美烟厂的制品，除货物加以封存外，店方还得具结，保证今后不再批购和零售。英美烟草公司从前花了大量金钱在上海华界通衢大道和热闹场合竖立的广告牌，则成了劳工大众泄愤的对象，被拆除或捣毁，短短几天之内，上海华界见不到一幅英美烟厂的广告。火车站和轮船码头，通往外地的交通要道，到处都有工人纠察队的足迹。他们严密检查，防止英美烟厂的香烟运出。英美烟草公司已被愤怒的工人扼住了咽喉，英国厂商损失惨重。相反，消费者已经逐渐习惯于国产香烟，南洋、华成等国产烟业，营业额扶摇直上，各烟业工厂日夜加工，仍供不应求。至此，英美烟草公司复工也好，不复工也罢，对消费者来讲，已经不再构成问题。但是对于中国政府来讲，英美烟草公司的烟税却是至关重要的。当时，财政部每月的收入不及300万元，而政府支出却需1100万元之巨。如果英美烟草公司恪遵中国政府的法令，不再走私，不再漏税，这一笔值百抽五十烟草税，对于中国财政赤字的弥补，将具有重要的作用。所以，刚刚就任财政部部长的宋子文便亲自出马，调解英美烟草公司旷日持久的工潮。1928年1月，宋子文抵达上海进行调解，双方对于复工问题，意见立趋一致。1月16日，英美烟草公司以爱默利（F. B. Esmry）为代表，劳方则由顾若锋、陈培德、魏云春等7人为代表，宋子文指定上海特别市党部、市政府和江苏省卷烟局局长担任证人，在财政部驻沪办事处签订了一项内容包括12条的《上海英美烟厂工会与英美烟厂劳资互助条件》。英国人终于俯首就范，被迫缴纳百分之五十的统一卷烟税。工人们在劳资互助条件的正式文件中，获得了诸项利益。公司正式承认每月发给的米贴从8元降到从5元起算。工人在请假期间不再被扣工资，女工分娩给假六个礼拜，一次给予调养费30元。职工生病，由厂方指定医院，负责医药费用。因公身亡或残废者，都是一次发给1500元。同时，他们的年终奖金仍照12个月计算，罢工、停工时期，一律不扣。厂方还将开设一所工人子弟学校，免费供给职工子弟读书。

在这次工潮中，由于杜月笙慷慨承诺解决罢工工人的生计问题，使得原本在参加罢工问题上犹豫不决的工人也坚决加入罢工行列，对这次罢工取得胜利起到了重要作用。

三、解决法国水兵枪杀工人事件

1928年9月16日，法商电车司机吴同根在深夜十一点收车回场途中，在法租界霞飞路和萨坡赛路口突遇五个醉醺醺的法国水兵，拦住了电车，强行攀登，喝令吴同根开车疾驶，带他们兜风。可是电车公司规定，电车回场时不得搭载乘客，于是请他们下车。一个法国水兵借酒装疯，从衣袋中抽出一把弹簧刀，在众目睽睽之下，将吴同根刺死，然后扬长而去。在场目睹的中国同胞气愤填膺，群情激愤，第二天华文各报刊出了惨案发生经过的新闻，于是震惊淞沪，上海市工总会发表措辞激烈的宣言：谴责这件事是“一切不平等条约的罪恶，租界的罪恶，我们难道真的束手以待残杀吗？……我们唯一的方法是一致团结，打倒帝国主义，废除一切不平等条约，收回租界！”法商自来水公司的工人也大声疾呼：“吴同根是被帝国主义的铁蹄践踏而死”，这“不仅是对他个人的侮辱，乃是对整个中华民族的侮辱！”中国官方向法国总领事提出严重抗议，要求道歉、惩凶、赔偿，并且保证不再有类似事情发生。对于中国人的愤慨和官方的抗议，法租界当局居然置之不理。法国总领事范尔迪（M. Verdia）也只是冷冷地答复一句：“肇事水兵业已拘禁。”对于如何惩处肇事水兵，对于遇难者吴同根家属该如何赔偿、如何抚恤等重大问题，却一字不提。法国殖民者的傲慢无礼，虽然激起了中国人民的强烈愤怒，而中国官方却毫无应对办法。

在举国瞩目之下，杜月笙以私人身份来处理这场交涉。他先派人去调查惨案发生的详细经过，让人写了一份详细的报告，将杀人凶手的职业、姓名、行凶经过以及逍遥法外等情况，写得清清楚楚，并且找人翻译成法文。在杜月笙仗义行为的鼓舞下，在场的目击证人也纷纷挺身而出，自愿作证。在人证、物证齐全之后，杜月笙带领翻译专程去找范尔迪。见面后，杜月笙便开门见山，直奔主题。范尔迪是个十分阴险狡猾的家伙，他自知理亏，便满脸赔笑地说："杜先生，这种事情你何必过问呢？"杜月笙道："我是中国人，当然要管中国人的事。"范尔迪连连摇头说："杜先生，这件事情解决起来很麻烦！"杜月笙道："这件事情不解决，我看只会更麻烦！"范尔迪十分不解地说："为什么呢？"杜月笙义道："中国人的忍耐是有限度的。总领事先生，我劝你让人把这几天的中国报纸翻译给你听听，要么，派人到街上去听听中国人对这件事的愤怒和反应，我希望你不要省了小麻烦，反而添了大问题！"

"什么大问题？"

"自从去年五卅血案以来，中国人反过英，反过日，还算没有反过法。法国人和中国人的交情不算坏，你何必为这件事引起中国人的普遍反感？"

"杜先生"，范尔迪委婉地说："你应该晓得，按照法国的法律，醉酒的人犯罪，应该减免罪刑。现在肇事的那名水兵，已经被抓起来了。敝国法律，自会给他处分，至于如何处分，那是法国人的事，中国人又何必过问？"

"你错了，总领事，"杜月笙直率地指出："那个杀人凶手，并不曾抓起来！这样看来，你们根本就没有解决这桩事情的诚意。"

"你怎么知道？"

"我有证据。"

杜月笙出示证据：那个法国水兵自从醉酒杀人后，一直行动自由。

范尔迪翻了翻那厚厚的法文报告，面露苦笑，再问一句："杜先生，你真的要管这件事？"

杜月笙的回答是断然的："非管不可！"

"好吧，"范尔迪神情懊丧地问道："杜先生，你看这件事应该怎么办？"杜月笙道："请你答应中国人的五点要求：第一，向中国人正式道歉；第二，保证以后不会再有这种事情发生；第三，从优抚恤死者的家属；第四，取缔法租界上的外国酒吧间；第五，取缔法租界上只许外国士兵出入的妓院。倘使你答应了以上五点，而那个杀人的水兵又能按照法国法律公平处置的话，我想这件血案大致就可以解决了。”

范尔迪一闻此言，急忙说：“就是你们中国政府也没有这样多的条件呀？你为什么又添上取缔法租界酒吧间和妓院这两条？”

杜月笙指着那份厚厚的调查报告回答说：“你们那五个水兵，当天晚上是在法国人开设的酒吧间里喝得醉醺醺的，又跑到专供外国兵消遣的妓院里去大闹特闹，闹够了，这才拦住吴同根的电车，借酒装疯，杀死了人。总领事，你要是不把酒吧间、妓院两个祸根除掉，你怎么能向中国政府保证，往后再也不会有外国兵肇事杀人的事情发生？”

范尔迪理屈词穷，无奈地问：“杜先生，依你的意思，对于吴同根的遗属，我们应该给多少钱？”杜月笙更正说：“是赔偿多少钱，而不是你们给多少钱！”最后，范尔迪答应由法国总领事馆赔偿1000块钱。对此，杜月笙爽快地答应了，但紧接着又说：“吴同根有一个老婆九个儿子，遗属一共是十口之多，1000块只怕还不够他们维持生活。这样吧，法国总领事赔偿他们1000块，我杜月笙送他们1500块。”这显然是在将法国领事的军。范尔迪为了挽回颜面，接着说，“那么，我再叫法商电车公司也送1000块。”杜月笙很高兴地笑了笑，又说：“这样吧，3500块给吴同根的九个儿子作为教育基金，他一家十口的生活，由我杜月笙负责，以十年为期，每一个月，我付他们30元的家用。”

这一笔承诺，共为大洋3600元，比法租界当局的赔偿加上杜月笙1500元的赠与，还多了100大洋。范尔迪深知杜月笙出手大方，他笑了笑，不再开口。

“其他的四条呢？”杜月笙紧追着问。

范尔迪凝望杜月笙半晌，然后一耸肩膀，两手一摊：“我只有照办。”

杜月笙出色地完成了这件棘手的交涉，赢得了法租界、全上海中国同胞的称赞与喝彩，使他名声大震！

那么，杜月笙凭什么能使范尔迪这个狡猾的法国人轻易屈服呢？原来二人有着非同寻常的渊源关系，范尔迪不得不买杜月笙的账。

范尔迪初到上海时，仅仅是法国驻沪领事馆的一名普通职员，曾娶长江轮船公司买办的女儿樊菊丽为妻。一次，范尔迪夫妇到太湖驾舟小游，忽遭太湖里的土匪绑票勒赎。当时法租界当局把这件绑架案交给黄金荣去处理。黄金荣问计于杜月笙，杜月笙立刻派出心腹干将高鑫宝去解决，因为他同太湖里的众山之主吴世魁颇有交情。高鑫宝只身来到太湖里的烟波寨，土匪们早已耳闻杜月笙和高鑫宝的大名，加上吴世魁的吩咐，对他热情接待，打牌酒宴，范尔迪夫妇也被奉为座上客，范尔迪对杜月笙自然感恩戴德。当然，更主要的是，范尔迪升任法国驻沪总领事后，可以从杜月笙在法租界烟、赌两大宗生意中坐地分赃，每月得到 18 万大洋的赃款。正所谓拿人手短、吃人嘴软之故也！而吴同根被杀案的顺利解决，使杜月笙成为上海滩调停劳资纠纷的不二人选。每当官方无法解决大大小小的劳资纠纷，劳资双方坚持不下的时候，都会请“杜先生”出马加以解决。

四、调解上海法商电水公司劳资纠纷

1928 年 10 月 8 日，因为上海法商电气电车自来水公司苛待工人，无故拘押工会执行委员徐宝生，并开除十余名工人，上海法商电水工会执行委员会发表《告全国各界同胞书》，指控其罪行，并向公司当局提出改善待遇的 18 条要求，限三日内答复。但是公司却一直置之不理，工会执委会便呼吁各界予以支持。上海市政府农工商局接连三次召集劳资双方到场调解，法商公司却置若罔闻，拒绝出席，态度极其傲慢无礼。1200 多名电气、电车、自来水公司工人开始了大罢工。罢工导致电车全面瘫痪，市民叫苦不迭。法租界巡捕房政治部派代表程子卿到工会请求复工，工人不仅拒绝，而且发动募捐，接济 1200 多名工友罢工期间的生活，上海市各个工会也组织后援会，帮助罢工工人。随着事态的扩大而使劳资双方的谈判陷入僵局。法商电水公司在无可奈何之下，便邀请杜月笙出面充当资方代表，负责同工会进行谈判。法商公司的原意，无非想利用杜月笙的声望和威信，强迫电车和水电工人就范。他们知道，在黄浦滩上，唯有杜月笙才能够摆平这件工潮。不料杜月笙此时为了将来的发展，并不肯牺牲工人的利益而为虎作伥。为了解决这次罢工，官方也成立了“处理法商电水工会罢工委员会”，是由党、政、军各机关的重要人物组成。上海各工会也组织了“特别委员会”，声明全力支持罢工工人。于是由官方出面，召集劳资双方代表进行谈判。谈判进行得颇为艰苦，直到深夜两点半，双方才达成协议，决定 11 日正式复工，双方先签了草约，拟于 15 日再在正式协议上签字。可是，工人复工后，法商电水公司当局却背信弃义，不仅不遵照草约改善工人待遇，反而无缘无故地开除了十几名工人，甚至还故意缺席在 15 日到社会局正式签约，实际上是毁约。

工会觉得被法商电水公司要弄了，在忍无可忍的情况下，于 12 月 16 日重新开始罢工。法商公司认为杜月笙不能代表资方利益，便另外指定一位资方代表，取代杜月笙。有人问杜月笙，是你自己辞职，还是法商取消了你的代表资格？杜月笙则笑而不答，胸有成竹地表示：“这件事总归要到我这里来解决掉。”经过三天的协商，劳资双方的意见相左，互不相让，担任调解的官方人士也左右为难，无所适从。最后，法商公司的新代表和农工商局的官员只好亲临华格臬路杜公馆，再次请杜月笙出马。历经十天的艰苦谈判，法商资方在巨大的压力下最终答应减少工作时间、增添人手、普遍加薪、因公受伤工资照发等条件。

经过这一次解决罢工风潮的历练，杜月笙的经验越来越丰富，手法越来越熟练，杜月笙的金字招牌跟工运搭上了线，黄浦滩上若有工潮发生，人们便期待“杜先生有什么办法”!

五、斡旋邮政工人大罢工

1928年10月2日，上海爆发了邮电工人大罢工。罢工的原因是，当时中国的邮政业务，一直被帝国主义分子所把持。高级职员只许外籍人担任，而中国人只能担任一般的职员或工人。待遇方面也相去甚远，于是引起了这次工潮。罢工是由杜月笙的门徒陆京士和张克昌等所发动和领导的，他们先发表《告全国邮务工友书》，提出10项要求，以改善邮政工人的待遇。上海邮电总局和所属23个分局的2000多名邮政职工参加了罢工。当天，罢工委员会在邮政总局露天广场召开大会，把10项要求增加到16项。与此同时，邮务总办刘书蕃则通知巡捕房，派来了武装西捕30余名、印度巡捕40有余，以及华捕60余人。邮务长希尔恩又向市警察局报案，由警察局派出30多名武装警察、200多名警探，把守总局大门和通道，阻止邮务工人出入。工人不服，与之争吵，警探当场抓捕了20多名工人。罢工委员会于是派代表向刘书蕃提出抗议。刘书蕃则态度强硬，把抓捕人的责任推到捕房头上，工人们愤怒之下决定立刻罢工，使得全上海的邮务停摆，并波及全国各地邮局。事态的发展，一直闹到交通部，交通部部长王伯群特派次长李仲公到上海调解。陆京士召集全体职工大会，提出复工的三项条件，经过市党部农工部部长周致远、市政府农工商局局长潘公展的调解，职工们争取到了待遇平等的胜利后，决定复工。

在此之后，杜月笙和国民党上海市党部对于领导工运的工作渐趋一体化，而杜月笙和陆京士的结合，可谓为始作俑者。从1928年以后，上海劳工界领导、工人领袖，不分华界租界，不论各行各业，莫不纷纷投入杜门，这一股巨大力量形成的合流，乃使杜月笙在上海滩上的势力日益深厚。

六、调解法租界水电工人罢工

1930年6月，上海再次爆发法租界水电工人的罢工运动。当时上海受到蒋冯阎中原大战的影响，物价飞涨，民生凋敝。法商水电公司工会里面的骨干分子在中共领导下，要求解决华籍工人与法籍雇员待遇不平等的问题。当时，法籍雇员月薪至少200多两白银，而华籍工人的月薪平均只有法币12元。工会向资方提出，华籍工人每月薪金不够买一石米，生活无法维持。中共党员徐阿梅便发动机务部的工人，向公司资方提出改善待遇6项条件。由于徐阿梅影响力不大，发动的工人不多，法商公司未予理睬。先是发出通告，拒绝工人要求，后来干脆关闭厂门，把参与罢工的工人屏诸门外，找来一批白俄和新工人入厂工作，逼得这批工人无路可走。

1930年7月21日清晨，法商水电公司的机务、车务两部200多名工人来到法租界马浪路工人俱乐部。巡捕房闻讯，便派遣大批的铁甲车，载了100多名荷枪实弹的巡捕，驰往弹压。面对张牙舞爪的军警，工人们毫无惧色，由徐阿梅领头叫骂，情绪一冲动，索性高声喊打，工人往前一冲，巡捕拔枪便放。于是马浪路上子弹横飞，越南籍巡捕开枪打死1名工人。徐阿梅带来的工人，重伤2人，轻伤23人，而且不分轻重伤，全部被捉进巡捕房。

法租界巡捕房公然当街开枪杀人，自然引起公愤，工潮迅速蔓延到全市，参加者达1000余人，连公司华籍职员也都纷纷加入工会，进入罢工者的行列。上海各工会立即组成后援会，严重警告法国驻沪总领事，要他负责善后。上海市政府一面派员去南京，向国民政府报告工潮经过和惨案真相，一面派秘书耿家基同法国驻沪总领事提出交涉。

国民政府获悉后，立即指令外交部向法国驻华公使提出严重抗议，指出：法国巡捕在我国领土上开枪杀人，显系蔑视我国主权，于是，罢工案演变为国际纠纷。法国驻沪总领事范尔迪从未经过这么大的风浪，吓慌了手脚，只好以朋友关系聘任杜月笙为他的代表，出面调停。蒋介石担心工人罢工会影响到中法邦交，急忙派国民党中央委员李石曾亲自到上海调解。李到上海后，便立即找到杜月笙，请他帮助解决。杜月笙同李石曾向有交情，满口答应。到 8 月中旬，法租界的水电供应日趋紧张，电车交通断绝，法租界当局无奈之下，承诺给工人每月增加 2.4 元工资，但仍坚持开除领导罢工的 40 名工人。8 月 12 日晚，李石曾邀约市政府的代表耿家基、法国总领事代表杜月笙和工人代表张其祥等 7 人，到他的家里举行谈判。当工人代表提出 6 项条件，杜月笙听完以后，当即言（闲）话一句："可以照办！"李石曾很高兴，请工人代表和法国代表在草约上签字，然后嘱耿家基持此草约去寻法国总领事认可。法国人却要花招，称范尔迪不在，由总巡捕费沃里代表签署，费沃里说："这里面的第四条，法商公司恐怕无法照办。"第四条的内容是："自愿退出公司之 40 名工人，工资照给，其待遇与在厂工人等。"对此，杜月笙当场便说："你把第四条取消好了，这一条，由我杜某人个人负责！"费沃里厚着脸皮，当众划去了草约上的第四条。事情到此还未结束。范尔迪回来后，约杜月笙去研究草约的事，两人一见面，范尔迪便愁眉苦脸地对杜月笙说："法国总领事无权过问法商公司的业务，草约里面有若干项，公司当局不肯答应，使我相当为难。"

杜月笙明知道法国人要赖账，充其量不过破费几个钱，于是若无其事地问："哪几项呢？"范尔迪一一报来。凡是该拿钱的条文，公司一概不认账。其中包括：罢工期间工资照给（2000多人23天的薪水）；一律月增工资二元四角（每个月至少要5000余元）；40名退出公司工友的工资照发。公司当局所接受的只有三条：被捕工人释放；抚恤金、退职金、年赏金，原则接受，办法另议；公司不得无故借端开除工友和职员。杜月笙一拍胸脯，又是“言（闲）话一句”：“法商公司答应不下来，全部由我付了。”范尔迪连声道谢。杜月笙之所以能够做到如此地步，是因为罢工工人中有些是他的门徒，向他通风报信，他已掌握了劳方的底线。而相差的四五万元，杜月笙却准备自掏腰包，全部赔垫。

处理这起工潮，杜月笙一共赔了30多万大洋。不过，对于杜月笙而言，他并不吃亏，因为他买来了在国际上的好声誉和中国人的好口碑。这一则佳话，被人从各种不同的角度，口耳相传。老上海尤喜津津乐道：“世界上没杜先生摆不平的事体。”杜月笙常对人说：“花一文钱要能收到十文钱的效果，才是花钱能手！”所以，杜月笙花30万大洋，解决了这次工潮，给了李石曾面子，帮蒋介石当局解除了忧虑，法租界当局更加看重他，工人们也对他表示感激，给自己博得了好名声，一举四得，他干的绝非赔钱买卖！

七、调解邮基大罢工

1932年5月，由上海邮务工会发难，掀起了轰动中外的“护邮运动”，亦即所谓“邮基大罢工”。

这次罢工事缘陈铭枢做交通部部长期间，不顾邮政局的财务状况，任意拨用邮政局的公帑，竟使只赚不赔的邮政局开始出现了亏损。根据邮政局1932年度概算营业亏空900余万元的情况，通令全国邮资加价，上涨的幅度，从百分之五十到百分之三百。

于是舆论哗然，各界反对，指责的矛头，对准了邮政局方面。

这个局面，使得邮政员工为之群情汹涌，激烈抗议，派了四名代表，到南京去向政府各部院会请愿。他们到交通部算了一笔账，从1922年到1932年，十年之间邮政局以邮养邮，在增设了12350余处分局分所，开辟了852600里邮路以外，算下来还有2320.6万元的盈余，平均每年要赚232万元，为什么还提高邮资？因此提出维持原订邮资，不要加价。

5月1日政府公布邮资加价，四位代表立即去了南京，请愿到8日仍毫无结果，尤其是交通部次长陈季木态度倔傲，大打官腔，把四代表气回了上海。上海邮务工会和职工会十分愤怒，他们呈文交通部，发表告各界书，说明邮政员工跟大众立场一致，反对调整邮资。16日陈铭枢和交通部邮电司司长龙达夫到了上海。当时上海邮务工会立场坚定，活动频繁，盛传即将举行邮政大罢工。于是，上海市市长吴铁城、社会局局长吴醒亚和国民党市党部主管工运人员一致出来疏导劝阻，把陆京士、朱学范、傅德卫、张克昌等工会主要分子约去谈话。

吴铁城费尽唇舌，劝邮政工会领袖们以大局为重，疏导邮政员工愤激的情绪，切勿采取罢工的手段。陆京士等则将员工最低限度的要求撰为书面文件，送给吴铁城参考。他们又听说国民党中央党部电令上海市党部，必须制止邮政罢工，工会方面也向市党部发出了相应的公函。一时间暗潮汹涌，剑拔弩张，爆炸性的局面终于被触发。导火线是上海报纸5月20日发布的一条消息：交通部接获密报，有人出三万块钱，贿买邮工罢工！这条新闻无异于一枚炸弹，邮政员工认为这是侮辱，他们愤不可抑，终于决定罢工。

罢工从5月22日上午开始，邮务工会发表宣言，向全国同胞说明他们罢工的原因是为了巩固邮基，使邮政业务正常发展，为民众服务，而非谋取工人自身利益。他们提出以下四点要求：

一、裁并邮汇局，节省不必要的浪费。

二、停止航空公司的一切津贴。

三、维持邮政人事制度，除局长一人由交通部委派外，副局长以次员工必须经过邮政考试。

四、以邮养邮，会计独立。

5月23日，全国十八行省的邮局，除汕头、厦门、蚌埠、南宁等地外，一致热烈拥护，不约而同地加入了罢工的行列。当局一味强硬，交通部部长陈铭枢在5月24日招待记者，驳斥邮政员工的四项要求。行政院院长汪兆铭电令各省、市政府，限各地邮局在二十四小时之内复工，逾限一律开除。与此同时，又电召国民党上海市党部的潘公展、吴开先到南京，商讨补救办法。潘、吴和陆京士很熟，了解邮务工会的愿望，他们向汪兆铭建议两点：一、取消邮汇局；二、关于津贴，航空公司最好定个数额。

汪兆铭表示赞成，他派一名代表随同潘、吴返沪，私下进行劝导，总算是打开了初步斡旋之门。至于具体如何解决，则要请杜月笙从中协调。上海市市长吴铁城便以私人身份去找杜月笙商量，因为邮务总工会的负责人陆京士、朱学范、张克昌等都是杜门门徒。他劝杜月笙出面调解，做官民间的桥梁，帮政府打开这个前所未有的大僵局。杜月笙听了，哈哈大笑说："十八省邮政员工，几万人群情激动，这种大罢工岂是我杜某人出面说几句话，就可以解决得了的？吴市长，你也未免把我杜某人捧得太高了吧！"

吴铁城再三敦促杜月笙勉力一试，杜月笙推却不过，只好答应试一试。不过，他希望多找几位深孚众望的社会领袖和他一道出面疏导、调解。同时，他更坚持：邮政员工爱护邮政、爱护国家，他们提出的条件，都是为国家、为邮政业务着想，政府在可能范围之内，应该而且必须采纳。尤其重要的是，邮政员工知识水准相当高，有关当局不该一味地打官腔、泼冷水，总得拿出点儿和蔼的态度来。

吴铁城十分赞成杜月笙的意见，答应由他负责同行政院和交通部协调，另外，由两人商量着拟出调解人名单：虞洽卿、王晓籁、史量才、林康侯、张嘉璈、杜月笙和官方的潘公展。

上海市政府于24日下午三时召集会议，调停人和邮务工会八位代表陆京士、朱学范、傅德卫、史贻堂、赵树声、张克昌、林卓午、劳杰明全体出席，同时，中央政府也派实业部部长陈公博专程来沪相机进行疏导。当场决定了三条解决方案，外加一项附注：

一、原则接受，转向政府请愿。

二、即日复工，同时组织“邮政经济制度研究委员会”，研究巩固邮政基础方案实施办法，邮政工职两会得派代表列席。

三、委员会的研究结果，由陈公博、吴铁城及地方领袖（调停人）负责转请政府实施。

附注：以上办法，经陈部长公博、吴市长铁城同意。

陆京士等八位代表带了上列三项决定回去，分别疏导员工。26日获得一致赞成，上午再开正式调停会议，三条文中仅把委员会名称改为“巩固邮基方案实施研究委员会”，以切实际，双方均表示同意。杜月笙说复工越快越好，免得全国民众都不方便。于是，潘公展当众亲笔缮写方案、草案两份，调停人、代表和同意者——陈公博、吴铁城逐一签字。当天下午一点，上海邮局宣告复工，次日上午，全国各地邮局照常上班，惊天动地的护邮运动工潮，终于圆满收场。

据朱学范回忆，杜月笙在1932年以后参与调节工潮的活动还有以下一些：

1932年1月7日招商局全体船员约1000人，推派代表向局方请愿，要求与招商局机关职工同等待遇，发给年终双薪，被局方所拒绝。自1月8日起全体船员罢工，以后来到上海的招商局轮船员工也相继罢工，停船达17艘。局方以“国难期间不得擅自停船”威胁船员。最后经杜月笙调解，达成三条协议：一、发给船员年终双薪（1 月发半数，其余半数在 3 月发）；二、不得无故开除船员；三、如局方承认局员职工会，则对船员联合会也同样承认。这样，各轮船从 1 月 12 日起，先后复航。

1932 年 4 月 2 日，《时事新报》资方利用“一·二八”淞沪抗战后失业工人激增的机会，强迫工人兼印《大晚报》，工人不允，资方借口将 80 多名工人开除，招雇失业工人顶替。由于资方仗着国民党政府某要人为后台，这一纠纷拖延了一个多月不能解决。6 月 1 日，《申报》《新闻报》和《时事新报》1000 名多工人举行同盟罢工（上海各大报馆都有杜月笙的门徒），要求《时事新报》资方恢复被迫离馆工人的工作，离开期间工资照发。资方则变本加厉，指使国民党警察局将《时事新报》20 多名工人逮捕。在群众斗争的强大声势下，经杜月笙出面调解，将被捕工人全体释放，口头答允对《时事新报》被开除工人发给解雇费。

1933 年 8 月底，英商会德丰公司资方借口生意清淡，开除 100 多名工人。国民党上海市党部、社会局调解无效。500 多工人于 9 月 19 日罢工，102 艘货船全部停运，各客商纷纷向该公司责问及要求赔偿损失。经杜月笙调解，达成以下协议：一、对解雇的 20 名工友发给退职金；二、其余 80 多名工人全部复职；三、罢工期内工资照发。

1934 年 1 月 19 日，银楼业全体外做器皿工人怠工，反对资方以八折发放工资，要求恢复“三六拆账”（工人得每件工价的百分之三十六），发清欠薪。资方借口营业清淡，拒绝工人的要求，国民党的党政机关调解无效。3 月 3 日，11 名怠工工人齐赴大东门外花园街银楼公所绝食。上海市总工会派人前往慰问，力劝他们喝牛奶，并请杜月笙出面调解。最后商定工资实行二七拆账（工人得每件工价的百分之二十七），上年中秋节到年底期间积欠的工资按百分之二十三付清，3 月 13 日全体工人复工。

1934 年 9 月 29 日至 11 月 21 日，美商上海电力公司新老两厂工人1400多人为反对资方大批解雇和开除工人开展罢工。工会提出七项条件，其中重要的有四项：一、不准无故开除工人，临时工满半年者以长工论；二、收回开除工人代表命令；三、承认工会并每月发放津贴300元；四、罢工期内工资照发等。美国老板态度顽固，拒绝工会提出的要求，并勾结巡捕房强迫老工人回厂，并雇用360名白俄为临时工，以此来威胁罢工工人。罢工僵持了54天，最后由杜月笙出面调解，在罢工期间工资由资方借给一个月，以后扣还。这次罢工实际上是失败的，杜月笙的调解仅仅给罢工工人挽回了一点儿面子，但总算有一个收场。

1935年7月4日法租界公董局发出通告，限令40000多人力车工人于月底前登记，每人收费五角，遭到人力车工人反对。8月1日早晨，公董局命令巡捕在街头强迫登记，被扣人力车数百辆。当天下午，工人在南码头开会推派代表向国民党市党部、社会局、市政府请愿。经党政机关调解无果，全体工人于6日罢工，推派代表1500多人，从大南门出发游行，到市党部、法租界纳税华人会、公董局请愿。队伍走到斜桥附近，被法租界巡捕拦阻，发生冲突，当场有12名工人被打伤，3人被捕，1人失踪。后经杜月笙出面调解，发还被巡捕房扣留的车辆，人力车登记一律免费，登记日期延长两个月。

1936年11月，上海全市日本纱厂40000多名工人举行反日同盟罢工，提出五项条件：一、增加工资百分之十；二、吃饭要停车一个小时；三、不许开除任何一个工人；四、不许拷打任何工人；五、反对礼拜日多做钟点。罢工是由中共地下党员张维桢、韩念龙、周林、陈之一、郭光洲等组织发动的，得到上海各界救国联合会和各社团、学校各种形式的支援，成为在中国共产党倡导的抗日民族统一战线的旗帜下，上海工学商各界人民、抗日救国团体、社会各阶层人士的一次具有历史意义的反日统一行动。日本资本家为了加紧镇压，调动大批海军陆战队和侦探、巡捕到各厂逮捕工人。由于工人坚持斗争和全市人民的支持，日商纺织业公会会长船津辰一郎不得不请杜月笙出面调解。11月25日，杜月笙在中汇银行大楼邀请朱学范和罢工工人代表20多人，以及国民党上海市党部、市政府社会局、警察局的代表共同商定解决办法七项：一、工资增加百分之五；二、每月赏工制改为奖励制，成绩优良者，酌量升级加工资；三、不准无故开除工人；四、不得打骂工人；五、每日工作十二个小时，礼拜日工作十四个小时，其多做的两个小时工作另给工资；六、吃饭时停车三十分钟；七、各厂工人一律于26日晨复工。在此之前，先把被捕工人从龙华警备司令部保释出来。罢工结束后，在朱学范支持下，丰田纱厂工人成立了工人福利会。

在1932年以前，杜月笙曾经出面调解的工潮，主要在法租界。自从朱学范出任当时的上海市总工会主席后，杜月笙出面调解工潮的次数逐渐增多，范围遍及全上海。这是因为自“一·二八”抗战以后，民族危机和经济衰疲日益加深，劳资纠纷和罢工事件日益增多，市总工会在处理工潮中遇到了很多困难。

首先，当时的上海市总工会虽然由国民党市党部和市政府社会局管辖，但是在处理工潮问题上双方往往意见不一致。国民党市党部和社会局总是从所谓维护社会治安、防止共产党人活动出发，站在资方一边，对工潮采取压制态度，急于平息工潮，甚至指使军警逮捕罢工工人。而市总工会则认为，应当采取和解办法，解决一些工人的实际困难，不同意采取高压手段，更不赞成任意逮捕工人。因此，国民党市党部和社会局往往对市总工会施加压力，迫使朱学范屈从他们。遇到这种情况，朱学范就求助于杜月笙。因为在上海市政府、国民党市党部等机关里都有杜月笙的门徒，如上海市市长吴铁城手下管地方政治问题的王绍斋、国民党市党部管工运并在警备司令部当军法处长的陆京士和国民党市党部执行委员陈君毅等。杜月笙一出面调解，大家当然都要给他面子。因为他平时不管工界的事，而且发生工潮的情况很复杂，所以他在这方面完全信赖朱学范，为朱学范说话。杜月笙成为上海“闻人”，还有一个原因，即与他经常出面调解工潮有密切关系。朱学范通过大公通讯社发布工潮消息，总是突出杜月笙的调解作用，在每次工潮结束后，总要有关单位在各大报上刊登鸣谢杜月笙调解的启事，杜月笙觉得很有面子。所以他调解工潮不图利，只求名，以至于朱学范请他出马帮忙，他总是有求必应。

朱学范在处理工潮中遇到的第二个困难，是与中外资本家的矛盾。朱学范主张劳资合作，但也坚持改良工人生活的主张，而且在各业工人中往往有朱学范的门徒在工潮中与资方对立。资方不仅与党政机关联合对付工人，甚至逮捕工人，有时还利用帮会中各帮口之间的矛盾，拉一帮压另一帮（各业里的工头、稽查等中不少人属于各帮口），威胁、殴打罢工工人。每每遇到这种情况，朱学范就去求助于杜月笙来压制资方和其他帮口。朱学范之所以能够到巡捕房和警备司令部、警察局保释工人，就是靠杜月笙的关系，他去打招呼，朱学范去操作。

杜月笙调解工潮与国民党的党政机关的态度不完全一样，他讲究面子，自以为主持公道，要大家买他的账、听他的话。所以朱学范往往要工人先作出一些让步，给杜月笙一点儿面子，推动他去压资方，强迫资方作出更大的让步。有时杜月笙干脆越俎代庖，代表资方答允工人的要求。他有一句口头禅，说某老板不拿出钱来，我出钱，我说话算数。在一般情况下，这句话是有效的。

杜月笙之所以这样，除他出身社会底层，对工人有一定同情外，最主要的是，对他来说，这乃是一种“投资”。他付出一些有限的金钱，得到的回报却是声誉和威望的提高，使他从一个黑道人物逐渐成了调解劳资纠纷的“能手”和“慈善家”。另外，他在调节劳资纠纷时的付出，很快就会获得补偿。他在解决劳资纠纷，遇到双方的条件有差距时，为了平息事态的发展，往往会自掏腰包，替资方垫付一笔钱，造成劳资双方皆大欢喜的结果，于是共同替杜月笙大做广告，宣传他的慷慨大方，把他宣传成解决劳资纠纷的“能手”和大“慈善家”。其实只要深入分析，不难看出，这也是“羊毛出在羊身上”！那些资方人员看到杜月笙“慷慨解囊”，帮助自己解决了劳资纠纷，工厂得以顺利复工，不仅对杜月笙心存感激，而且觉得欠了“杜老板”一份人情。他们知道杜月笙是何等样人，他在上海滩上拥有何等势力和能量，这种人情是绝对亏欠不起的，否则绝对没有好果子吃！于是寻找机会，不仅把杜月笙垫付的款项如数奉上，还要另附一份礼物。而资方这些钱，最后当然还是由资方通过剥削工人得来，所以，真正是“羊毛出在羊身上”。总之，杜月生通过调解工潮得到的回报，远远高于他的付出。这便是杜月笙自掏腰包解决工潮的奥秘。更为重要的是，杜月笙用这种慷慨的方式调停劳资纠纷，使他获得上海工人的衷心感激与赞美，从而使他的声誉和威望急遽增长。上海80余万工人和他们的家眷，绝大多数成为杜月笙的忠实群众，无论什么事，只要杜月笙登高一呼，这些人就会自发地响应。就杜月笙的影响和实力来说，也大为增长。在1932年以后，在上海市政府的社会局里，自局长而下，为了工作的便利，几乎都成了杜月笙的好朋友或门徒。曾有一段时间，社会局的四位科长，有三位是杜月笙的门徒，使他得以权倾一时，炙手可热。于是，任何工潮，一经杜月笙之手，便可迎刃而解。杜月笙的声望，更使全上海的工商业者，没人敢于、肯于冒犯他、开罪他。相反地，为了往后生意上的方便，极力接近杜月笙者，倒是大有人在。

杜月笙在参与调解工人罢工事件中，也不忘与国民党当局勾结，进行政治阴谋活动。1936年11月6日到26日，上海日本纱厂工人为抗议厂方对工人的迫害与虐待，举行反日大罢工，罢工得到了“全国各界救国联合会”的支持。救国会组织了罢工后援会，发起募捐以救济罢工工人的生活。杜月笙觉得这次罢工活动他未能介入，影响了他在调解工潮中“言（闲）话一句”的地位，因而对救国会恨之入骨。于是同国民党当局的吴开先密谋，将救国会的七位领导人沈钧儒、章乃器、邹韬奋、李公朴、沙千里、史良和王造时，以“煽动罢工，危害民国”的罪名，逮捕入狱。这就是著名的“七君子”事件。

第十一章　由黑道转向白道

1927年以后，杜月笙随着“四一二”反革命政变后在政治上的抬头和在上海工人运动中作用增大，以及国内形势的诸多变化，促使他越来越感到必须洗刷身上的污点，把帮会和恶势力的黑色身份漂白。为此，需要把烟、赌等黑色行业相机结束，把生财之道转到金融和实业方面。不过，以杜月笙为首的三大亨，此后并未同鸦片完全断绝关系。而是利用国民党当局对鸦片贸易实施的“寓禁于征”的政策，继续进行贩卖鸦片的活动。虽然当局禁令煌煌，但人们都清楚那只是给瞎子看的。后来还有所谓“特税”，表面上是寓禁于征，实际上是变相地准许贩毒。令人啼笑皆非的是，全国最高禁烟机关委员会委员长，竟是杜公馆的座上客。杜月笙本人还当过“禁毒委员”。当然，这也是出于让杜月笙洗白身份的需要。杜月笙为了从黑道转向白道，需要逐渐把黑色行业转向白色行业。

一、伸手金融业

1927年南京国民政府成立后，在国民党和政府中担任要职的陈群，以结拜弟兄的身份劝告杜月笙说，今后应该以投资工商业为主要活动，以便洗刷以往经营烟、赌、娼的流氓形象，逐步跻身于上流社会。并告诉他，在着手建立工商事业之前，一定要设法开设一家像样的银行，再以银行为立足点，打进在全国金融界具有极重要地位的上海市银行公会，把这个在金融界具有举足轻重地位的社会团体纳入其掌控之中。

然而，杜月笙想要插手上海的金融业绝非易事。当时，上海金融业已经颇为繁盛，大小银行多如繁星。国家级的有中央、中国、交通、农民四大银行，外资银行有英国的汇丰、渣打；美国的花旗、法国的汇理、日本的正金。还有四小行：国货、通商、四明、中国实业，以及南三行：浙江实业、上海商业、浙江兴业；北四行：金城、大陆、盐业、中南。再加上各省的省银行、地方银行，以及达500余家的民营小银行，林林总总，遍地皆是。但是，杜月笙在陈群和智囊团的鼓动下，仍然迎难而上。

当时，银行公会附设有餐厅，是银行巨子、金融业者碰头联络、商量事情、交换情报和结交朋友的重要场所。杜月笙经过一番筹划，指派智囊团中的重要人物杨志雄和杨管北，每天到银行公会附设的餐厅去吃中饭，借以网罗银行界的人才和收集金融情报，并帮助发生困难者寻找困难的症结、解决的途径，再由杜月笙施以援手。在长达两年多的时间里，他们特殊的身份、超然的地位、动人的辞令和卓越的交际手腕，几乎使所有银行巨子和金融领袖都成了他们无话不谈的“知心”朋友，而这些金融家则成了杜月笙争取的对象。

第一位被杜月笙纳入“囊中”的，便是在上海被誉为银行界首屈一指的领袖人物徐新六。徐出身金融世家，曾留学英、美，获得过博士学位，拥有研究财政金融和经济的丰富知识，受到上海银行界的广泛尊敬。而且还素以私生活严肃著称，当时上流社会普遍流行的吃喝嫖赌，仿佛均同他无缘。可是，实际上并非如此。他除正室妻子外，在外头还有一位侧室，为他生有两儿一女。在同杜月笙结识之后，徐新六便把自己这件绝密的隐私告诉杜月笙，并且打算把自己故后的财产分配书委托给他，杜月笙欣然接受，就这样二人成了至交。有了徐新六的关系，杜月笙在金融界的朋友日渐增多，不但打进了金融界，而且利用广泛的人脉，使他日后在金融界风生水起，成了上海金融界的领军人物。

杜月笙鉴于自己对金融业并不熟悉，而且缺少足够的资金，担心没有人来存款，最初颇为犹豫。银行家钱新之对他说：上海的银行界向来有个不成文的规矩，就是凡有新银行开业，其他银行都要先去存上一笔钱，称为“堆花”。上海各大银行的老板们得知你杜月笙要开办银行，自然要前来“堆花”。加上租界里的烟、赌两档都是银行的大客户，凭借你的名气，肯定会把钱统统存入你的银行。杜月笙在钱新之的开导下，开起了国民银行（后来改名为中汇银行）。一些富豪为了讨好杜月笙，便纷纷前来存款，如大富豪徐懋棠就向该银行存入了一大笔资金。另外，该银行还得到了国民政府中央银行的支持，从而使杜月笙不用动用自己的资金，就开办了一个资金雄厚的“国民银行”。后来，国民银行又改名为中汇银行，中汇银行带有明显的黑社会性质，它把经营的重点放在收支烟、赌两项游资和押款等业务方面。那些资金雄厚的烟土商，只要付给中汇银行巨额的费用之后，即可以使烟土保提、保运和保销，从中获得巨额的利润。后来，杜月笙又利用和国民党的特殊关系，成为中国通商银行的董事长，不久又当上了上海市银行工会理事和浦东、国信两家银行的董事长，成为上海银行界的巨头。

关于杜月笙开办银行的缘起，还有另一种说法。据章君谷的《杜月笙传》记载，杜月笙发迹以后，出手大方，小到接济朋友，大到修桥筑路，买枪打仗，从不吝啬。甚至手头有一文钱，可以先花一百文，用了再说。外面善门大开，挥金如土，内里却已经焦头烂额，早已入不敷出，只好东挖西补。到 1927 年夏天，杜月笙已经负债 300 万大洋。这件事被他的亲信之一、以贩卖鸦片起家的浙江人苏嘉善得知，便瞒着杜月笙，帮他解决了 300 万大洋的债款。一日，苏嘉善以鸦片行业元老的身份，召集全上海的土行老板开会，向大家呼吁：“杜先生最近手头奇紧，简直有点儿兜不过来，至少已经亏了300万大洋！今天请各位来就是要问一句，杜先生亏的这许多钱，我们是应该管呢，还是不管?”大家异口同声地表示：“当然要管!”土行老板们当场便把300万大洋凑齐了。然后他把这件事向杜月笙作了说明。杜月笙听后，十分感动地说：“谢谢你了，嘉善兄!”苏嘉善虽然帮杜月笙还了300万大洋的债，让杜月笙得以喘一口气，但是杜月笙依旧是进账少而出账多，收支无法平衡。正在这时，又有一位亲信帮杜月笙出主意，这个人便是替杜月笙跑街的田鸿年，他是吃银行饭出身，杜月笙缺了钱，常常由他到银行去想办法。一天，他突发奇想，兴冲冲地跑去建议杜月笙说：“杜先生，你用铜钿经常都是大来大往，你为啥不开一家银行，一来进出有账，二来临时需要轧头时，也可以在自家的银行里调拨一下，来个自摸不求人!”杜月笙听后回答说：“你是在寻我开心?”田鸿年说：“我没有这个胆儿，敢寻杜先生开心。我是说真的，杜先生要开银行，一定可以办得成。”接着解释说，“银行就是大来大往，客户把钱存进来，杜先生要还债，付利息至少就比向银行借来得低。再说，客户存款多了，或者转放给人家，或者拿去做生意，赚来的利息，不也是很好的进账吗?”杜月笙这下被他说活了，问道：“开银行要多少本钱呢?”田鸿年胸有成竹地回答：“房子先去借来用，资本额定50万元，收足25万元，银行就可以开张。”田鸿年走后，杜月笙左思右想，觉得这件事情似乎可以操作，烟、赌两档虽然赚钱，可毕竟是不合法的。而开家银行，往近处看可以救急，往远处看尤能大事发展，值得冒一次险，做上一做。不过，事关财经问题，还是要请教一下顾问苏嘉善，于是，他立刻命人把苏请来。苏嘉善到来后，杜月笙便把田鸿年劝自己开一家银行的事讲给他听。经过认真思考，苏嘉善对杜月笙说：“这件事可以做。”接着向他分析说：“办银行，一要讲信用，二要看老板兜不兜得转，这两项，杜先生都是条件充分，毫无问题的。

杜先生你立身处世四十年，谁都晓得你特别讲究一个‘信’字，黄浦滩上到处在说：杜先生‘言（闲）话一句’，这‘言（闲）话一句’便是你最大的本钱。怎么样才算兜得转？从官府、社会到私人之间，杜先生会兜不转吗？”杜月笙听后大喜，但旋即问一件大事，“万一银行开张，没有人肯存钱进来，那又怎么办呢？”苏嘉善随即扳着指头替他估算：“头一项，上海银行同业之间有个规矩，随便哪一家银行新开张，各同业都要在开张那天存一笔钱进去，表示道贺，也是希望往后多打点往来，这有个名目，叫作‘堆花’。现在上海市银行有好几十家，大多数都是杜先生认得的，杜先生开银行，他们堆起花来，数目一定会比平常大，期限也会比通常长，先这一笔，为数即已相当可观。还有一层，法租界里这烟与赌两档生意，都是银行的大客户，旁的银行对这些客户垂涎三尺，杜先生办银行却是顺理成章，一索即得。你想想看，请那班老朋友捧捧杜先生的场，把他们的钱统统存在杜先生的银行里，哪还会有什么问题？”杜月笙听后再问一句：“照你这么说，我要办银行是可以办得成功的了？”苏嘉善满有把握地回答：“一定办得成，杜先生不妨立刻着手进行。”第二天，杜月笙就把田鸿年找来，告诉他决定开办银行，这家新创办的银行，被命名为“国民银行”，并把银行筹备的重任交给他，嘱咐他重要事项必须先跟苏嘉善商量，不可自作主张。并且告诫他：“办银行，我完全是外行，事情我交给你做，担子就放在你的肩膀上。将来银行开张，我做董事长，你当总经理，董事长是个名义，总经理要负一切责任。”田鸿年非常诚恳地回答：“杜先生你放心，我自会尽心尽力，小心谨慎。”银行经营之初，由苏嘉善义务帮忙和田鸿年通力合作，业务做得相当不错。可是，两三年后由于苏嘉善病故，田鸿年也忘却了杜月笙要他“小心谨慎”的嘱托，1930 年和 1931 年，田鸿年利用客户的存款，去做黄金投机生意，结果屡战屡败，亏空累累，年终结账，竟负债 50 余万大洋。田鸿年只好辞职，杜月笙也未加追究，又请了中国通商银行老板傅筱庵的儿子傅品圭担任经理。同时，把国民银行正式改名为“中汇银行”。

中汇银行开张之日，盛况空前，各界道贺人士纷至沓来。同业间送来“堆花”的存款，不但数额比往常大，而且期限也自动延长。一般“堆花”，三日后即收回。然则杜月笙的中汇银行开张，最大的“堆花”，如上海商业银行老板陈光甫，一次就存入50万两白银，时间由三天延展到整整一年，50万两白银请杜月笙用365天，分文利息不收。陈光甫之所以如此慷慨，也不无原因。

1931年7月，陈光甫经营的上海商业储蓄银行，做一票食盐生意，因为轮船覆没，损失了一两百万元。于是黄浦滩上谣言纷起，渲染说上海商业银行损失了好几千万，储户纷纷前来挤兑。上海商业银行起先还不以为意，一捆捆的钞票从库里搬出去，可是谣言沸沸扬扬，前后三天，提存高达2000余万元，超过了总存款额的一半，使上海商业银行的业务受到极大打击。老板陈光甫和全行高级职员急得直跳脚，难以应对。

当时，中国银行和交通银行出面加以支持，一车车的银圆钞票拖了来，还是应付不了人如潮涌的挤兑者。迫于无奈，上海商业银行只好向银行同业临时紧急借贷，一卡车一卡车的洋钱、国币往上海商业银行送，趁着静寂无人的深夜，再原箱送回去。但是存户仍不撤退，次日早晨，又复排队挤兑如故。

在走投无路的情况下，陈光甫只得派人去找同乡杨管北，把上海商业银行所面临的危机向他说明后，提出现在到了这个地步，就只有杜先生才可以帮得上忙了。杨管北为他筹谋说：“陈先生，你今天晚上请杜先生吃饭，我代你去邀，到时候我也来。”杨管北回到杜公馆等杜月笙用鸦片烟提了神，便把上海商业银行的危机和陈光甫所面临的难关一一讲给他听。然后说：“陈先生今天晚上请你吃饭。”

酒宴上，陈光甫讲明事情缘由，杜月笙最后的答复，便是

“言（闲）话一句”。回到家里，吩咐万墨林，把烟、赌两行体面点儿的朋友，统统请来。烟、赌两行朋友来齐后，杜月笙略一寒暄，便开口问：“明早银行开门以前，各位可以凑得齐多少现款?”大家盘算好了，凑拢来加一笔总账，报出了一笔整数：200万元。杜月笙点点头说：“这200万元现款，请各位限时限刻集中，明早银行一开门，就统统送到上海商业银行。”杜月笙也让万墨林打电话到他自己的国民银行，明早银行开门之前，送100万银圆到上海商业银行，用杜月笙的户名存进去！又吩咐万墨林分别打电话，通知所有同杜月笙有关的工商业者，明天早上八点半，到华格臬路杜公馆开会。届时，杜月笙对大家说，上海商业银行有人挤兑，是有人乱造谣言，人家只不过打翻盐船损失了一两百万元，谣言说是损失几千万元。这种谣言本身就是不通，哪里会有人做几千万元的盐生意？所以说，谣言绝不可信！杜月笙接着说：“今天陈先生有了困难，我们就该捧捧他的场。这个会一散，我马上就要到上海商业银行去的。”

上海商业银行门前排队的挤兑者，看到杜月笙来了，纷纷喊道：“杜先生来存铜钿了！”柜台后存款部的职员，同时高声地一叫：“杜先生存进100万元，快办手续！”在杜月笙的100万现洋存进上海商业银行后，烟、赌两行也派了专差，临时开户头，存入大洋200万元。存户一看上海商业银行已经获得有力的支持，提存的客户心理开始动摇，长龙似的队伍渐渐散开，一场危机就此安然渡过。陈光甫存入上海中汇银行的50万两白银，让杜月笙用365天，分文利息不收，可谓是投桃报李。

杜月笙正式插足金融界之始，由于他先已奠定良好的基础，结交广泛的人脉，使他在金融界风生水起，无往不利，不久，便当选了上海银行公会理事，再过些时日，他更将此一举足轻重的金融团体控制在自己手里。

二、打进航运业

1931 年，杜月笙在杨管北的帮助下，成功地打进了上海的航运界。杨管北是江苏镇江人，曾在之江大学肄业，北伐军到达上海后，成为北伐军政治部宣传处的政工人员。杨管北踏进上海华格臬路杜公馆，是由陈群、杨虎引见的。杨管北曾是国民革命军东路前敌总指挥部政治部宣传处的一名科员，而陈群则时为政治部主任。杨管北赋性聪颖，做人伶俐，在陈群手下办事甚周，深得其器重，故乐于介绍他出入于杜氏之门。杨管北既由陈群、杨虎二人引见，杜月笙自然也对他刮目相看。尤其是他善辞令，受到杜月笙的赏识，逐渐成为杜门的座上宾。

杨管北看到穿着两尺半（军人）的行业，是不会有大出息的，即使转入文职，能独当一面，但官场如戏场，也不是安身立命之道。既然到了上海，便应当从商业着眼，在十里洋场打开一个局面，以期成为闻人，既得其利，复有其名，安富尊荣，逍遥自在，较之政海浮沉，不知好多少倍。于是脱下了两尺半，转任大达轮船公司副经理，这是他一生发轫之始，也是他多方奋斗之始。

大达公司为晚清著名实业家张謇于 1904 年所创办，垄断上海至南通的航线达 24 年，拥有 4 艘江轮，总吨位在 4000 吨以上，还有若干条拖船和木驳船。1925 年张謇去世，其弟张詧因曾支持北洋军阀孙传芳而被国民党指为反动分子，遭到通缉，逃往大连，张家的势力遂衰落，由其子张孝若以董事长兼总经理的身份，主持大达公司的业务。张孝若是公子哥，年事既轻，又沾烟癖，自难胜任。经理鲍心斋把企业的利润存在南通的得记钱庄，1930 年得记钱庄倒闭，存在钱庄的 20 万银圆化为乌有。次年，公司拥有的“大吉”、“大德”两艘轮船又在航行途中失事，死亡船员和旅客共 1000 多人，必须赔偿，导致公司负债累累，处于内外交困之中。

大达公司的主要债权人是镇江金融巨子陈光甫，他眼见大达公司风雨飘摇，朝不保夕，心里相当着急。张孝若也正焦头烂额，不知所措。杨管北看准了这个机会，因为他的姨丈徐陶菴是大达公司的董事，对公司内部的情况了如指掌，于是设法替杜月笙和自己大量收购大达公司的股票，使自己和杜月笙成为该公司最大的股东。然后二人又使尽手段，进入公司的领导核心，最后，杜月笙当上了公司的董事长，杨管北出任公司副经理，掌握了公司的实权。

当时往来于上海到南通这条航线上，除大达公司外，还有一家大通轮船公司，创办人为杨在田。杨在田是一位帮口人物，水路生意至为谙练，与杜月笙亦是好友。两公司在互相竞争之下，营业难免两败俱伤。旋以大通、大达彼此同业，如因相互竞争，不如采取联营，合二为一，使能各沾实惠。于是在杜月笙的倡议下，征得两家公司股东的同意，合组为大通大达联营公司，杜月笙又一跃而为联营公司的董事长。不过，他乃是挂名，公司的实际掌权者，仍是杨管北。

杜月笙和杨管北在掌控了大通大达联营公司的实权后，干的第一件事便是打通苏北航线。

20 世纪二三十年代，苏北一带，到处是土匪，商船通过，均需向土匪缴纳保护费，导致苏北航线成为险途，交通几近断绝。杨管北想打开苏北航线阻塞的局面，他知道苏北土匪大多属于青帮，于是让杜月笙请来当时青帮里辈分最高的高士奎。高士奎是青帮“大”字辈，杜月笙是“悟”字辈，高士奎比杜月笙高两辈。不过，他对杜月笙倒很客气，杜月笙一请便到，而且当面称杜月笙为“杜先生”。见面后杜对高士奎说：“有点儿小事体，想请高老太爷走一趟洪泽湖。”高士奎随即答应说：“三十年没有回过家了，既然杜先生邀我去，我就走一遭吧！”杜月笙闻言大喜，急忙说：“何时动身呢?”高士奎说：“反正我是闲人，明后天就可以。”

洪泽湖位于苏皖边界，是蚌埠通往清江浦（淮阴）的要道，后来成了强盗土匪的渊薮。来往商旅，不但要结队而行，而且一出清江浦三十里路，就需要请军队保护，否则会被洗劫一空。高老太爷此行的消息很快传遍清江浦。在他到达时，码头上无数人前来迎接，其中大多为青帮中人。高士奎在清江浦逗留了六天，受到青帮徒子徒孙们的拜见、宴请，然后乘车前往杨庄老家。到达的次日，高士奎便派人传话给洪泽湖两岸的大土匪头子吴老幺来见。吴老幺进门便向高老太爷行三跪九叩的大礼，因为吴老幺是青帮“悟”字辈，是老太爷的孙子辈。高士奎对吴老幺说明来意，告诉他：“杜先生和杨管北在办大达轮船公司，要求开辟苏北航线。我来找你就是为这件事，你看到大达公司的船来，要好生照拂！”吴老幺急忙应承说：“请老太爷放心，大达公司的船只管来，他们船上要是少了一颗麦，统统由我赔偿！”三言两语，就把问题解决了。1933 年，大达公司的新轮船举行下水典礼，由杜月笙亲自主持，报纸刊出巨幅的新闻，黄浦滩上轰动一时，达官显要，名流巨绅，皆以参加盛典为荣。杨管北陪同杜月笙周旋于络绎致贺的各界人士之间，掷瓶起航，徐徐滑行于黄浦江中。

杜月笙这时正处于事业的高峰，不久便成了航运界的领军人物。当时，航业领导机构——上海船联会的理事长即将改选。按照会章规定，理事长不得连选连任，船联会的第一任理事长虞洽卿已经连任了一次，第三届实在不便蝉联。杜月笙乃以大达轮船公司董事长的身份，登上了上海船联会第三届理事长的宝座，这使他在迈向上海工商业领导者的旅程中又前进了一大步。

在杜月笙主持之下的大达轮船公司，于 1937 年抗战初起时，曾对抗战作过一定贡献。当时，军方征调陈旧轮船，自沉于浙江镇海炮台附近，以阻遏日舰的攻势。上海航业界人士会商协调的结果，议决牺牲宁绍公司购于光绪年间的宁绍轮和三北公司的一艘长兴号，后来因为吨位不够，需要寻找合适的轮船。一些轮船公司为了避免政府和军方征调，纷纷加入外国籍，挂外国旗。而杜月笙不仅没这么做，不等政府下命令，便自动将大达公司的“大达”、“大庆”、“大豫”三艘轮船全部交由政府使用。政府利用这三艘轮船抢运出中央、中国、交通三银行的库存、钞票、账册和人员，由上海西航汉口，直抵重庆，并主动将“大达”号轮船沉入江底。对大达公司来说，本来是一个风雨飘摇、朝不保夕的烂摊子，却经杜月笙、杨管北之手起死回生，而且业务发展之迅速，当年任何轮船公司都无法望其项背。大达公司在各地均设有分公司，成为国轮自营内河航业的巨擘。由于大达公司在全国航业界中的重要地位，当全国船联会成立，杜月笙在1946年9月当选了该会理事长，杨管北、钱新之、徐学禹为常务理事。

三、掌控上海物品交易所

上海交易所创始于1921年，原名“证券物品交易所”。理事长是宁波巨商虞洽卿，常务理事有闻兰亭、周佩箴、郭外峰等。经营业务范围，从证券到标金、纱布、面粉、杂粮，无所不包。以后各种交易所纷纷设立，上海人为了区别，便将这个设立最早的老交易所，改称为“物品交易所”。交易所一出现，就掌控了上海的重要商业部门。有了交易所，货品大量买进卖出都集中于一处，工商业者可以明显地看出供求关系的趋向，供过于求则价跌，求过于供则价涨，这种公开买卖制度彻底解决了由少数人黑箱操纵物价的弊端。交易所仅站在中间人的立场，向买卖双方收取合理的佣金。所以，交易所成为稳赚不赔的买卖，于是人们争先恐后一窝蜂似的创设交易所。一些人把投机赌博之风带进交易所里，买空卖空，愈演愈烈。1923年，上海涌起了前所未有的“信交风潮”，许多交易所相继倒闭，只剩下物品、纱布、证券、金业、面粉和杂粮六家交易所。这六家交易所的理事长分别是：

物品交易所的虞洽卿，纱布交易所的穆藕初，证券交易所的张蔚如，面粉交易所的王一亭，金业交易所的徐补荪，杂粮交易所的顾馨一。杜月笙和他的智囊团，从1927年以后，便开始有计划地打进这六大交易所。经过近十年的努力，除面粉、杂粮两个交易所外，杜月笙把其余四个交易所全部掌控在手中。1936年，杜月笙又把上海面粉交易所理事长的职位收入囊中，当时他还玩了一套欲擒故纵、欲取先予的把戏。当他接到理事会公函，选举他为理事长时，故意推辞不就。后经交易所派人恳切力劝，他才答应就任。当时他曾对几位代表说："我原来是强盗扮书生，所以人家都怕我。现在是曲蟮（蚯蚓）修成了龙，在社会上有些地位了，你们不要怕我，以后有啥事体，我一定帮忙。"同时，他还对担任理事长一事提出两个条件：一不到所办公；二不拿薪水。后来，他确实不到交易所理事会办公，至于不拿薪水，则是沽名钓誉的手段。

四、控制面粉业

面粉业是上海十大行业之一，历来利润丰厚，杜月笙早有觊觎之心。为了控制上海面粉业，他先设法一举拿下了华丰面粉厂，然后控制了整个面粉行业。

华丰面粉厂的大老板卢少棠的生意做得很大，拥有巨资。可是，他嗜赌如命，在1930年到1931年，他沉醉于赌博，结果输了几十万元，举债无门，无奈之下，只好宣告把华丰面粉厂出售。杜月笙的心腹杨管北得到消息后立刻去见杜月笙，建议把它买下来。杜月笙不假思索地表示，只要卢少棠肯出让，我们当然要买。于是商定由杨管北去办理此事。为了同华丰面粉厂接洽，杨管北派人打听到，华丰面粉厂实际负责人陈经理，跟自己不但认识，还有相当的交情。至于收购的资金问题，则得到了傅筱庵的支持，他向杨管北表示：需要多少钱，中国通商银行可以低利贷放！资金问题解决了，杨管北便找到陈经理，进行洽谈，以80万大洋成交。杜月笙从各处凑了50万元，尚短缺30万元，不能完成交易。杨管北又利用上海国华银行唐寿民同杜月笙的交情，以华丰面粉厂全部生产设备作为150万元的押款。这样，除归还上海商业银行的贷款外，剩下的钱全部用于增添设备。华丰面粉厂于是成为杜月笙最重要的产业之一，他始终握有该厂百分之六十以上的股份。他在收购华丰面粉厂后，又企图进一步掌控面粉交易所。交易所不仅可以左右上海的面粉业，而且可以控制大江南北的面粉贸易。当时，掌控上海面粉交易所实权的是荣宗敬和荣德生弟兄二人。当年在上海面粉交易所经常活动的生意人，分别属于上海面粉业公会和苏浙皖三省面粉业公会两派。荣氏兄弟的影响，主要在前者。而杨管北祖上在扬州、高邮一带开面粉厂，同后者关系密切。1931年，国民政府实施“裁厘加税”政策，加重了三省面粉厂的负担。杜月笙让陈群执笔，写了一份给国民党中央的呈文，有助于减轻三省面粉公司的税务负担。由于财政部部长宋子文和实业部部长孔祥熙均为杜月笙的好友，呈文很快获得批准，三省面粉业者因而对杜月笙感激不尽。三省面粉公司在杜月笙的指使下，暗中大量购买上海面粉公司的股票。在取得拥有发言权的数额后，立即要求上海面粉交易所召开股东大会，改选理事会，杜月笙顺利当选了上海市面粉交易所理事长，杨管北也当选了常务理事，杜月笙由华丰面粉厂的老板一跃而为上海面粉业的领袖。

五、在实业界大展宏图

杜月笙所需要的，只是在工商界占有一定地位，获得一个名分。所以，他在掌控了上海的金融业、航运业、面粉业等行业以后，他的各种头衔便接踵而来。1935 年，杜月笙受任为中国、交通两银行董事与通商银行董事长，本身已成为金融界一分子。受任中、交两行董事，则使他在与经济有关的行业中，进入快车道。中、交两行均为国家银行，董监人选，非为金融巨子，即属经济名家，杜月笙何德何能，而得忝居其席？因此当时外间对此任命，成为一谜。其实，这谜底是不难揭开的：事缘当年的中、交两行，先天不足，后天失调，自北洋政府起，已发生过多次挤兑风潮。北伐以后，仍不能免。而杜月笙虽无占金之术，却能使府库充盈，使挤兑者欢天喜地，怀宝以归。毕竟中、交两行钞票始终未曾变为废纸，老百姓始终未受损失。而在此棘手之际，他能出其权余，别开生面，当局自不能不畀以董事名义，藉资借重。所以他之取得该项名义，固属事出有因，也问心无愧。至于身份是否相称，全由当局权衡，和他本身的能力并不相干。

通商银行虽然是国家银行，而名义上却为商办的私立银行，晚清时由盛宣怀创设于上海。辛亥革命后，名义上虽为完全商办，但实际上它的资本仍有前清拨存的官款在内，故仍由财政部直接控制。北伐前后，该行的大权为傅筱庵所独揽。而由财政部委派杜月笙为董事长，则属于“以毒攻毒”。自杜月笙逐步踏上“正道”后，那些黑道的烟、赌两行，虽未完全洗手，而大公司（三鑫公司）和 181 号赌博总会，总不能堂而皇之地继续开档，必须停业，以显示他的彻底革新，表里一致。

杜月笙在进入实业界后，很快成了上海工商业的领军人物，在抗战前后，他拥有的官商合办、私营工商业网和各行业公会的职务，包括董事长、理事、主席、经理的名义，不下 150 多个。在报业有《申报》、《新闻报》、《大陆报》（西文），在银行业有交通银行、中国银行、中国通商银行、中汇银行，书店有大东书局，纱厂有恒大纱厂，交通机构有华商电车公司、大达轮船公司，学校有浦东中学、正始中学。此外，在棉织厂、铁工厂、造纸厂、运输公司以及交易所，几乎都由他担任董事长，并有若干官商合办的机构请他担任董事。杜月笙每年在工商界的收入，不要说股份上的收益，单单车马费就相当可观。其他重要团体如全国船联会等，也都由他担任会长。

六、触角伸向新闻界

杜月笙深晓新闻媒体的重要性，为了便于政治和社会关系方面的运作，他想方设法把触角伸向新闻界。为此，他不但跟报馆老板拉关系、攀交情，结交了上海的两大报纸《申报》的史量才和《新闻报》的汪伯奇，而且笼络编辑和记者。他首先笼络《新闻报》的总编辑唐世昌。唐世昌是上海报界最有势力的人物之一，既压得下惊天动地的新闻，也可以无中生有掀起大波浪。经过唐世昌的辗转介绍，越来越多的编辑与记者成为杜公馆的座上客。名重一时的上海报人如汪松年、赵君豪、姚苏凤、余哲文、李超凡等人，都先后拜杜月笙为师，成为杜门恒社中的佼佼者。杜月笙对他新闻界中的门生弟子，也特别照顾和爱护。在波诡云谲、风涛险恶的上海滩，他能绝对保障新闻界门生弟子的安全。抗战时期，赵君豪在上海沦陷时期担任《申报》总编辑，鼓吹抗战，对汉奸口诛笔伐，被汪伪政权指名通缉。但他却能逃出上海，通过沦陷区安全抵达重庆，便得益于杜月笙对门中弟子的保护。凡是被杜月笙延揽的新闻界人士，不仅职业有保障，在各报馆工作的杜氏门人，按月有津贴，生活更无虞，而且工作上尤能获得许多意想不到的帮助。道理很简单，杜月笙可以在每一家报馆老板面前说得上话，没有任何一位报馆老板肯为区区一名编辑或记者开罪杜月笙。杜月笙既然帮新闻界的弟子排忧解难，当杜月笙遇到难题时，这些人当然义无反顾地给他帮忙。在杜月笙看来，这种交情的分量，无异于存放在银行保险箱里的无价之宝，体会到攀交情比买房地产更为上算。经过几年的努力，杜月笙担任了《申报》、《商报》、《新闻报》、《中央日报》等十一家新闻媒体的董事长或常务董事。

杜月笙在控制了新闻界以后，往往一条排好了版的头条新闻，在即将见报当天会突然销声匿迹，这便是唐世昌或在执行杜月笙交给他的任务，或是杜月笙本人或他受人之托，认为这条新闻不宜刊登。如此，杜月笙便得心应手，一呼百诺，全面操纵了黄浦滩上的新闻界。报章杂志往往会泄露别人的隐私，杜月笙可以三言两语，将之消弭于无形。报刊若遇到麻烦，杜月笙“言（闲）话一句”即可以保其平安。杜月笙也在新闻界里捞油水。当时上海滩每天都有许多奇事怪闻刊于报端。他在新闻界的弟子往往借此对事主进行勒索。比如，记者先写好一个新闻的梗概，去找当事者，表示关切地说：“这是我报刚刚收到的新闻，不知是否准确，被我‘扣’下了，请你过目。有没有可补充的?”于是，当事者满头大汗，开始讲条件，讨价还价。最后，总是拿出一笔钱，少则数百，多达数千。特大新闻也有上万的。条件自然是这条新闻不再见报。可是，这笔钱并非记者独吞，而是把大部分用来孝敬杜月笙。当然，杜月笙也利用自己的势力，做过一些好事。当时进步刊物《生活》杂志虽然揭露过杜月笙的丑闻，但后来遭到租界当局查闭，并且准备对主编邹韬奋等人加以逮捕。一次，杜月笙正和捕房几位探目推牌九消遣，警方预定执行任务的时候到了，一位总探目把牌一推说：“杜先生，抱歉、抱歉，我们要出动了。”杜月笙一边理牌一边问：“你们要去做啥?”“封生活书店，捉邹韬奋。这些家伙一径都在骂你，今朝要好好叫他们吃点儿苦头。”杜月笙却连连摇头：“算了吧，这班书笃头，何必叫他们到捕房里去受罪。你们还是给他在前门喊喊，让他们从后门口逃脱拉倒!”杜月笙这么一说，等于是下了命令，几位探目虽然心中不平，却是不敢不遵。当他们的车子到了《生活》书店，果真依照杜月笙的吩咐，在大门口装模作样，大呼小叫，等邹韬奋等一班人都从后门逃走了，这才一拥而入，一个人也不曾抓到，只在大门上贴张封条了事。

经过一番努力，杜月笙终于发现，他的身价地位正在直线上升，以往那些达官显要和富商巨贾根本不把水果店学徒出身的“白相人”杜月笙放在眼里，而如今却不惜放下身段，想方设法接近或结交他。相传有一位道貌岸然的金融巨子，一向鄙视杜月笙。当他得知自己的一位晚辈接近杜月笙时，便教训他说：“你怎么可以跟这种人来往？”但事隔不久，他遇到了麻烦。原来他使一位情妇怀了孕，女方逼他休妻再娶，否则要诉诸舆论。此公被逼无奈，为了避免丑闻曝光，了结孽缘，唯有求助于杜月笙。于是又把那位晚辈找来，请他转托杜月笙帮忙。杜月笙果然出面摆平了这件事，令这位金融巨子不得不对杜月笙另眼相看！

七、出任法租界华董

法租界的最高统治机构是“公董局”，法国驻沪总领事仅负外交与政治之责，一切行政事宜，概由公董局及其附设机构负责处理。因此，可将法租界的“公董局”视为法租界的“市政府”，“公董”相当于市政委员，总董相当于市长。在公董局之下，分设警务、工程、税捐、分类营业各处，以及卫生局和救火会。警务处下面分设政治、刑事两部，此外还有若干巡捕房。在政治部与刑事部各设总探长（或称督察长）一名。黄金荣在法租界的最高职位便是警务处刑事部的总探长（亦称督察长）。

法租界公董局的公董起初清一色是法国人，1927 年改选，在 17 名公董中，开始有 5 位中国绅士参加，他们是：吴宗濂、朱炎、华商电车公司经理陆伯鸿、南市工巡捐局长陆崧侯、商团司令魏廷荣。同年 7 月，法租界选举临时华董顾问，杜月笙和张啸林等九人当选。1928 年 7 月，法租界公董局华董吴宗濂辞职，时任法国驻沪总领事柯克林（Kochlin）托李应生引他到华格臬路登门拜访，力劝杜月笙“出山”，递补吴宗濂的遗缺。7月4日，杜月笙正式担任了法租界公董局的华董。黄金荣获此喜讯，急忙向杜月笙传授如何讨外国人喜欢，如何对洋人巴结讨好的“经验”。对于黄金荣的说教，杜月笙表面上聚精会神地听着，嘴里也连声应诺，但内心里却不以为然。在杜月笙看来，如果听从黄金荣的告诫，对外国人奴颜婢膝，为虎作伥，难免招致中国同胞的愤恨、痛心和失望；倘若他摆出一副为民请命的公正面孔，在洋人那边则会激起反感和敌意，对于他当时所经营的烟土和赌博业，都有极大的不利。所以，他一方面利用华董的职务，卖力地为租界当局征收捐税，另一方面又以调节人的身份，斡旋华人同租界当局的冲突，但基本上还是为租界当局效劳的。

八、进军英租界

在英租界（公共租界）除了“大八股党”，还有一批赌档上的人物，黄金荣需要加以擒服，其中为首的便是严老九。严老九财多势大，精明强干，自家开赌场，自己也好赌。他喜欢打麻将，于是杜月笙利用这一点，想和严老九在牌桌子上建立交情。他让陆冲鹏和同在英租界做鸦片烟土生意的范回春替他在严老九面前表示，杜月笙想到大英地界白相相，陪严老九搓搓麻将。头一次，严老九反应冷淡，只说好呀，却并不提出邀请。杜月笙等了一段时间，严老九那边毫无动静。杜月笙于是主动邀请严老九到他家里吃饭。这一桌酒宴举办得异常隆重，青帮“大”字辈在上海的四位前辈高士奎、樊瑾成、王德龄与曹幼珊，均被他请来做客。此外，还请来了沪上闻人中的后起之秀顾竹轩。

严老九的一位好友、孙传芳手下的军长谢鸿勋久仰杜月笙的大名，一天乘过沪之便，请严老九代为引见。严老九想起他曾冷落过杜月笙，但又不好回绝，只好答应了，于是请陆冲鹏代为向杜月笙转达。杜月笙不计前嫌，备了帖子，派专人送到英租界的严老九公馆，当天晚上便请严老九和谢鸿勋到他家中小酌，谢鸿勋喜出望外。

饭罢，谢鸿勋和杜月笙仿佛已是相交多年的老朋友，在客厅里畅谈。无意之间，谢鸿勋提起他那天在百货公司里看到一个新奇的小玩意儿，称赞说实在是“巧夺天工”。杜月笙微笑着向身旁的一名听差说：“去把我那只鸟笼拿来。”听差旋即捧了只鸟笼来，笼子里有一只黄莺，做出一连串优美的动作，既会振扑翅膀，又能啄食，然后发出婉转的莺啼之声。杜月笙双手捧着鸟笼，送到嘉宾们面前。谢鸿勋和严老九定睛一看，却发现居然是人工制作的！

“妙极了！”谢鸿勋赞不绝口，接下来便问：“这玩意儿上海有得卖吗?”杜月笙说：“这是法国朋友送给我的，那位法国朋友告诉我，即便在巴黎也只有这一只，他是专门买来送给我的!”谢鸿勋小心翼翼地从杜月笙手中接过鸟笼，像个小孩子似的，一遍又一遍地欣赏。杜月笙侧转脸去，悄声地吩咐听差：“等下把鸟笼装好，送到谢鸿勋的汽车上。”

谢鸿勋玩够了，把鸟笼双手交回杜月笙，杜月笙递给听差，听差拿到后面，装好了盒子，先一步送上谢鸿勋的汽车。从此，杜月笙和严老九成为最要好的赌友，严老九邀杜月笙到英租界威海卫路一家总会里去搓麻将，前后历时三四个月之久。麻将打下来，杜月笙倾心结交了英租界的实力人士，不出半年，就连黄金荣都不由自主地向他伸出大拇指：“月笙真正了得！”和英租界的朋友声息相通，往来密切，对于双方都有莫大的裨益。英国人爱体面、重法治，白相人要想为非作歹，作奸犯科，多少有点儿忌惮。英租界的社会秩序安定，加上英租界地大界广，热闹繁荣，富商大贾都乐于在这里营业或寓居。法国人只认得钱，于是贿赂公行，红包满天飞，出了天大的事也可以用钱摆平，使法租界成了罪恶的渊薮，烟、赌、娼的温床。杜月笙在英租界打开了天地，拓宽了范围，财源广进，英租界里的朋友对他感激涕零，唯命是从。在杜月笙成功地打入了英租界后，黄金荣和杜月笙的徒子徒孙在英租界到处兜得转，行得通。他们一个个踌躇满志、扬扬得意，认为杜月笙真比黄金荣高明，于是杜月笙成了三大亨的领军人物。

九、在上海市商会安插代理人

在上海的五大商业团体中，行业公会从开始到1937年，一直由虞洽卿担任主席。银行公会和钱业公会的选举，则由杜月笙在幕后操纵。地方协会会长原来是史量才，杜月笙任副会长，史量才遇刺后，杜月笙又名正言顺地升任会长。杜月笙对举足轻重、实力深厚的上海市商会，极想问鼎，但一时又无好办法，只能从长计议。

渐渐地，杜月笙把上海市商会的底细摸清楚了，发现虞洽卿的会长只是空头，市商会的决策者实际上是国民党党部派驻市商会的常务理事王延松及足智多谋的总干事骆清华。王延松有很深的政治背景，骆清华则人头热，与各行各业的领袖均有密切关系。这两个人相加起来，亲密合作，便成了市商会的灵魂。杜月笙想争取上海市商会的控制权，首先要拉拢骆清华，如果能把骆清华也拉入杜门，那么，不论是否担任会长，均可随心所欲，运用裕如。而拉拢骆清华的重要任务，杜月笙委派陆京士承担。经过陆京士往返奔走，终于完成任务，使骆清华和杜月笙促膝长谈，相见恨晚，市商会便已落入杜月笙的掌握之中。不久，市商会开始进行会长改选。黄浦滩上的工商界人士均认为“这一次，杜先生要出来了”！可是，改选前夕，杜月笙却大出意料地宣布：“这一届的市商会会长，我想推举王晓籁兄来做。”杜月笙为何自己不做，要去挑王晓籁做？他轻描淡写地说：“他做，等于我做！”事实上确是如此！王晓籁只不过充当杜月笙在市商会的代理人。王晓籁经过杜月笙的大力支持，登上上海市商会会长的宝座，自然对杜月笙感恩图报，对于市商会方面的事情，唯杜月笙马首是瞻，凡对杜月笙有利的，他莫不全力以赴。

王晓籁在上流社会是有足够分量的，他是很多资本家、银行家、工商巨子的密友。杜月笙和他结为一体，是权势均沾，相互为用。王晓籁透过杜月笙可获取大量好处，杜月笙则借王晓籁的居间介绍，奔走联络，跻身上层社会。两人的结合，更使杜月笙百尺竿头，更进一步，在全上海市无往而不利。

第十二章　参加救灾和赈济工作

杜月笙虽然在烟、赌两道上发了大财，过上了锦衣玉食的生活，但他并未忘记童年的苦难生活，对穷苦人民有一定的同情心，他当年曾承诺："我将来有了钱，一定帮助穷人。"后来他确实履行了这个诺言，给予穷苦人民一定的帮助。据他儿子杜维善回忆：每逢过年，在杜家是一件很大的事情，因为上海滩的人都知道给杜先生拜年是不会空着手回去的。所以我记得，那时候年关将至，父亲就让手下到几个银行调钱到家里来，还有米。米倒不成问题，因为杜公馆的管家万墨林是上海市商会的，所以无论多少米，万墨林都能拿来。那时候到杜公馆拜年是排着队来的，包括很多穷人、乞丐，只要到大门口来给杜先生拜年，总归是有红包的。父亲的老家在上海浦东高桥，每年夏天他都要从药房买大量的"痧药水"、"诸葛行军散"送到高桥，挨家挨户免费发放，这个举动坚持了好多年。1926 年，上海南市城隍庙被大火烧毁，他和黄金荣、张啸林发起重修城隍庙的号召，并创办了一个乞丐收容所。他这样做，其实也是为了洗刷身上的污点。他还在公馆里散发所谓"济贫月折"，贫民每逢初一、十五，可持月折领取若干救济金。对于他的慈善事业，有人评论说：他此举"既热衷于利，更醉心于名。既懂得以力求名，又善于以名贸利"。也就是说，他利用救灾，既可以向官场四面八方伸出触须，又可以在社会上扩大影响，实在是名利双收！

一、赈济长江水灾灾民

1931年7月中旬到9月，江苏、安徽长江沿岸发生了来势凶猛的大洪水，京沪、津浦、平汉各铁路交通中断，长江中游汉口江堤溃决。不久长江、汉水齐涨，汉口全市被淹。长江水标高达53英尺，汉阳兵工厂厂区水深达两丈，武汉地区的灾民业已无处可避。上海成立了水灾救济委员会，杜月笙乃是其中最主要的人物。

这次长江水灾持续一个多月。长江中下游两岸一片汪洋，遍地灾黎，中央政府发行了8000万元的赈灾公债，上海方面筹募了大笔款项和实物，然而，这些只能提供临时救济之用，对于濒临破产的农村经济，并无大的帮助。

1931年长江大水灾，受灾地区波及十七省，灾民逾一亿人。国民政府负责救灾的许世英来到上海，跟杜月笙商议募款救灾之事。当时，正值杜月笙热衷于票戏，当总提调。他灵机一动，向许世英建议成立“赈灾会”，以义赈的名义，邀最好的角儿，唱几天义务戏。买票的人一面看戏，一面赈灾，票价不妨订高一些，请人家捐款，也可以改用推若干戏票的办法。

此法得到许世英的赞许，杜月笙立刻行动起来，他请出正使上海人为之疯狂的梅兰芳，再加上杜月笙的夫人姚玉兰、“霸王”金少山，还有他的学生、上海名票赵培鑫，并指定赵培鑫为梅兰芳配戏。此外，再加上他本人和张啸林当票友，以收绿叶配红花之效。各戏配角和文武场面，请的都是最走红的角色，排出的戏码，计有：梅兰芳、赵培鑫的《四郎探母》《打渔杀家》《汾河湾》，全班串演的《甘露寺》；姚玉兰的《辕门斩子》《开劈三关》；梅兰芳、金少山的《霸王别姬》和杜月笙跟张啸林的《落马湖》。这次史无前例的义演，戏码贴出，全沪轰动，义演地点在二马路新大舞台，一连多日戏院外面大排长龙，池座之中场场爆满，演期一延再延。

长江水灾赈济大公演，获得空前成功，许世英主持的赈灾委员会不但募集了一笔为数至巨、超过预定目标的捐款，拯救了千万生灵，同时更为赈济救灾工作找到一条捷径。

学者顾建娣在《档案春秋》2005 年第 7 期发表的论文《杜月笙与 1931 年江淮水灾》中指出：当时，长江、黄河、珠江、松花江等流域普降大雨，17 省受灾，灾民 8000 万至 1 亿，几占全国总人口的四分之一。广大城乡庐舍荡然，疠疫丛生，人民陷入严重的生存危机。国民政府因灾情严重，于 1931 年 8 月 16 日成立专门的赈灾机关——国民政府水灾救济委员会，由宋子文担任委员长兼财务组主任，孔祥熙任联络组主任，朱子桥任灾区工作主任，虞洽卿任运输组主任。委员会邀请全国各赈务机关及慈善机构联合募捐，聘请中外名人为额外委员。杜月笙与王晓籁、虞洽卿、张啸林、熊希龄等受聘担任委员。杜月笙为国民政府水灾救济委员会捐款三次，每次大洋 1000 元。杜月笙还参与了江苏省政府的募款活动。1931 年 7 月 30 日，江苏省赈务委员会决议聘请杜月笙等为劝募委员。8 月，江苏省赈务委员会又决定以官筹义放的办法，另组织水灾义赈会，特聘王一亭、黄庆澜、成静生三人为劝募主任，劝募委员由省政府函聘“各地素负声望人士”担任，杜月笙与张啸林、黄金荣、王晓籁、虞洽卿等人都在受聘之列。18 日，江苏水灾义赈会正式成立，杜月笙与张啸林、王晓籁等 15 人任常务委员。为了动员更多的人参与募赈，上海市长张群提请增加执行委员及常务委员，于是杜月笙夫人也成为执行委员，为赈济江苏水灾积极募捐。除参加政府的救济组织外，杜月笙更多的还是参加上海本地民间慈善团体的救灾工作。8 月 6 日，上海市商会邀请上海各界闻人、各同业公会、各旅沪同乡会、各慈善团体聚餐，报告各省灾情并分送灾情表。各界人士当场决定成立上海筹募各省水灾急赈会，推举许世英为主席，杜月笙和王晓籁、虞洽卿、张啸林等 11 人担任常务委员。急赈会成立后，立即在报纸上刊登广告，并分函各常务委员及全体执行委员，附上捐册，请向各方劝募，以救难民。募集范围为金钱、面粉、药品、衣被等。为了配合国民政府赈务委员会办理急赈，8 月 17 日急赈会又添设 500 个劝募组，每组劝募 1000 元。杜月笙与王晓籁、张啸林等担任劝募组委员。杜月笙参与发起募捐活动的形式多种多样。8 月 31 日水灾急赈会在市商会召开全体执委会议，会上张啸林提议，请在座有房产者发起助赈，以待效法。杜月笙当场表示同意，带头将华德路月华坊两个月租金共 6600 元全部助赈。1931 年 10 月 14 日水灾急赈会成立劝募房租委员会，杜月笙和张啸林、王晓籁、王一亭、朱子桥、许静仁、邬志豪、虞洽卿等人一起担任特别委员。杜月笙还倡议将喜丧仪礼移作赈款。1931 年 9 月袁履登的父亲 89 岁寿庆，杜月笙会同虞洽卿、王晓籁、张啸林、钱新之等人呼吁送礼者将贺仪送交宁波旅沪同乡会，以便汇收助赈，此次共收洋 12000 元。杜月笙又连同张啸林等发起将黄金荣 64 岁寿仪共收洋 50288 元、吴瑞元母亲赙金洋 4 万元、屈文六父亲赙金洋 2784 元移助赈款。

杜月笙还筹划了各种形式的游艺演剧以助赈。他会同王一亭、王晓籁、许世英、朱子桥、张啸林等发起组织上海筹赈各省水灾游艺大会。9 月 11 日至 15 日大会在叶园举行（叶园为江湾跑马厅发起人叶子衡的私人园林），场内不设募捐，但征求各工厂商号捐助日用国产品，数量不限，先送到筹备处，大会开始时派人携带这些物品到会设摊销售，不收摊租，将售货和售券所得充作赈款。杜月笙和王晓籁又委派驻会监理。杜月笙还会同王晓籁、张啸林发起沪上著名票友于 14、15、16 三日假座大舞台进行义演，将所得 59500 元全部送交上海筹募各省水灾急赈会。9 月 13 日，杜月笙与钱新之、张啸林等又在逸园举行茶会招待各界，上海市市长张群及王晓籁、王一亭、郑毓秀、林康侯、穆藕初、邬志豪等数百人到场。会上决定举行慈善香槟赛（一种赛马活动，将各场获得头马的赛马组织起来再比赛。此种赌博中奖额特别高——原作者)。9月25日发行慈善香槟票10万号，每号10元，计100万元，由发起人当场分认5万余号。杜月笙认购了2000张，等于捐赠了2万元。100万元的慈善大香槟票收入中除去80万元作奖金外，所余20万元佣金全充赈款，其他一切开支由杜月笙、张啸林担任总董的中国赛马会负责。他们又动员得奖的奖主捐款，5户首奖得主每户捐款1万元，共捐5万元；中国赛马会头马主人也捐了1000元。

除了举办各种活动助赈外，杜月笙也向个人劝募。有一次连同张啸林一起募得韩芸根洋52600元、张澹如洋50000元。杜月笙又发动杜宅仆役捐款，将所得几千元充作赈款。日军侵华使水灾会的募款收入锐减，以前每日可收赈款10多万元，“九一八”事变后，平均每日仅得千余元，最少者仅50余元。杜月笙募集的这几笔巨款，对于水灾会来说无异于雪中送炭。

鉴于灾民急需大量救灾物资，国民政府与美国政府经过多次谈判，终于签订了赊购美麦45万吨的合同，麦款利息以长年四厘计。杜月笙作为筹募各省水灾急赈会的劝募委员，也出钱购备面粉等赈品，供水灾急赈会散放。急赈会8月26日拨给汉口的1万包面粉中，有5000包由杜月笙捐助。拨给皖南、皖中、皖北的5000包面粉全由杜月笙捐助。杜月笙又动员金廷荪、钱志翔、黄振东、黄涤箴、李应生五人各捐面粉1000包。杜月笙还给江北灾民捐了棉衣5000套、洋10000元。

水灾会从成立到1932年5月24日结束，共募得赈款261万1771元3角8分8厘，支放260万7049元零7角9分，实存4721元5角9分8厘。杜月笙的募款和个人捐款总数在53万元左右，超过水灾会募款总数的五分之一，远远高出他人。

二、救济流亡难民和失业工人

紧接着长江大水灾而来的，是“九一八”事变，日本侵略者侵占了我国东北三省，不久又爆发了“一·二八”淞沪之战，日本侵略者还在中国工商业中心——上海挑起了战火。据统计，这次战役，上海蒙受巨大损失的工厂即达963家，死伤、失踪等工人10286人，受损金额5981.4万余元。于是，上海的工商业极不景气，工厂、商店货物堆积如山，因为绝大部分市民都失去了购买力。在此情形下，厂长和店主迫不得已，只好关门歇业，宣告倒闭。当时上海的倒风之盛，几乎日有所闻，简直到了骇人听闻的程度。这样，灾后的赈济工作就非常迫切。杜月笙虽然已经跻身上流社会，但并没有忘记穷苦百姓，而是义无反顾地参加了赈济工作。

战争导致资方关闭工厂、店铺，劳方只有卷铺盖走人，工人本来就待遇微薄，家累又重，绝大多数工人一天不做工，一家老小就难以果腹。如今店铺关门，工厂停摆，他们的生活立将陷入绝境。事关身家性命，他们当然不得不跟厂主、店东发生交涉，从遣散费的有无，到争到数额的多少。

对于遣散费，对资方来说要保本，拿一文钱出去就等于损失一文；对工人来说则要活命，多得几钱便可以多苟延残喘几天。所以双方的斗争相持不下，党、政、军机关也无法调停，僵局如何打破呢？于是有人提出建议：“何不去找找杜先生？”

通常是由劳方或资方，或者劳资双方共同向杜月笙提出申诉，杜月笙答应了，便定期邀请双方代表到华格臬路杜公馆去谈判。杜月笙一般都会很有耐心地听完劳方的陈情，再听罢资方的苦衷，然后以单刀直入的方式问劳方：“你们希望老板付多少钱的遣散费呢？”假定劳方代表的答复是：“最低限度，老板要付我们两个月的薪水。”接着，杜月笙再去问资方的代表：“工人的苦处，不说你们也明白，大家相交一场，最后的阶段，彼此都该尽点儿心力。依你看，尽你的力量，能够付得出多少遣散费?”假定资方的答复是：“充其量，我们只能付得起一个月。”杜月笙会对双方做一番入情入理的分析：“凭良心说，资方的苦衷是实情，倘使他们还能够兜得转，他们的厂或店，就绝不至于关门。另外呢？工友的说法更加不假，关厂关店就要停生意，失业以后，再找工作要先维持一段时期的生活，回家乡去也得一大票旅费，区区两个月的薪水实在说来还嫌不够，他们只提出两个月的遣散费的要求，这完全是在体谅资方的苦衷。”

那么，问题怎样解决呢？杜月笙再开口，便是石破天惊的言（闲）话一句：“依我看，资方要尽心尽力，解决工友的问题，一个月的遣散费太少，两个月还是不够，我请资方把这笔遣散费提高到三个月。”

斯言一出，劳方代表喜出望外，欢呼雀跃；资方代表则心惊肉跳，暗底下埋怨杜先生怎么这样自作主张！一下子增加了两个月，甚至超过了劳方代表的要求。但是，正当他们想要再度诉苦的时候，杜月笙又笑吟吟地说：“不过，我相信老板确实没有力量付得出三个月的遣散费，否则他绝不会跟各位这样牵丝扳藤，委决不下。所以我说，老板还是尽他最大的力量，筹发遣散费一个月，相差的两个月薪水，由我杜某人负担，现在就请你们把数目算出来，我好叫赈房开支票。”

事情到了这个地步，劳资双方除了衷心佩服，万分感谢，简直再无其他的话好说。数目开出来了，最多五分钟，赈房里便将一纸巨额支票送到，杜月笙当场交付。劳资双方欢天喜地地出门去，走到路上一商量，杜先生的大恩大德何以图报？商量的结果多半是：翌日报纸上刊出了劳资双方共同向杜月笙鸣谢的启事，然后制一块歌功颂德的匾额，雇一班服装整齐的军乐队，由劳资双方推派代表，吹吹打打地送到杜公馆，鸣炮、奏乐、致颂词，再由杜月笙笑容可掬地接受。对杜月笙来说，这等于是付了一笔替自己宣传的广告费，帮助他洗白身上的污点。而且，事后商家、厂家还得加点儿利息，或者附送一份礼物，把杜月笙代垫的费用悉数还清。还会成为杜月笙在工商业发展的良友，也会成为中汇银行的长期客户。对工人来说，杜月笙用这种慷慨仗义的方式调停劳资纠纷，使他获得了几十万人的衷心感戴和赞美。受惠于杜月笙的工人及其眷属，经年累月，不时地在大量增加，杜月笙的声誉和威望也急遽增长。无论什么事，只要杜月笙登高一呼，这些人就会自动响应。于是，任何工潮，一经杜月笙之手，即可迎刃而解，使杜月笙的声望越来越高。全上海的工商业者，没人敢于冒犯他、开罪他。相反，为了往后的方便，希望接近他的人却大有人在。所以，杜月生为调解劳资双方付出的一切，并不是一桩赔本的买卖！

有人分析，杜月笙筹募赈款如此得心应手，是有其特殊原因的。其一，发起游艺活动助赈，杜月笙具有他人不可比拟的条件。在这次赈灾中，杜月笙通过发起演剧、赛马等游艺活动进行募捐。当时上海市民的主要娱乐活动有看戏、看电影、赌博等。杜月笙虽没有经营戏院，但黄金荣拥有荣记共舞台、荣记大舞台、黄金大戏院和大世界游乐场等娱乐场所。任何艺人想在上海滩站稳脚跟，闯出天地，都必须有靠山，得有人捧。而当时黄金荣、杜月笙、张啸林三大亨就是上海滩上最强有力的靠山，杜月笙、张啸林还是票友，闲来无事喜欢票一曲。因此，他们与一些名伶的关系一向很好，杜月笙还娶了两位名伶做夫人，由他们出面邀请演艺界助赈，没有人会拒绝。1931 年 2 月，张啸林、杜月笙等邀请梅兰芳演戏义赈豫、赣两省，募得赈款 11386 元，而王晓籁、虞洽卿、林康侯三人通过同样方法只得赈款 2950 元。其二，杜月笙具有华洋两界的双重身份。他利用租界内复杂的人事关系，上海社会的紊乱局面，以及国民党统治势力无法深入租界等客观因素，与社会各阶层广泛接触。当时上海有许多热心慈善家，其中肯花钱而不愿出头露面者居多，他们主要是怕出了富名会引匪上门，遭绑票勒索，故即使捐款也以无名氏的名义。这些人的心理状况，给杜月笙提供了出人头地的大好机会：他是青帮大亨，又有烟、赌的巨额收入作支撑，他可以募款，也可以捐款，更可以充当募捐活动的组织者和领导者。也因为他的这些独特条件，每次临时赈灾机构的委员中总少不了他，筹募的任务也多由他担任。

长江大水灾发生后，杜月笙在中央、江苏、上海三个赈济组织担任职务，为水灾作出的贡献无人能比。他如此积极，也是有原因的。从杜月笙赈济这次大水灾的行为可以看出，他十分注重与上海工商界人士的合作，他是上海筹募各省水灾急赈会募款最多的人，另外两个政府机构虽也有贡献，但相比之下，显得有些虚应故事。这是因为此时他正踌躇满志地要进入工商实业界，但他的"青帮头子"形象，使众多工商界人士对他敬而远之，不愿与他为伍。他以上海为事业基地，要进入上海工商界人士组成的上流社会，必须首先得到工商界的认可。他的这次募捐成绩使他善名远扬，极大地改变了他在他人心目中的"青帮头子"形象，与上海工商界的关系又近了一层。这一年，他进入上海市总商会，成为一名正式成员。

还有更深层次的原因，就是当时他与法租界当局的关系出现紧张局面，需要加强与国民党当局的合作。1928 年 12 月到 1932 年 3 月，担任法租界总领事的柯克林和总巡费沃利由于接受了杜月笙的贿赂，对杜月笙在法租界的活动包括经营烟、赌业持纵容态度。由于中国人民的收回利权运动，公共租界（英租界）在 1929 年到 1931 年逐渐关闭了界内所有的赌场和两个赛狗场，以免赌博成为中国人谈判桌上的筹码。同时，公共租界也向法租界施加压力，要求法租界取缔赌博业。1931 年 3 月，英国驻上海总领事声言：青帮不仅完全控制了法租界的事务，而且认为如果对自己有利的话，还会毁掉法国的行政机构。这些话引起了法国当局的关注，法国政府派出调查员赴沪调查，年底决定撤换柯克林和费沃利。1932 年 3 月梅礼蔼和法伯尔分别就任法租界总领事和总巡。梅礼蔼上任后严禁烟、赌，拒不接受贿赂，以此坚决打击杜月笙的气焰，抑制杜月笙的势力。杜月笙的烟、赌业被迫搬到华界经营，本人也被迫于 1932 年 2 月辞去法租界公董局的职务。既然租界不能继续经营烟、赌，杜月笙烟、赌生意的兴旺与否只能取决于他与国民党当局的关系。而且他开办的中汇银行的存款有很大一部分来自烟、赌收入，他也需要继续经营烟、赌业以维持银行的盈利。因此，他需要与国民党当局加强联络，加深关系，为此便在慈善事业上大做文章，长江水灾便是一个“天赐”良机。他在赈济工作的搭档中，有政界要人、商业巨子，他在筹募工作中的成绩，足以令任何人对他刮目相看。他为当局排忧解难，当局自然会给他丰厚的回报，使他的赌场、烟行得以从法租界转移到华界继续经营。

杜月笙因赈济成绩突出，后来还得到了国民政府的奖励。1935 年 2 月，许世英任董事长、王震任副董事长的“上海辛未救济会”，请求国民政府对上海筹募各省水灾急赈会等慈善团体的募助赈款人士给予奖励。国民政府查得杜月笙等五人在历次灾赈中，“或自捐款在 5 万元以上，或奔走劝募在 20 万元以上”，因此颁给杜月笙等五人以“三等采玉章”。这种荣誉本来只颁给对国民政府有突出贡献的人士，而杜月笙以一名帮会人士得此殊荣，也是当局对他从事赈济活动的褒奖和认同。这次赈灾的影响深远，使他成为全国闻名的“慈善家”，为他在上海社会及国民政府中的活动奠定了良好的基础。1934 年 11 月 22 日他当选中国红十字会总会副会长，截至 1943 年，杜月笙一共担任了 12 年副会长的职务。

1932 年，上海“一·二八”抗战中，杜月笙和史量才等人组织了上海市民地方维持会，在自己开的赌场内办公。杜月笙带头为坚持抗战的十九路军募捐，亲自开车运送食品到十九路军军部。

抗战期间，杜月笙共募集了93万元捐款，不仅为前线军队提供了大量物资，还开办了65个收容所，收容了3万多名难民。十九路军军长蔡廷锴对杜月笙等人的义举感怀不已，他曾表示，“35天血战，十九路军永远不会忘记一个人，这就是杜月笙先生”。

1937年，“八一三”事变爆发，日军全面进攻上海。杜月笙以中国红十字会总会副会长身份，联合各团体组织上海市救护委员会。上海市救护委员会成立救护队、急救队、临时救护医院，收容、救护受伤的抗日军民。除上海市区外，杜月笙还在松江、昆山、苏州、无锡、杭州、南京等地设立重伤医院。南京沦陷后，杜月笙来到汉口，成立临时救护委员会。据统计，至抗战结束，红十字会所救护的军民总数达260万人。这里面固然是红十字总会工作人员的卓越贡献，但杜月笙个人也功不可没。很多救护物资、车辆，都是在他的号召下募集到的。除了募捐善款、救护伤员，“八一三”事变发生后，杜月笙还与戴笠共同创办了帮会武装“苏浙行动委员会别动队”参加淞沪抗战，杜月笙捐了5000支快慢机枪，还动员帮会成员入伍。当然，由于别动队成立太过仓促，本身又缺乏训练，这支别动队在与日军作战时伤亡惨重。据事后统计，淞沪会战期间，别动队员共牺牲1500多人、受伤500余人。这支别动队里，很多都是他的门徒弟子。上海沦陷后，杜月笙拒绝了日本人的拉拢，率领中国红十字会总会理事会迁移香港，继续主持中国红十字会总会的工作，接受海外捐助的物资，将其源源不断地送到内地，支援抗日事业。1942年，杜月笙筹建了重庆医院，当时有床位300张，各科设备齐全，是当时最先进的战时后方医院，受到各界舆论的称赞。

总体而言，杜月笙一生有太多污点，特别是在“四一二”反革命政变中协助蒋介石，暗杀工人领袖，导致数十万上海工人群龙无首，成为反革命武装屠杀的对象。不过，他在担任中国红十字会总会副会长期间，兢兢业业做事，干了一些有益于国家和民族的事情。

第十三章　发迹后的家庭生活

杜月笙在旧上海曾有过两处公馆。一处位于杜美路（今上海东湖路），也就是上海现在的东湖宾馆，这座公馆是金廷荪利用抗战时期杜月笙包销航空奖券获得的利润帮他建造的，但他从未居住过，1948 年卖给了美国驻华领事馆；另一处位于华格臬路 218 号（今上海宁海西路）。杜月笙在同姚玉兰结婚后，因为前两房夫人不许他进入华格臬路的杜公馆，他便同姚玉兰长期在十八层楼公寓租房居住。20 世纪 20 年代末 30 年代初，杜月笙家里拥有 9 辆汽车、18 个司机和助手、十几个贴身保镖。杜月笙本人的座驾是 1930 年款雪佛兰，车牌号为 7777。杜月笙在旧上海的影响力非常大，别人的车牌都是用钱买来的，杜月笙的车牌是不要钱的。当时的旧上海汽车绝对是奢华品，就算洋人也未必人人都有车，那个时候杜公馆就有 9 辆汽车。整个杜公馆开支非常之大，每年需要 200 万大洋，200 万大洋是什么概念呢？普通上海市民，每年生活费能有 100 大洋就不错了，杜公馆的开支是上海市民的 2 万倍。假设现在的上海人年开支 5000 元，2 万倍就是 1 亿元。杜月笙晚年居住在香港，去世前将别人给他打的各种欠条，一把火全烧了，并告诫后人不得追讨余债，仅王新衡一人就欠杜月笙 500 根金条，这都算少的。

一、妻妾成群

杜月笙发迹后，共有五房太太，十一个子女。大太太沈月英没有生育，领养一子，取名杜维藩。二太太陈氏共生育三个儿子：杜维桓、杜维翰、杜维宁。三太太孙氏共生育两个儿子：杜维屏和杜维新。四太太姚玉兰为杜月笙生养了二子和二女：杜维善、杜维嵩和杜美如、杜美霞。五太太孟小冬，没有生育，曾收一养女杜美娟。

沈月英是杜月笙的原配夫人，江苏苏州冶长泾河南张华村人，由于沈月英不能生育，遂领养一子，名杜维藩，但此子进门后，杜月笙事事顺利，所以爱得胜过己出。沈月英的母亲原为黄金荣夫人的梳头娘姨，后由黄家做媒，将沈月英嫁给杜月笙。

最初，杜月笙对她很是宠爱，因为一方面，沈月英嫁给杜月笙，是黄金荣的夫人做的媒，媒人的面子很大。另一方面，沈月英虽然未生育，但领养的儿子杜维藩进门后，杜月笙的事业突飞猛进，很快就奠定了他在上海滩的地位。因此，杜月笙即便后来身边美女如云，可最看重的依然是沈月英。沈月英回娘家，要经过长泾河，于是要求杜月笙修一座桥，以便她回娘家。杜月笙二话没说就答应了。三个月后，一座漂亮的水泥桥立于河上。但后来沈月英由于对杜月笙一连迎娶几位姨太太的做法大为不满，为了报复杜月笙，她勾搭上了表弟傅方林。结果被杜月笙得知，便让金廷荪派人打断了傅方林的双腿（一说砍断双足），并把沈月英多年囚禁在一间小屋里，直到长子杜维藩娶亲，才把她放出来。由于沈月英被称为“老四”，以致有人把沈月英出轨的事，安在了杜月笙的第四位夫人姚玉兰头上！沈月英解除幽禁后，显得格外萎靡、消沉。她唯一的儿子杜维藩长大了，每天要出去读书，而家里娘姨、丫头、保镖、当差一大堆，服侍这位大少爷无微不至，处处周到，沈月英反倒觉得插不上手。她平素身体虚弱，多灾多病，闲来无事，于是一天到晚躺在床上吸鸦片烟，她的烟瘾越来越大，几乎整天人不离烟。鸦片烟毒严重地损害了她的健康。抗战期间，沈月英病故于上海，终年48岁。

二太太陈氏是苏州农家女，读书时在上海舞厅兼职陪舞赚钱。杜月笙遇见陈氏后，看上了这位青春靓丽的女学生。于是，15岁的陈氏成为杜月笙的二太太。1949年中华人民共和国成立前夕，杜月笙举家搬到香港，准备迁居台湾。陈氏也很想去台湾，可在香港时，由于与杜月笙发生口角，一气之下，带着杜维翰和杜维宁两个儿子回到了上海，留在了大陆。

三太太孙氏也是苏州人，她嫁给杜月笙时只有16岁。孙氏与杜月笙生育了两个儿子。她为人比较豁达，善于自己排遣时光，将全部时间精力贯注于她的一对爱子杜维屏和杜维新身上，当这两个儿子念到初中时，她便请准杜月笙，把他们带到英国伦敦去求学，孙氏便伴着两个儿子在海外生活。1949年孙氏随杜月笙来到香港，与四太太姚玉兰经常发生矛盾。所以，当1951年杜月笙在香港逝世后，丧事一经办完，孙氏就搬迁到英国居住。20世纪90年代，孙氏病逝于美国。

四太太姚玉兰9岁在汉口坐科学艺，12岁就正式上台演出。14岁到烟台演出，其时妹妹玉英也学成出师，两人同时演出《虹霓关》，颇为轰动。1929年，黄金荣开设的黄金大戏院请到的三位红极一时的京剧著名坤伶，就是姚玉兰母女。其中母亲小兰英唱老旦，大女儿姚玉兰唱须生，二女儿姚玉英唱武生，母女合挂一块牌，戏迷们看来着实新奇。母女三人乃是梨园世家，唱做俱佳，于是轰动了黄浦滩，黄金大戏院场场客满。杜月笙喜爱京剧，听说黄金大戏院来了两位年轻貌美、色艺双全的生角，他当然要去欣赏。他头一天看了姚玉兰的戏，便深深地被她所吸引。嗣后除了每天赶着捧场之外，还拉了要好的朋友去看戏。一次，好友王柏龄到上海来玩，他便请王柏龄同看姚玉兰的戏。王柏龄对姚玉兰也很欣赏，两人谈着谈着，杜月笙突然一本正经地说："我想娶这一位小姐，你看如何？"王柏龄极表赞成，说："你要是娶到了她，闺房里面对唱起来，那才是人生一乐。"这时，杜月笙尚有所顾忌，因为姚玉兰姐妹在后台从不搭理别人。问她们话，只是嫣然一笑，一切交际应对都由老太太出面打理。于是，杜月笙便想走黄公馆里李志清（黄金荣儿媳）的路子。因为黄老板退休以后，几家戏院大都由李志清掌管。李志清身为老板，又是女性，跟姚家母女又有业务上的关系，遂成为闺中密友。对此，杜月笙早已打听清楚了，于是驱车来到黄公馆，把自己喜欢姚玉兰并想娶姚玉兰的事托付给她。李志清便把杜月笙的心事向姚玉兰母女说出。这件事却使姚家颇感为难。以杜月笙的声望、财势固然无可挑剔，可是，杜月笙毕竟已经有三房妻室，自己去了杜家，乃是第四房小妾，又不甘心。几经交涉，姚家母女终于提出条件：必须正式结婚；必须和杜公馆的那三位夫人分开居住。对此，杜月笙满口答应。新居设在蒲石路，租了一层豪华考究的楼房，杜月笙虽想尽量避免张扬，可是朋友们知道的依然不少，所以婚事仍旧办得相当风光热闹。这一年杜月笙42岁。姚玉兰进入杜公馆之后，非常得宠，原来的三位夫人自然也就风光不再了。

杜月笙和姚玉兰结婚以后，生活上的情趣倍增，夫妻俩有相同的爱好，高唱一曲，兴味无穷。姚玉兰结了婚便洗卸铅华，一心一意做杜夫人，自此告别了舞台生涯，但是遇有义赈救灾，或者亲朋好友一时兴起，她也兴致盎然地粉墨登场。结婚一年后，她给杜月笙生了个女儿，杜月笙给她取个名字叫美如，对她的钟爱不亚于"掌上明珠"。杜美如满月的那天，蒲石路杜公馆不仅大宴亲朋，而且演出堂会，由当时风靡沪上的梅兰芳、马连良联合演出，张学良夫人于凤至亲临道贺。杜月笙在蒲石路建立新居以后，就常常有送堂会的盛举，不过姚玉兰因为身份关系，不大登台亮相。

杜月笙和姚玉兰

据杜维善回忆："抗战爆发后，父亲先离开上海，借道香港到了重庆，我们和母亲一直住在上海，那段时间过得比较艰苦，平常用钱都得节省。记忆中，我们家很少吃米饭，都是以面食为主。那时候我才几岁，父亲多少有些担心我们。那时上海政治性绑票很多，如果日本人或伪政府的人把我绑了去，威胁他赶紧回上海，那岂不很麻烦？直到抗战胜利的前两年，母亲才带我们到重庆与父亲团聚。因为父亲的生意和产业都在上海，所以抗战胜利后，父亲回到了上海，先是暂住在现在的锦江饭店，我们住在另一个朋友家里，彼此还是分开的。那时也不觉得父亲的身份有什么特殊，觉得一切很自然。"

1951年，杜月笙在香港逝世，丧事办完后，姚玉兰将丈夫的灵柩迁居台湾。姚玉兰在台湾得到了宋美龄和孔二小姐的照顾，20世纪80年代病逝于台湾。

杜月笙在中年以前所娶的三位夫人都是旧式女子，平时不大喜欢出门，不愿抛头露面。姚玉兰是自幼随父母闯过码头，见过世面的，是走红多年的名伶，一口京片子清脆嘹亮，杜月笙的交友范围越来越广，越来越往高处攀，有姚玉兰这么一位风光体面、肆应裕如的杜太太，弥补了杜月笙多年来的一大遗憾。

中年的杜月笙

二、家庭内斗

杜维善（姚玉兰所生）回忆说：就像在影视或小说里看到的一样，在这样一个大家庭，互相之间的明争暗斗是少不了的。我的母亲是第四房太太，她不太会用心计，但在杜家任何一房太太，如果不用心计就要败下阵来。每位太太身边都有一些“参谋”给她们出谋划策，怎么争宠，怎么夺权。母亲也有很多参谋，有一次父亲过生日，几个太太事先商量，决定大家在那天都穿一样颜色和式样的旗袍，这样大家平等。母亲回来就问参谋这件事情怎么办——如果答应她们的条件，那她终归是四太太，要排在后面，显不出地位。如果不答应，其他人肯定要数落她。那两个参谋说：你先答应下来，她们说什么样的你就去做，母亲也就依计行事，可她暗中另外预备了一套。生日宴一开始，她与其他几个太太穿一样的衣服出来，可是没几分钟，马上去换了另一件。这样一来，众人之中她突出了地位。这样的事情还有很多，都是我们搬到台湾后母亲跟我们说的。

前楼太太（沈月英）很早就去世了，剩下的四位夫人中，母亲和孟小冬的关系是最好的，其他两位夫人一天到晚地争斗。三哥、四哥的母亲就是和二哥的母亲吵得一塌糊涂，才带着两个儿子去英国待了很长一段时间。在杜家，兄弟间的斗争也很厉害。父亲有十一个孩子，我是男孩子中的第七个，但是因为我年龄小，也不住在一起，所以没涉及其中。父亲想培植大哥杜维藩，但实际上他是个阿斗。大哥喜欢喝酒，我父亲常常骂他：你代表我请客，可是客人刚刚到你就醉了，你还怎么代表我？但杜家的接班人始终是他，父亲的观念始终变不了，所以在他留的遗嘱里，长子和长孙的遗产多一份，其他几个都是平分——不过这些事情，也都成为旧中国的一个缩影了。

第十四章　一生高潮——杜祠落成

杜月笙为了显示自己的成功，借助于自己的声势来光宗耀祖，专门在家乡上海浦东修建了杜氏家祠。为了筹办这次“盛典”，他把所有能够利用的关系都动员起来，两个月前就向各地的朋友、同门兄弟、门生发出邀请函电。1931年6月10日，杜氏家祠落成，车马之盛，仪文之茂，几乎为上海开埠以来闻所未闻。当时报章竞相报道，可谓洋洋大观。一批日本记者所发出的报道，洋溢着惊讶，称赞曰：“典礼备极豪华，为日本人意想不到”，“杜氏声誉之降，可谓壮观盛况”，“以一家之宗祠祀典，规模如此之伟大，真不亚王侯之观矣”。

建造这样一座家祠，如此这般的热闹风光一场，乃是杜月笙多年来苦心经营的结果。国学大师章士钊为他所写的颂词称：“尚义为天下倡，天下翕然归之，徒众万千，言出若鼎！”这时，杜月笙终于实现了他的梦想。早在29年前他15岁时，当外祖母送他只身来到上海谋生时，他曾哭着说道：“外婆，高桥家乡人人看我不起，我将来回来，一定要一身光鲜，一家风光！我要起家业，立祠堂！不然，我发誓永远不踏入这块土地！”杜氏家祠的竣工，让他终于完成了这个心愿。当他发出请柬后，天南地北，到处都有他的故旧门人，三日盛会，竟创下“堂上珠履十万客”的大场面！

杜氏家祠以杜家花园为中心，面积达五十亩。祠堂是五间的门面，凡三进。头进是轿马厅，二进是大厅，三进便是奉安之所飨堂。门前雄踞两只一人多高的石狮子，栩栩如生。飨堂里的一楹一柱，一龛一屏，莫不请来高手工匠，精工雕刻。飨堂里供着杜氏祖先总主之位，大厅则供的是福禄寿三仙，又有两座一人半高的云南大理石屏，神似一幅写意的名画。

为了接待来自全国各地的贺客，祠堂门前搭起一座五层高的彩楼，楼中央便是戏台，楼后则为娱乐嘉宾的剧场。彩楼下的一片广场可容约好几千人。祠堂四周空地上搭满了席棚，共有一百多间，里面陈列着各地送来的礼物。早在杜氏家祠竣工前，琳琅满目、美不胜收的礼物，便开始自四面八方送来，其中大多是匾，其次是联、屏、幅，还有古董器玩、旗伞、花篮，林林总总，有数千件，统统放在席棚间公开展览，每天从早到晚，观者有如潮涌，一拨拨地跑来参观。

在杜氏家祠的西面，搭了一个巨大的席棚，席棚里摆好两百多张圆桌，可以一次开两百多桌酒席。上海邮政局特地在场中设立临时邮所，赠送纪念信封、信纸，加盖纪念邮戳。连家祠带藏书楼，全部建筑费用是大洋50万元，为招待宾客和供人参观的各项临时设置，以及招待费用，又花了50万元。

1931年6月10日，杜氏家祠举行奉主入祠仪式。这天天一亮，法租界华格臬路杜公馆附近就已被仪仗队和亲友、宾客挤得水泄不通。色彩斑斓的旗伞仪仗，成百上千的匾额楹联，预先排好次序，摆在马路两边，从华格臬路排起，布满了附近的街道。九点一到，奉主入祠的行列准时出发，据当时上海报纸估计，仅仪仗队的人数即达五千有余，连绵两英里，从华格臬路到金利源码头，足足走了两个半小时。

仪仗的第一部分，是骑着阿拉伯骏马的英国巡捕，排齐马队，作为前驱。接着便是几十面两丈见方特大的国民党党旗和一连串三五十杆“杜”字大旗。每面旗帜由四个人抬举，前后左右由一百多辆自行车护卫。自行车在当时还算是很新鲜的，是日，法租界巡捕房里的安南巡捕，近百辆自行车全部出动，四辆一排，由头戴笠帽、打好绑腿、腰束皮带、全副武装的安南巡捕推着，徐徐行进。安南巡捕之后是中国巡捕，头戴钢盔，足蹬长靴，挺胸迭肚地步行。黄金荣开办的金荣小学学生，穿海军式的童子军制服，敲起洋鼓，扛着童子军棍，负责护送钱业公会合送的旗伞牌匾。淞沪警备司令部的军乐队和一排荷枪实弹的步兵在前，陆军第五师的乐队和一连步兵在后，拱卫三面八人扛抬的大匾。其中有国民政府主席蒋介石颁送的“孝思不匮”，淞沪卫戍司令熊式辉赠的“慎终追远”，军法总监何键赠的“辉光照国”。

第二部分是上海市公安局的军乐队、保安队员，铁华学校的童子军护送淞沪警备司令部张春甫副司令、上海市市长张群、外交部部长王正廷所赠的匾额，以及新江、天新、宁绍等轮船公司所赠的伞亭。

第三部分是吴淞要塞司令部的队伍及静安小学童子军护送监察院长于右任、司法院长王宠惠等赠匾。

第四部分最引人注目，由陆军第五师军乐队开道，闸北和南市保卫团、宁波旅沪小学童子军一同护送北洋政府时期的两位总统：徐世昌、曹锟；一位执政：段祺瑞；两位大帅：吴佩孚、张宗昌；一位少帅：张学良；中央各院部首长，各省主席，以及党国要人、法国官员送的匾额。

第五部分是江湾救济会的西乐队前导。

第六部分是各团体、学校、公会、私人赠送的旗伞、花篮，而由当时颇负盛誉的海军司令部军乐队作为前导。杜家的祖宗牌位是由特别扎成的“神轿”抬着，前面用八面特大的铜锣开道，几十个盛满鲜花的花篮和几十个点燃着檀香的大香炉，由穿着彩衣的少女捧着随轿前行。

杜月笙本人头戴礼帽、身穿长袍马褂，带领他的几个儿子，手扶轿杠，满脸笑容，一路和欢呼的观众打着招呼缓缓行进。在他的后面，是杜氏亲友门人，排起长长的队伍，伴着他送主入祠。这个两英里长的仪仗队，经过了华格臬路、李梅路、恺自迩路、公馆马路、老北门大街、小东门大街，在爆竹喧天、欢声如雷中，抵达了金利源码头。

金利源码头更是万头攒动，人如潮涌，一大早就有人守候在码头附近看热闹，此刻加上仪仗大队，以及跟随而来的人群，把码头一带挤得水泄不通。码头上搭好的几座迎宾牌楼，南市保卫团派了一队团员在场照料，而杜公馆派出来管事的人更多。码头外面，黄浦江上，井然有序地排好一百多艘渡船，渡船有轮船，也有拖驳和舢板，尤有杜公馆自备的两艘欢迎游艇。凡此专用的渡江船上，桅顶一律挑起一面红底白字的“杜”字小旗。这座黄浦江滨的金利源码头，也是第一次出现这么盛大浩荡的船队。

仪仗队依序前行，一路不停，因为接运的渡船，早已按照精密计划，排好了顺序，一船装满，紧接上来，于是大小船只，首尾相衔，满载后立刻启碇。军乐队、匾额伞亭、中西军警、童子军都有条不紊地登上渡船。随后又有两艘大轮船，一艘专供女宾客乘坐，另一艘由杜公馆里的上下人乘坐。高桥码头不但布置得整齐清洁，焕然一新，而且还移来葱茏的树木，沿途装置了无数盏煤油路灯，道路平坦，一尘不染。

船只逐一靠岸，人们步上码头，循序向杜氏家祠前进。这八里路，路畔又是两条长龙，麇集着从四面八方赶来看热闹的乡民百姓。临到宾客下船，码头旁边早已备好的车队开始出动。杜公馆一共备下十五辆英国产的“奥司汀”牌小汽车和一百五十辆人力车，虽有这么多车子，由于客人众多，仍嫌不够。上海的人力车夫，看准高桥这三天生意好，纷纷把自己的车子用船运来。杜公馆立刻派人跟他们约定，必须在杜公馆所备的车子不敷载客以后，方准他们依序拉客，同时规定每拉一趟，车资六角。由杜公馆发送宾客乘车券，拉到杜氏家祠，客人不必付钱，将乘车券交给车夫，让他们自去账房凭券支领现金。

上海黄包车夫大都是顾竹轩的徒子徒孙，因此码头上虽然车多人多，却是秩序井然，一丝不乱。不过有些客人急于早达目的地，下了船便自己雇车，反由坐车的人自抬价格，每趟由六角变一元，进而两三块。于是这些车夫，一天收入多达一二十元，拉三天车下来，等于发了一笔小财。

当年上海的明星电影公司，主事人中不乏杜月笙的朋友和门徒，创办之初，又得过杜月笙的鼎力协助。杜祠落成，他们为讨好杜月笙，便派出了电影摄制队拍摄纪录片。著名导演张石川、王吉亭等及大明星郑正秋等一律出动，在大路上跑来跑去，进行指挥。于是，大导演、大明星找镜头，上镜头的嘉宾又争着来看明星和导演，相互征逐，主客两欢。

高桥镇的大街小巷，因为街道狭窄，来客太多，拥挤不堪。再加上沿街设摊，贩卖水果零食和香烟者将这一处清静的小镇，变成了闹市一般。6月9日这一天，络绎而来的男女宾客已达一万余人，拥挤在仅可容四五千人的临时剧场里，拥挤之状，可想而知。

祠堂前面搭的芦席棚，连餐厅带剧场，全部用来招待各界来宾。上海大世界游艺场对面的杭州饭庄特地为杜月笙大宴宾客打烊三天，全庄厨役统统来到浦东。杜祠旁边芦席棚搭的餐厅，摆下两百桌酒席，一次可供两千五六百人用餐。可是贺客之多，出乎意料，于是这两百桌全部成了流水席，一批用过，一批再来，据当时上海《福尔摩斯报》的统计，三日之内一共开了两千席。除此以外，为了节省时间，紧急供应，筵席处又从上海聘去大批的西餐厨师，从早到晚，一桌桌西餐川流不息地送出去。不久发现酒席加西餐仍难以满足需求，筵席处遂采取紧急措施，再由上海聘来大批点心师傅，赶制面点供客人充饥，即便如此仍显僧多粥少，中西餐点的供应难以为继。

杜氏家祠落成，靠杜月笙的面子，北京名伶、沪上名票纷纷云集沪滨，会串三日，可称民国以来前所未有的盛大演出。6月9日是第一天，下午三时开锣，剧目是全班合演的《天官赐福》。

众多的京戏名角纷纷登台献艺：徐碧云、言菊朋、芙蓉草、金仲仁等的《金榜题名》；荀慧生、姜妙香、张春彦、马富禄的《鸿鸾禧》；雪艳琴的《百花亭》、名票张藻宸和名伶尚小云合演的《汾河湾》；华慧林、萧长华、马富禄三丑合演《打花鼓》；李吉瑞和小桂元的《落马湖》；程砚秋、王少楼的《芦花湖》等，全是杜月笙既爱看又能唱的武生戏。大轴子戏《龙凤呈祥》由梅兰芳、杨小楼、马连良、高庆奎、谭小培、龚云甫、金少山、萧长华合力出演，阵容之豪华强大，一时无双。

杜月笙招待这许多京剧名角、沪上名伶，也是敬礼有加，待遇十分优渥。他包下了上海宁波饭店全部房间，作为南来角儿的下榻处，可是实际上大多数名伶都不住在这里，许多名伶觉得每天往返于上海市区和高桥镇，费时既多，交通又不便。尤其他们之间平时忙于各地演出，很难有这样共聚一堂的机会，为了散戏以后吃吃聊聊，干脆在后台睡统舱，打地铺。

当然其间也有外宿的，譬如对梅兰芳，便由中国银行总裁、广东金融巨子冯幼伟（耿光）悉心照料，无微不至。这一次梅兰芳到高桥唱杜月笙的祠堂戏，一连三天，冯耿光自始至终随侍在侧。他和梅兰芳住在高桥望族胡伯平的家里，胡家的房子，算是高桥镇上最宽敞讲究的一幢。

表面上说是全国名伶大会串，捧杜月笙的场，为杜祠落成典礼大放异彩，实际上杜月笙却不愿意沾这帮朋友的光，名之为“义务戏”，私底下他还是送了贽敬，而且数额颇不小，因为这些名伶来去旅费和琴师、文武场面、跑龙套的跟随一大堆，当然要有报酬，杜月笙送每位名伶大洋 5000 元，次要的角色也得了 3000 元。

杜月笙还借此机会，建立了一所学校和一座藏书楼。藏书楼是一幢两层楼的白石建筑，中分五楹，两旁各有一大间厢房。藏书约有十万卷，全由杜氏友好门人捐赠。在 125 位赞助人中，包括王伯群、吴铁城、杨虎、杨杰、刘芦隐、汤漪、陈群、张翼

参加杜氏家祠落成仪式的名伶合影

枢、张颂椒、苏嘉善、杨志雄、刘志陆、吴醒亚、汪啸崖、李应生、王仲奇、张澹如、传品圭、孙祥簋、朱如山、谢葆生、杨管北、赵君豪、唐世昌等。这些都是跟杜月笙平素比较亲近的人，他们帮助杜月笙完成了一项盛举。除建藏书楼外，还建立了一所学校，以表达杜月笙对教育的重视。

张大千笔下的杜月笙

第十五章　门徒和恒社

一、开堂收徒建立恒社

随着杜月笙的声誉日隆，为了壮大自己的势力范围，他开始大量吸收门徒，以结交、延揽各式各样的人才。为此，上至党政军首脑，下及金融界、工商界、文化界的领军人物，他都倾力交结，尽量争取。由于事业发展方向的转变，需求的不同，对于人力资源，必须妥为调整。旧有的大小八股党、帮会徒众，应予以适当的维持，以作为基本的力量。同时需要大量吸收新鲜血液，也就是知识分子和专业人才。他的密友陈群向他献策："要多多延揽那些能够掌握群众的青年朋友。"而杜月笙却摇头苦笑说："这些人平时都把我看作帮会人物，地方恶势力的代表，他们怎么会拜到我的门下来?"杜月笙虽然有此顾虑，但经过陈群的开导，他觉得自己在上海滩的巨大实力，就是最好的资本。

杜月笙延揽人才的重要途径便是利用青帮开堂收徒，以此来扩大自己的势力范围和巩固群众基础。杜月笙在青帮里属于"悟"字辈，在当时上海滩的青帮里只是个后生晚辈。但是，由于他拥有不可小觑的实力，因此，许多人出于各种目的，仍愿拜杜月笙为师进入杜门。有了青帮这个工具，杜月笙在延揽人才方面更是如鱼得水，把一些他看中的人才纷纷纳于门下。

开堂收徒需要举行一定的仪式，青帮原来那套拜师传徒的烦琐复杂仪式已经难以适应新形势的发展，必须加以改变。杜月笙便把原来拜师时的三跪九叩大礼改为三鞠躬，拜门的徒弟一律称为“学生”，原来称师父为“老夫子”则改称“先生”，把“拜师帖子”改为“门生帖子”。原来“拜师帖”上照例写有“一祖流传，万世千秋，水往东流，永不回头”，如今简化为“永遵训诲”四个字。徒弟向师父敬献的贽敬，统一规定为大洋240元。拜师的程序，也只须经人介绍，备具拜师红帖，写上姓名、三代及介绍人后，无论时间、地点，向他递过帖子，行过三鞠躬礼，便确定了师徒名分。杜月笙的门生究竟有多少人，向无统计，在上海本地至少有两千人，外地各省有三四千人。

何以有这么多人投拜杜氏做他的门生呢？有人分析不外乎以下几种情况：

一种人因为受不了当时上海恶劣环境的困扰，所以要投拜杜氏为师作护身符，这种人以安分守己者居多。一种人因当时上海绑票之风极盛，每月必有一两人被绑架，多的时候，每月竟达十数人。于是好多人投拜杜氏，以防遭到绑架，这种人中家私百万的富商巨贾不在少数。一经拜师之后，绑票匪徒便不敢再下手了。一种是工商界中人，为了扩展业务，避免纠葛，纷纷投拜杜氏门下，以利于事业的发展，这一类人所占比例极高。一种人是当时上海的商业团体，凡是理事或理事长，几乎都是杜氏的门生。还有一种是剧艺界中的佼佼者，怕在演出时有人捣乱，有损伶誉，于是都向杜氏投帖拜师，特别是京剧界中人，往往千里迢迢投到杜氏门下。杜氏门生之中人数较少而地位较高的，就是军政界人士。所以，杜门中人也分布在军队及政府各部门。还有一种是工会中的领袖，因为每逢工潮发生，劳资双方都要请杜氏解决，除非杜氏不答允，凡答应的，只需“言（闲）话一句”，什么都解决了。

抗战时期，杜月笙担任赈务委员会委员，1942年10月到川陕去巡视，投门生帖的近两千人，由四川省主席张群（岳军）

替他审核名单，杜月笙便收了1500名门生。到了宝鸡，又备受欢迎，酬应繁多，又接受了五百多个门生的帖子。

随着杜月笙事业的扩展，交友范围越来越广，朋友和门徒越来越多。他需要越来越多有知识的年轻人和工商业者的支持，后者也需要杜月笙的庇护。于是由他的大弟子陆京士倡议筹组了“恒社”，以便把杜月笙的门生、弟子纳入其中。“恒社”由陈群所拟社名，取“如月之恒”的意思，最初会员约五百人。对于杜月笙来说，要办事业，恒社是力量的源泉；要交朋友，恒社是沪上精英荟萃之所；想玩，不论吃喝嫖赌，恒社又是黄浦滩上的高级俱乐部。

恒社成立于1933年5月（一说成立于1934年），实际上是个帮会组织，但披着民间社团的外衣。标榜其宗旨是“进德修业，崇道尚义，互信互助，服务社会，效忠国家”。一应规章制度、精神立意，全由陆京士等三五个人负责筹划、制订，并由杜月笙指定了十九位发起人，这个名单包括来自各方面的实力人物：

在国民党上海市方面有陈君毅、汪曼云、林美衍、黄香谷、黄造雄等；在市政府社会局方面，有科长张秉辉、许也夫及主任王刚和王先青等；新闻界有唐世昌、赵君豪、严服周等；邮务工会有陆京士、朱学范、傅德卫、张克昌等；电影界有张石川、任矜苹等；渔业市场有唐缵之、朱东山等；法商电车公司有邵子英等；京剧界有赵培鑫、孙兰亭、汪其俊等；交通业有周祥生等。其他知名人士还有：上海吴淞商团团长、商会负责人唐承宗，汇丰银行买办徐懋棠，逸园跑狗场总经理东云龙，著名律师鄂森，还有学运健将后为律师的周孝伯，富商孙祥簋及傅瑞铨、招商局船务科长洪雁宾、四明银行经理张颂椒、富商黄振东、买办蔡福棠，以及大世界总经理江肇铭。

按照社章规定，加入恒社，须经两人介绍，填写入社申请书，经理事会通过，报告理事长核准，定期办理手续。最后由常务理事、总干事陪同，到杜公馆行礼。而且还有一条规定：文职人员须科长级以上，武职限于少校以上，工商界须主任以上，年龄要满30岁。

恒社成员大体上可以分为三类：第一类是杜月笙初期的门徒，主要是一些流氓、瘪三、租界的密探（包打听）、巡捕、赌徒之类，为数不多。第二类是殷实富户及其子弟，他们因为在租界里怕遭绑票和其他黑道的欺侮，甚至想占点儿便宜，于是通过走门路，送重礼，加入恒社。这类人数量也不多。第三类是在社会上有一定活动能力和门路，但会遇到障碍，寄希望于杜月笙的声望和实力，视杜月笙为靠山，以达到出人头地目的的人，这类人为数众多。

恒社作为杜门弟子所组织的团体，以拥护杜月笙为职志。据恒社最后编制的社员名册，共为915人（实际上并不止于此数）。其中对杜月笙始终不渝者，以陆京士为代表；以幕后身份，备受咨询，从中筹划者要推骆清华；以卓然有所自见者，如朱学范；法学界杰出人才，如鄂森于抗战胜利后奉中国政府派为检察官，参加东京国际法庭，对日本战犯进行审讯。恒社社员在京剧上的造诣甚高者，不乏其人。生、旦、净、丑，角色齐全，如果编为剧团，不待外求，其中有如马连良、谭富英、叶盛章、赵荣臻等。

恒社最初设在爱多亚路，杜月笙只担任名誉理事长，除接收学生或有重大事项，平素不前往。他关照万墨林："你要每天替我去走一趟，看看有什么事情，能够办的立刻就办了，否则随时回来通知我。"

加入恒社的先决条件当然是杜月笙的门徒。恒社的经费有一个惠而不费的办法：凡是拜杜月笙为师者，一概奉呈贽敬，这笔贽敬费便移作恒社的基金，统统存起来，利息作为恒社的日常费用。恒社弟兄之中倘遇天灾人祸、重大事故需要帮助者，可以动用基金或由杜月笙代为筹措款项，予以济助。所以参加恒社的人，可获师门的庇荫，同门弟兄间合作协助，同时还有应付缓急之需的便利，一举三得，在事业或人生旅途中，多了一层有力的保障。所以，愿意加入者甚众。

每天晚上，恒社固定开一桌饭，恒社同人可以随意食用，人多的时候，另外再叫，饭桌上笑语殷殷，欢声阵阵，同门弟兄的情谊借此更加亲密。饭后大厅上灯火辉煌，人来人往，谈天的、下棋的、谈事体的，其乐融融。隔壁一间大厅则锣鼓喧天，清唱京剧，万墨林笑嘻嘻地跑来跑去，他在杜月笙和恒社弟子之间主要做联络工作。

抗战之前，恒社弟子共有800多人，士农工商，各界人士都有。在这800余名弟子里面，经常在杜公馆走动的只有100人左右。事实上杜月笙对于这许多人并非个个都认得，他把领导之责放在陆京士的肩上，具体事务工作则责成万墨林办理。

抗战前，恒社曾经两徙其址，起初是爱多亚路，然后又迁往马浪路。在这一时期，恒社实为一个高级俱乐部，每天晚上都有恒社子弟以赌博为戏，赌伴是同门弟兄，巡捕房也不敢前来取缔。当恒社的经常费用不足之时，赌桌上抽的头钱正好作为挹注。但是陆京士对于这一点很不赞成，抗战胜利后恒社在福履理路买了房子，重定恒社规章时，他便极力主张禁赌。

恒社弟子中，各色各样的人物都有，其共同特色为知识分子居绝大多数，人人拥有身家或专业技能。杜月笙能使他们各展所长，分别负起各方联络交往之责，如骆清华之运筹帷幄，陆京士、朱学范在政治和工人运动上可谓杜月笙的代表，工商业方面恒社弟子里也不乏著名人物。例如，国信银行经理王叔和、安乐纺织厂厂长王得民、中华铜厂总经理余中南、祥生交通公司总经理周祥生、复兴实业公司总经理侯国华、英商电车公司买办胡于舆、鼎新染织厂总经理姚义璋、鲍利造纸厂总经理徐大统、协大祥总经理孙照明、杭州纱厂董事长张文魁、海新企业公司经理章剑慧、中华造船机器厂总经理兼厂长杨俊生、俊大华行和大华造纸厂总经理叶荫三。他们俱为恒社的核心人物，在上海工商界亦是引人瞩目的企业家，他们所掌握的庞大事业，便使恒社成了杜月笙的御用工具。

杜月笙常说他的学生子中有三匹野马，他自己也拉不住他们的缰，因为这三匹野马大有乃师之风，他能从这三个学生子的身上，看到若干年前的自己。

这三匹野马有一个共同特点，就是野心奇大，一张嘴能够说得天花乱坠，顽石点头，任凭什么人、什么事，他们都能搭上关系，能从毫无关系变成关系密切。三匹野马的若干表现，有时候连杜月笙都为之自叹弗如。三匹野马跟杜月笙都很亲近，杜月笙要摆场面、办大事，均少不了他们。

第一位首推招商局的船务科长洪雁宾，他能将一团乱麻理得清清楚楚，任何繁难的事情到了他的手上，莫不迎刃而解。因此，杜月笙乃将洪雁宾隐然指为自己的衣钵传人。杜祠落成时，他派洪雁宾当总务主任，1935 年杜月笙的大儿子杜维藩结婚，也是洪雁宾当总干事。

第二位是张志廉，他是上海三星棉铁厂的少东家，他不在洪帮，却能替杜月笙担任洪帮人物的联络者，仅此一点，可见其才干不寻常。

第三位是本事最大、手面最阔的章荣初。连杜月笙都说：“章荣初这个小伙子，我想尽方法都拉伊不住，真正叫我头疼至极！”这话传到章荣初的耳朵里，他便同万墨林商量对策。过了两天，他对万墨林说：“我打定主意了，我要到美国最大的汽车厂，去定造一部名牌保险汽车，防弹玻璃，铁甲钢板，牌子指定凯迪拉克。而且要在司机座位后面，嵌上一块铜牌，上面刻‘夫子大人赐存，生章荣初敬赠’，先生天天坐这部车子出去，从上车到下车之间，一定会看到铜牌上刻着我的名字。”这部轿车造价是一万美金，可见其出手之大方！

在抗战期间，恒社中人留在上海和转徙于大后方者为数较多，其寄居香港与杜月笙日夕见面的，仅有唐缵之、郭兰馨、萧青山、林啸谷、杨克天、陆增福、王铁华等少数人（唐、杨于“太平洋战争”前离港去渝）。而由上海、重庆而来，或为路过，或专程向“老夫子”问候者，则不多。

杜月笙遇有“佳士”，则欲罗致门墙，故其所到之处，不断地吸收“新血”，扩大恒社的范围。杜月笙延揽人才，招徕门徒，也有一套办法，其中最典型的便是收陆京士为徒。

陆京士是江苏太仓人（今上海市太仓区），毕业于上海法学院。他在1924年参加邮务人员考试被录取，1925年加入国民党，在上海邮局服务期间，被推选为邮务工会的重要负责人。1927年3月21日，他参加了国民党领导的工人纠察队，在南市和闸北，同直鲁军的精锐毕庶澄部作战。“四一二”反革命政变后，他又积极参加反共“清党”活动。不久，又改组并控制了邮务工会，把邮务工会里的共产党员排斥出去。对于陆京士的这些表现，杜月笙赞不绝口，称赞说：“邮政局那一帮青年朋友，真了不起！”决心把陆京士纳入麾下。为此，杜月笙故意放话给手下人，说他想见陆京士。陆京士好友闻知后，便竭力鼓动他去拜见杜月笙。陆京士早就仰慕杜月笙的大名，于是闻风而至，踏进了华格臬路的杜公馆，受到了杜月笙高规格的接待，当天便作了一席长谈，又约好次日再接着畅谈。在此后的一段时间里，二人几乎每周都要畅谈两三次。在杜月笙和陆京士两人的私人感情突飞猛进的同时，二人掌控的两股力量也迅速合流。在出面处理工潮时，也就此呼彼应，互为奥援，越来越得心应手。实业界的精英们便纷纷投拜在杜月笙的门下，成为他大施拳脚的得力助手。

就表面看来，恒社性质与帮会不同，但因杜月笙本身是在帮的，又因门生帖尚循旧例，写上三代姓名及“自心情愿”、“永遵训诲”等词句，在精神上并未彻底摆脱帮会的窠臼，所以人们对于恒社分子，不免仍以帮会门徒视之。

二、恒社弟子大聚会

抗战胜利后，在大后方的恒社弟子渐次返回上海。1946年秋，恒社举行第一次会员大会，由陆京士主持。当天杜月笙一袭长衫，神情愉快，周旋于数百名弟子之间。大会假丽都舞厅举行，会中决定许多重要事项，如集资购置一处固定社址，编印会员名册，选举理监事，加强会务，等等。

第一项议程决定在福履理路购置房产一处，作为恒社的总部。这里交通便利，地点适中，房屋极其宽敞雅洁，饶有园林之胜，售价为黄金720两，恒社弟兄算是有了自己的家。

第二项是编印恒社社员名册，列在小册子上的杜月笙学生共为915人，实际上人数不止于此，《杜月笙先生大事记》记载有所谓八千弟子。

如果以杜月笙旧日所收的青帮徒弟，加上黄浦滩上白相人之拜在杜月笙门下者与绝对服从杜月笙的各路英雄好汉，那么，八千弟子这个数目可能还不止。不过，后来，杜月笙对于恒社弟子的资格审查也越来越严，恒社弟子莫不是社会中坚、工商领袖，所以，恒社的实际人数在一千零一二百之间，未能列入名册者，多为联络中断或一时不明下落者。

翻开恒社社员名录来看，社会名流、工商巨子、学界泰斗，甚至政界的朋友，所在多有。但其中占据比例最大的，还是富家子弟，他们养尊处优，仗着父祖的余荫，腰缠万贯，一掷千金。这些人要想在大上海寻欢作乐，平安无事，不被歹徒觊觎，最有力的靠山，莫过于"有资格在杜公馆走走"，也就是托人介绍，加入恒社。

杜月笙对待门徒弟子的原则，是"善善而能用，但却恶恶而不能去"。因此，好人接近杜月笙，可以对他有所帮助；但如有坏人在他的身边，也会受到恶人的利用。杜月笙从来没有“开除”过一个人。了解杜月笙的吴开先说：“纵使他的手下犯了不可原谅的过错，使杜月笙怒不可抑，但是，他所谓的最大处罚，充其量也不过是‘从此不许他进我的门！’”

抗战胜利后，杜月笙把恒社交给陆京士负责，陆京士首先健全机构，加强组织，在福履理路买下了花园洋房的固定会址以后，恒社立刻便向有关机关申请立案，使恒社成为全国各社会团体获有法律地位的头一个。既然成为法人团体，恒社便遵照法定程序，由社员大会产生理监事会，分设各组，办理会员福利业务。

恒社社员大会，每年举行一次，他们印制了精美的《恒社社员通讯簿》，封面由杜月笙题签。因为恒社组织采取理监事制，社员中“最高职级”为常务理事。最末一届理监事及职员，名单如下：

常务理事：陆京士　唐缵之　杜维藩　王兆槐　郭兰馨

理　　事：王先青　水祥云　殷新甫　王润生　吴颖荪　黄炳权　陆增福　姚君喻　陈觉民　周祥生　王震欧　汪其俊　高尚德　朱亚杰

候补理事：王得民　罗松云　钱培荣　陆庆轍　朱化农

常务监事：唐世昌

监　　事：于松乔　张廷灏　彭尧亭　王叔和　张受百

候补监事：周星北　沉莱舟　邵予英

总干事：陈士皋

副总干事：吴颖荪、陆庆轍

文书组组长：陆增福

副组长：周星北

事务组组长：吴颖荪

副组长：罗松云

会计组组长：王润生

副组长：孔繁枬
组织组组长：陈士皋
副组长：朱化农
编辑组组长：郭兰馨
副组长：朱亚杰
集会组组长：殷新甫
副组长：王得民
京剧组组长：汪其俊
副组长：钱培荣　姚君喻
体育组组长：王兆槐
副组长：高尚德
职业介绍组组长：陆京士
副组长：王润生
交际组组长：王先青
新闻组组长：蔡殿荣
旅行组组长：周祥生
副组长：陈觉民　盛少鸣
救济组组长：王震欧
副组长：黄炳权
学术研究组组长：李宗文
调解组组长：于松乔
副组长：刘心权　刘礼甫
娱乐组组长：江肇铭
副组长：于松乔　吴颖荪

第十六章　参加抗日救国活动

20世纪三四十年代，中国人民在中国共产党的领导下，进行了历时十四年艰苦卓绝的抗日战争。在全国军民英勇奋战的精神感召下，一些帮会的头面人物，在民族存亡的关键时刻也挺身而出，参加了抵抗日本侵略者的活动，为人民做了一些好事，杜月笙就是其中之一。

一、“九一八”事变后发动抵制日货

1931年9月18日，日本关东军进攻沈阳北大营，爆发了“九一八”事变。不久，东北三省落入日本侵略者手中。当时国内情势正处于灾患频仍、千疮百痍之中。但是全国士气民心，却是无比高涨。全国人民对于日本侵略军的横暴凶残痛心疾首，新仇旧恨使反日怒潮蓬勃展开。上海市民组织了“经济绝交大同盟”，发起抵制日货的活动，杜月笙亲自参加了这个组织及其活动。

杜月笙在“九一八”事变爆发之后，趁上海民心焕发、同仇敌忾的时机，邀同虞洽卿、王晓籁、王延松、陈霆洸等人组成了以上海300万市民为后盾的“上海市反日救国会”。在筹备会议上，大家推举他和虞洽卿、王晓籁、王延松、陈霆洸、陶百川等为常务委员，推举陶百川为秘书长。“上海市反日救国会”成立后，上海市民的抗日情绪愈加高涨。仅月余时间，杜月笙主持的“筹募会”就筹集到救国捐款150余万元，有力地支援了前方的抗战。他筹集了大量毛巾、香烟、罐头食品用来劳军。杜月笙鉴于“五卅运动”时，对于英国人采取经济抵制的策略颇见功效，于是建议从“抵制日货”入手，迅速在各重要地点成立检查所和保管所，吁请上海市民全面拒买拒卖日货。检查所人员采取直接行动，到处搜查日本货物，一旦有所发现，立即加以没收，交给保管所去处理。检查所和保管所需的大批执行人员，反日救国会除了招募爱国人士和学生义务担任，还从爱国工人中遴选出大批的工作人员。抵制日货运动在黄浦滩上雷厉风行，各地检查所、保管所纷纷成立。大小商店争先恐后地退回日货，旅沪日本商人因遭到巨大的经济损失，也迅速地组织起来，设法对抗，甚至凶残横暴地对工作人员发起攻击。上海的中、日两国国民壁垒分明，敌意甚深，他们在从事淞沪之役爆发的前哨战，中国人和日本侨民相互敌视，咒骂、打架、械斗，甚至破坏和暗杀、纵火、爆炸等事件，时有发生。

在这一场老百姓之间的斗争前期，中国人显然是占上风的，不仅由于上海是中国的领土，在上海的日本侨民人数不过中国人的几百分之一，而且中国人不仅有“上海市反日救国会”撑腰，更拥有杜月笙、虞洽卿、王晓籁等人发动的群众力量为后盾。其中，杜月笙所拥有的社会力量包括由他控制的青、洪（红）两帮的弟兄和通过陆京士、朱学范等领导的广大劳工阶级。如果需要金钱，或者必需其他方面的协助，上海金融、工商各界，也给予百分之百的支持。

1931年10月12日，杜月笙得到消息称，当天下午一点，日本侨民将在北四川路日本小学举行“居留民大会”，开始做一连串必需的部署来应对。

日本侨民“居留民大会”集会时，出席的日侨数逾四千之众，会场情绪冲动、骄狂与跋扈嚣张。他们决议上电日本内阁总理、外相、陆相、海相和关东军总司令，请求速用强硬而有效的手段，制止中国民众的对日经济绝交，并且彻底解决中日间的诸个悬案。狂妄地宣称：“为达成上项目的，我居留民有忍受任何牺牲的觉悟！”散会后又举行示威游行，大队日本侨民沿北四川路迤逦向南，当游行队伍来到华界闸北白保罗路及虬江路一带时，少数狂徒竟跑出行列撕毁路旁的抗日标语。于是愤怒的中国青年立即高声喝打，飞快地冲上去报以老拳，而且在转眼之间从两侧店铺里冲出来更多的愤怒群众，“打东洋人”的喊声响彻云霄。原本耀武扬威的日本人畏缩了，他们掉头逃回租界，被截留住的人则勉强招架，中国人已经得手，公安局的警察方始一涌而出，就地劝散。中日民众第一仗，以日本游行大队遭到迎头痛击、四下溃逃作鸟兽散而结束，而中国民众则出了气，英捕房巡捕也以“保护”的名义，捉去了三名日本暴徒。

日本人逃回家中后，并不就此甘心，仍频繁接触，计划出动反击。未料到次日一早他们又挨了当头一棒，全上海所有的米店和煤炭店，一律拒绝跟日本人做生意。买不到米和煤，使日本人马上面临断炊的危险，于是大起恐慌。他们虽然气急败坏，却又不敢撒野，因为他们看到，每家米店、煤店的附近，都有怒眉横目的壮汉在巡逻，他们的任务是对煤店、米店加以保护，同时制止日本人的吵闹和纠缠。最后只得由日本驻上海总领事村井去找上海市市长张群，要求市政府设法维持日本侨民的粮食，可见这一行动对日本人打击之严重。

从10月中旬开始，零星的斗殴事件仍层出不穷，日本侨民居住最多的闸北江湾一带，徒手的日本人简直不敢外出。“打倒东洋人”成为上海市民成天挂在嘴边的口号。在杜月笙的家乡浦东，抗日救国运动也在如火如荼地进行。10月28日，浦东申新纱厂秘密向日本新井洋行购买耐火砖14600余块，日本人准备请求日本海军陆战队的士兵护送货物。但是反日救国会浦东检查所很快就获得厂内工友的情报，这批砖瓦将要分装五艘驳船，由安宅军舰护航运送。检查所为此制订了周密的计划。当新井洋行的耐火砖刚要装船时，检查所人员突然赶至，迅速将货物全部没收。日本海军陆战队士兵全体武装登陆，持枪冲锋，中国人见了东洋兵毫无惧色，双方随即进行激烈的械斗。中国人中有七人受伤，日本兵仅夺回了一部分耐火砖头。

抵制日货的行动，导致日本侨民开设的工厂和商店里，货物和商品堆积如山，一件也卖不出去。在上海反日救国会全面经济制裁的过程中，日本工厂、商店唯有宣告关门大吉，老板们躲在里面只能装置无线电话，与其他日本人保持联络。

当马占山将军在黑龙江英勇抗日的消息传到上海时，杜月笙大为兴奋，他主动邀集一批朋友，说明东北义勇军孤军奋斗，喋血抗战，后方民众应该给予精神鼓舞和物资上的支持。大家听了非常赞成，经过这一批朋友慷慨解囊，他们第一笔便募到了10万大洋，汇到黑龙江去慰劳前方将士。杜月笙当时还有心继续劝募，并派人亲赴黑龙江去慰劳义勇军，并且看看能帮什么忙。后来因为本庄繁全面进攻，马占山将军的东北义勇军被迫退到海伦，又通过俄国的西伯利亚转移到新疆，杜月笙这个计划才怏怏作罢。

为了救济大批入关的东北难民，杜月笙借鉴办理长江水灾赈济举行京剧义演的经验，会同有关方面组织了一个“东北难民救济游艺会”，在新世界剧场邀集名伶名票，各种游艺杂耍的演员，义务演出。同时还举办轰动一时的“名媛选举”，前后历时一个月，一共筹得20万元的赈款，全数交给赈济委员会，汇到北方去救济难民。这次上海举办游艺会，募款接济东北灾民的活动，盛况空前。杭州市长周象贤便请杜月笙代邀沪上名伶、名票、名流，赴杭州再演出十天。杜月笙约了梅兰芳的班子，加上赵培鑫、孙兰亭、邵景甫、沈田莘等助阵，一行200余人，浩浩荡荡地来到西子湖畔。由于杭州市民的爱国热诚，踊跃捐输，票价每张高达5元，仍然场场客满，座无虚席。出演到第七天，周象贤说要请梅兰芳唱三天《霸王别姬》，把票价提高一倍。梅兰芳和杜月笙商量，班子里单少楚霸王，于是派人到上海去接金少山来。这便是梅兰芳、金少山合作，当年红透半边天的《霸王别姬》演出，10元票价，三天场场爆满。收入全部捐给东北难民。

二、支援“一·二八”淞沪抗战

为了抵抗日本的侵略，一支中国军队调入京沪铁路沿线。这便是大名鼎鼎的十九路军。十九路军的高级将领都是当年的风云人物，也是杜月笙的要好朋友，其中包括总指挥蒋光鼐、军长蔡廷锴、参谋长赵一肩。十九路军下辖三个师，第六十师师长沈光汉，六十一师师长毛维寿、七十八师师长区寿年。

十九路军初到上海时，士兵们头戴草笠，足蹬草鞋，一身暗灰的军装，肤色黧黑。他们的武器，只有步枪和手榴弹，最具威力的重武器也不过是轻机关枪而已。

蔡廷锴的指挥部设在上海郊区的真茹，十九路军的营房设在闸北，闸北和虹口邻近。虹口是广东人的聚集之地，基于同乡的关系，十九路军和虹口居民相处得非常融洽。然而虹口也是日本侨民麇集之所，日本人和广东人在这一地区经常爆发暴力冲突，广东人因同乡队伍十九路军之进驻而引为奥援，而日本人则对这支其貌不扬、打赤脚穿草鞋的部队十分藐视，他们大言不惭地说：“日本皇军一旦发动攻势，保证在四个小时之内，占领闸北。”

1932年1月28日午夜11时20分，日本海军陆战队指挥官鲛岛疯狂骄横地命令海军陆战队兵分三路，向十九路军阵地发起攻击。日本海军陆战队约三千人，武器精良，配备有轻重机枪、野战炮、曲射炮和装甲车队。鲛岛以为如此优势的火力和兵力，再加上日军的赫赫声威，一定可以不战而屈人之兵，把穿草鞋、打赤脚的十九路军吓得节节后退，不敢抵抗。可是，他这个算盘打错了。扼守宝山路、宝兴路一线的十九路军奋起还击，死守阵地不退，这些英勇的士兵一面沉着应战，一面打电话到真茹指挥所，把业已就寝的蔡廷锴喊起床来。蔡廷锴一惊而醒，他听清楚了日军业已大举进攻，不假思索地下达了第一道命令："誓死抵抗，寸土必争!"

开战初期日军丝毫占不到便宜，因为闸北地区街道狭窄，里弄纵横，日军的重武器在巷战中难以发挥威力。以北四川路六三花园和日本小学为根据地的日本海军陆战队的装甲车，如庞然巨兽冲到了宝兴路。而十九路军的战士却置生死于度外，他们冒险攀登上装甲车，揭开车盖便将冒烟的手榴弹丢进去，于是轰然一声，车毁人亡，接连炸毁了几辆日军的装甲车。

在这次天崩地陷的恶战中，日军伤亡惨重，只得陆续增兵，他们前后动用了陆军11万人、军舰十余艘、飞机数百架，而我方固守阵线的只有十九路军三个师，兵力仅有3万人，稍后才有增援的第五军及其他部队前来助战。我军以简陋陈旧武器、劣势火力进行顽强抵御，总兵力始终不到8万人，居然能扼守防线达一个月之久。从此"皇军无敌"及"四小时占领闸北"的神话为之粉碎。我军的英勇表现，日军损兵折将的消息传到后方，举国欢腾，对于祖国确有抵御外侮的力量，我国同胞的反应是惊喜交集，民心振奋。

杜月笙在当天深夜被闸北传来的枪炮声从梦中惊醒，立即和吴铁城市长、蔡廷锴军长通了电话，了解实际情况，并且向这两位在沪的最高军政长官自动请缨："但有用得着我杜某人的地方，万死不辞!"翌晨，他便开始奔走，纠合上海的名流、士绅等各界领袖，利用"上海市反日救国会"的原有基础，扩大成立"上海市抗敌后援会"。他推举上海《申报》主人、著名企业家史量才为会长，在筹备会上，大家一致公推杜月笙和上海市商会会长王晓籁任副会长。委员有虞洽卿、钱心知、张公权、陈光甫、胡孟嘉、胡笔江、黄炎培、沈恩孚、徐新六、徐寄庼、穆藕初、郭秉文等数十人。均属上海金融、实业、教育、文化各界的领军人物。

全上海市民对于十九路军奋勇抵抗日军，“拿血肉和敌人的枪炮拼”所激发的爱国热忱已达到极致。杜月笙则通过其在新闻界的门徒，发动上海各报纸、电台，竞相以最大的篇幅，最长的时间，全面报道十九路军对抗日军疯狂攻势的新闻。报纸长篇累牍，电台日夜不休，宣扬十九路军的壮烈事迹、英勇表现，全上海新闻媒体同心协力从事抗日宣传，歌颂赞美十九路军的英勇事迹。当报纸、电台提出劳军的呼吁，要求后方同胞支持前线时，上海人民作出了空前热烈的响应，从百万富翁到人力车夫，纷纷捐钱捐物。新闻媒体使前方、后方打成一片，前方将士视大后方为自己的家庭，后方同胞把前方将士当作自己的父兄，前方需要什么，如医药、寝具、食物、交通器材乃至沙包麻袋、砖瓦木石，只要报上登载、电台广播出来，听到消息的人便罄其所有，争先恐后地往抗敌后援会送。抗敌后援会在街头巷尾为收取劳军捐款，妇女们会褪下金镯、金戒指，人力车夫、码头工人往往忘记了一家老小还在等他回去买米下锅，也慨然将一日所得全部献出。集腋成裘，上海市民捐献的劳军物资多得用不完，各式各样的物品堆积如山，抗敌后援会借用的仓库实在装不下了，报纸、电台只好发出吁请：“昨天本报（或电台）说十九路军需要某物，据抗敌后援会负责人郑重表示，以各界同胞捐赠数量太多，早已超过实际需要，该会亦无地代为保管，请大家从现在起暂不要再捐了！”

上海市总工会立即联合上海工业界成立战地服务团，战地服务团按照军队的编制，前后成立第一、第二两团，各为一千余人。第一团团长由朱学范担任，第二团团长则为周学湘。十九路军在前线杀敌，战地服务团则成为前方与后方的桥梁。战地服务团赤手空拳，他们凭借爱国热忱，经常穿越于枪林弹雨之间，负责救护伤兵，运送弹药、慰劳品和食物。倘若遇有战区扩大，他们更冒着生命危险，抢救难胞，护送灾民。他们竭尽所能为前方将士服务，并且分劳任事，以使将士们能够专心致志，努力杀敌。战地服务团不分团长、团员，一概卷起衣袖去最前方从事服务工作，任劳任怨，蹈险履危。他们之中因为中流弹牺牲，慷慨捐躯的日有所闻。但是上海有80多万工人，志愿参加而挨不上的人多得很，所以团员补充不虞匮乏，前仆后继。“一·二八”事变停战以后，抗敌后援会曾在上海北站碑镌刻殉难员工名单，那便是他们获得的唯一报酬。

“一·二八”战役后，成千上万的难民，家破人亡，妻离子散，他们冒着风雪，露宿街头，处在饥寒交迫中，处境极为艰难。赈济委员会委员长许世英到华格臬路专程拜访杜月笙，希望他振臂一呼，邀集上海慈善人士成立组织、募款救济。杜月笙一口答应，而且以最快速度成立了“上海各慈善团体战区难民救济委员会”，亲自担任筹募组长。难民救济委员会积极展开对租界街头的难民衣食供应和战区火民的抢救疏散。总计在“一·二八”之役前后35天中，战区难民经由该会救济，得免于炮火轰击的，约达40万人。

三、慰劳十九路军

杜月笙在“一·二八”淞沪之役前后多次亲赴前线，慰劳浴血奋战的前方将士。他第一次劳军之行，是在战役爆发前的1月27日上午，他与上海市商会会长王晓籁等一行数人分乘两辆汽车，到蔡廷锴的司令部去慰问。杜月笙代表上海市民，备致感激之忱，他说：“贵军保护上海数百万人的生命财产，我们不胜钦佩，谨代表上海民众敬申谢意。”当时，外间传说政府准备应

蔡廷锴

允日方要求，撤退上海驻军，又有十九路军将有北上抗日的消息。杜月笙很关切这些传闻，并加以询问。蔡廷锴回答说：“实不相瞒，我是有这个计划，想组织西南国民义勇军，到东北去抗日。而且我已经在本军志愿报名参加者中间，挑选了6000名弟兄，随我北上。如果政府决定撤退上海驻军，我便将在本月底下月初启程。目前所感到困难的，只在于备办寒衣和筹措四个月的薪饷，倘能达成，我将以国民资格组军出发。”杜月笙听了当即表示：“蔡军长，你有这个壮志雄心，兄弟非常佩服。筹饷和购办冬衣，只要有用得着兄弟的地方，兄弟一定尽力而为，绝不推诿。”这第一次劳军，蔡、杜二人畅谈了一个多小时，融洽无比，宾主两欢。

战役爆发后的2月1日，杜月笙又偕同王晓籁、黄炎培等十几个人，冒着炮火，到蔡廷锴的司令部慰劳。他们带去了大批的捐款、食米、罐头和日常用品。杜月笙慨然地说：“十九路军保卫国家，在前方杀敌，物资方面有所需要，上海老百姓绝对负责供应。”蔡廷锴十分感动，向他们一行人道了谢，杜月笙又说：“前方需要什么，只管通知我们，我们一定照办。现在后方同胞捐款捐用品的已经很多了，我建议贵军最好设立一个机构，专门和我们联络。”蔡廷锴很高兴地回答，一定尽快办好这一件事。2月6日，十九路军上海办事处即在法租界成立，由范志陆担任主任。范志陆是蔡廷锴最要好的朋友，这个驻沪办事处，组织相当庞大，人手众多，尽管整天忙于接受捐款捐物，还是忙不过来。到了4月下旬，十九路军收到捐款的数额业已为数可观。4月27日，蔡廷锴召集高级军官会议，当场决定，从1931年8月到

1932年4月，十九路军欠发的九个月薪饷，由上海办事处所收的劳军捐款中拨出一部分，全部予以发清。

上海市民和全国各地以及海外侨胞，一共为十九路军捐了多少钱？蔡廷锴在沪战结束时宣布，十九路军共收到现款900余万元，实物无数。这一笔巨额款项的收支明细，经过蒋光鼐、戴戟和蔡廷锴等亲自审查清楚，他们发表征信录，同时也发出了感谢书。后因日军在岿浦登陆，我军被迫放弃淞沪，退守苏、常。经上海外交使团调停，签订停战协议，战事暂时停止。但大家都明白这是暂时的，不久大战仍将降临。于是，将“上海各慈善团体战区难民救济委员会”改名为“上海市地方协会”。会长史量才被刺后，由杜月笙继任会长。继续注视日本军阀动态、国际风云变化以及各类调查，并随时延揽各业知名人士担任会员，实力益臻巩固。

四、支援“八一三”淞沪抗战

1937年8月13日，中国陆军第九集团军在总司令张治中的指挥下，命令八十七师、八十八师等部向日本驻沪海军陆战队虹口基地发起进攻，试图把敌人赶下海去，“八一三”淞沪抗战由此爆发。

我军为抢得战事主动权，赶在日本援军到达之前消灭驻沪日军，由张治中部的第九集团军（下辖三个师和一个独立旅），于8月13日对上海市区之敌人发动全面进攻，同时出动空军，轰炸日海军陆战队司令部、汇山码头及海面舰艇。当时日军在上海的部队仅有海军陆战队3000多人，虽然紧急从日本商团中动员一些退役军人，合计也不过4000人。但其依靠坚固工事顽强抵抗，致使中国军队一直无法完成重大突破。其后，日本军队不断增援，我国各地的部队也在源源不断地投入上海战场。在淞沪一线的部队多达50余万人，需要大量军需物资，一时又难以筹集。杜月笙每逢有大部队开到，便亲自到前线去劳军，带去大批的慰劳品，同时也带回前线将士需要的军需物资信息。当前敌总指挥张治中到来时，杜月笙便带着大队人马前往真茹前线慰问。张治中和他晤谈甚欢，临别时，杜月笙殷切地问："总指挥这边还需要些什么？"张治中也就不客气地回答说："现在军中最需要的是交通通信器材，譬如电话机、机器脚踏车一类的传令工具。"杜月笙立刻慨然承诺说："请总指挥放心，我们一定尽快送来。"回到抗敌后援会，杜月笙立即吩咐手下人："火速去买一部电话总机，十部分机，还有四部机器脚踏车，派人连夜送到张总指挥那里。"不久，派去采办的人打电话回来报告，电话总机市面缺货，无论出多少价钱都买不到。杜月笙唯恐前方紧急需要，便向坐在对面的吴开先说："实在没有办法，只好先把我中汇银行的电话总机拆下来，送到真茹去。"说罢，便拨电话到中汇银行，吩咐拆电话。这时，有人跑来报告说："好不容易找到西门子洋行有一架电话总机，但西门子洋行说是人家预定的。"杜月笙听罢，立即打电话给杨志雄，他高声地说："杨志雄，你做过西门子的总顾问，我现在有桩事情托你……"要求杨志雄把别人的订货买下来。这一交涉不但颇费周章，而且十分难办。不过经过杨志雄的奔走谈判，总算顺利买下。杜月笙等了好几个钟头，货到后亲自目送诸物齐备，连夜把电话总机运往真茹前线。当右翼军总司令张发奎抵达浦东时，杜月笙因为时间来不及，先派代表去拜访、慰问，并询问有何所需。张发奎直率地答道："我的部队，一切军需齐备，并不需要后方任何供应，只要多来几位朋友，给弟兄们打打气就好。"代表回来将张发奎的话一一转达了，杜月笙便去和吴开先商量说："张总司令的豪爽坦白，真正令人钦佩。他说他们不要物品供应，只是欢迎我们多去几个人鼓舞士气。不过，站在老百姓的立场，跑去几个人，空口说白话，什么慰劳品都不带，似乎不太隆重。所以我想总归还是要送点儿东西过去。

现在问题是张总司令不开口，我不晓得送什么东西好了。我晓得张总司令作战勇敢，他总是不避危险，经常出入第一线。他是国家堂堂的大将，他的安全非常要紧，因此我想买一部装甲保险汽车送给他，他坐装甲汽车在前线指挥，不是可以保险得多了吗？”吴开先非常赞成，但是，当他转念一想，又觉不妥，他担忧地说：“后援会存的捐款虽多，但是装甲汽车也是市面缺货，买一部可能要花一万多元，尤其车子是送给张总司令私人的，就怕引起非议，反而不美。”杜月笙听罢大笑说：“你既赞成，买装甲汽车的铜钿由我来出，我出铜钿买了来，再以后援会的名义，送给张总司令用来作战。”最后，由杜月笙自己出钱，以后援会名义把装甲汽车买来送往前线。“八一三”抗战后期，他得知驻守在四行仓库的谢晋元团缺乏食品时，仅用了一天时间即向谢团送去了20万个烧饼。他主动将杜美路的私宅借给财政部“劝募委员会”作办公地点，发动与组织上海各界力量认购了救国公债7500万元，几占全部发行量的六分之一。

五、怒斥日军代表

在“一·二八”战役期间，有一个鲜为人知的故事。“一·二八”之战初起，日本海军陆战队遭十九路军迎头痛击，伤亡惨重。当时，亟待停火休战的，不是毫无准备的我方，而是日军指挥官海军中将野村。

野村是继“一·二八”事件的祸首、日本第一先遣舰队司令盐泽少将之后，出任日本海陆空军总指挥官的。他急欲停火的原因有二：一是日本海军陆战队兵微将寡，经过连日苦战，迭遭败绩，再打下去，唯恐兵力不继，因而他想用缓兵之计，暂时停火，再请求国内陆军增援。二是“一·二八”夜袭原系恫吓性质，妄想不战而屈人之兵，以效仿关东军兵不血刃，唾手而攫东北的事例。日本驻沪海军挑起事端，实际上并不曾接到日军大本营的命令。而当年“九一八”事变关东军擅自攻击北大营，业已备受日本国内舆论的指责。野村挑起战端，未能得逞，便色厉内荏，生怕重蹈关东军总司令本庄繁的覆辙。但又不肯当众示弱，有失日本海军的颜面。于是企图通过秘密途径，透过强有力的民间人士，同我方进行沟通。在他的心目中，杜月笙乃是同我方进行秘密沟通的最佳人选。一则，杜月笙是支持“一·二八”抗战的社会领袖，受到民众的肯定。二则，杜月笙和上海的军政领袖吴铁城、俞鸿钧、蔡廷锴等都很熟悉。同时，他在中央政府处理沪局的大员如孔祥熙、宋子文、顾维钧等人的面前，也有说话的资格。三则，日本人对于杜月笙在上海的实力和地位，早已密切关注，一直企图收买和拉拢他。为此，便派北洋政府的失意政客、同日本特务头子土肥原贤二有密切关系的李泽一，去同杜月笙接近和联络。

几经交往，在杜月笙的印象之中，李泽一醉心于赌博，不管什么吃喝玩乐的场合，他都是理想的搭档。杜月笙仅把李泽一当作一般的酒肉朋友和赌伴，未料到李泽一却是奉了土肥原之命，来争取杜月笙的。而杜月笙更不曾想到，李泽一在中日淞沪大战激烈进行时，会摇身一变，竟代表日本驻上海的海陆空军总指挥官，邀约杜月笙，作投石问路式的私人接触。而所谈的问题，又是日本军方要试探停火谈和的可能性。

李泽一奉野村之命前来跟杜月笙接洽，见到杜月笙寒暄已过，开口便说：“日本军方认为中日间的问题，应该面对面地自行解决，他们不赞成有第三国参与其间，反而多生枝节。假使杜先生能以抗敌后援会的身份，为避免上海人民生命财产的损失，而想从中玉成的话，兄弟可以想个法子，约一位野村中将的高级幕僚来谈一谈。从他的谈吐之中，也许摸得出他们的停火方案。”

听过李泽一的这番话，杜月笙胸中了然，李泽一说的并非他自己的意见，至少是得到日本军方同意而来的。他心里虽然十分欢喜，但是表面上却不动声色地回答："这件事情，就算对我个人来讲，也是极严重的，你可否让我考虑一下？"李泽一也懂得事关重大，杜月笙必须事先征得中国官方的同意，方可应允跟日本军方晤面。因此，他连忙应允说："当然可以。杜先生什么时候考虑好了，务请赐我一个电话。"

送走客人，杜月笙自己先沉思默想，李泽一的话是真是假？有无不良的用心？日本人是真想停火吗？还有，日本人为什么会找上自己？将这几点全想过了，有了几分把握，认为这件事情值得一试，他便邀集他的高级智囊团，前来商议。

杜月笙向在座诸人叙述了李泽一来访的经过，以及其人的阅历和背景，然后，说出自己的初步想法：至少对于他个人而言，这里面不至于有什么圈套和陷阱，他认为这件事值得向官方一提。因为闸北、虹口几成一片瓦砾，中国百姓正遭日军的残暴屠杀，十九路军未必能够尽歼日军，达成全面胜利。仗在中国地界打，多拖一天，中国人就不知道要遭到多大的损失。更要紧的是，他判断中国政府可能尚不愿在此时此地同日本进行决战。

作为沪上闻人的杜月笙，居然能够侧身国际交涉，这使在座的诸人大为兴奋。于是大家踊跃发言，贡献意见。大多数人赞成杜月笙的主张，认为他应该尽量促成中日停火的实现。这样做不但对国家有重大的贡献，能解救平民于战火之中，而且对他本人声望与地位的提升，也大有裨益。但也有人持相反的意见，认为日本军方最不容易打交道，日本军方的野村中将想找杜月笙居间斡旋，肯定没打好主意。也有人认为，日军这两天损失很大，这一定是他们要增援了，在用缓兵之计！

杜月笙微微一笑说："我起先也曾料到这一点。不过后来我又在想，东洋人想缓兵，我们自己是不是也需要缓兵等待增援呢？还有一层，即使东洋人想缓兵待援，这个消息，我们也需要通知吴市长和蔡军长，要让东洋人吃败仗，这不正是好机会？"杜月笙的一番分析，使在座的智囊团诸人一致赞成他的意见，先把初步接触经过通知官方，请官方指示如何处理。

官方接到杜月笙所作的报告和说明，对此持极其审慎的态度，决定不介入杜月笙和日方私人间的接触，以免又中日方的诡计。于是答复他：这个问题应该由杜月笙自己决定。杜月笙心领神会，不再请示官方，私下部署会晤日本军方的事。他先到法国总领事馆，跟法国驻沪总领事柯克林密谈，得到柯克林慨然答应：一定充分合作。杜月笙便派人去把李泽一请来，当面告诉他说："你上次所谈的事情，我考虑过了，你的话说得很对，我想不妨一试。只不过有一点，会面的地点可否就在法国总领事馆，并且由我去邀约柯克林总领事到场参加？"

李泽一赔着笑脸问："杜先生可不可以明示，你为什么要做这样的安排呢？"杜月笙回答："这个道理很简单，我有我的立场，我的名誉必须得到维护。柯克林和我公谊私交都够得上，他答应过我：万一将来事情弄僵，对我有不好的影响，他可以挺身而出，代我洗雪。"李泽一这才恍然大悟，照杜月笙的安排，表明野村中将的代表，届时便算是在请求第三国出面，向中方提出停火要求。

到了约定时间，杜月笙一行用两部汽车，满载保镖、秘书和自备日文翻译人员，准时驶抵法国总领事馆。进入柯克林的办公室，略作寒暄，不久，李泽一便陪着几位身着西装的日本军官到来，由李泽一负责逐一介绍。

会谈开始时，日军代表趾高气扬，板起面孔，一开口便用中国话训斥杜月笙："'一·二八'战事的爆发，完全是你们的十九路军不遵守撤退命令而起。由此可见，你们支那是一个没有组织、没有纪律的国家！"

杜月笙见日本人如此无礼，勃然大怒，他抗声而答："十九路军该不该撤退，我是老百姓，我不清楚！不过你们的关东军司令本庄繁，不得你们政府的准许，就下命令炮轰北大营，占领中国的沈阳和东三省，倒是各国报纸上都有登载的。日本有这么乱七八糟的关东军，难道也算是有组织、有纪律的国家？”

杜月笙这一席话不但说得慷慨激昂、义正词严，而且针对日本海军方面的心理弱点，用关东军的备受指责，直捣日军代表的心脏，做到攻心为上。斯语一出，使日军代表为之语塞气沮。李泽一连忙出来打圆场，他赔着笑脸对杜月笙说：“杜先生，今天谈的事情很多，让我们坐下来，从长计议，好吗？”

杜月笙却仍然不假辞色，避而不答，他注视日军代表的反应，直等那几名便衣军官全都面现尴尬，无可奈何地先坐下去，他才傍着法国总领事柯克林和日军代表隔一张长会议桌面对面坐下。

日本军官的疾言厉色不仅没吓倒杜月笙，反被杜月笙抹下脸来训斥一顿，随即变得谦逊恭顺。杜月笙不是初次和东洋人交手，他懂得他们的心理，李泽一是土肥原系下的角色，他比杜月笙更了然于此。于是，他不吝越俎代庖，站在中间人的立场，说了一大堆话，用意在弥补一碰即僵的局面，重新挑起话题。当双方以缄默表示同意，杜月笙说自己是以上海市民生命财产为重，勉为其难，当仁不让，到法国领事馆来会晤日军代表的，想听一听日方停战的意向。然后以私人友谊，代为转达上海军政当局，试探一下可否借此重开谈判之门。李泽一见日军代表并无不悦的反应和驳斥的表示，于是，先请杜月笙发表意见。

“我今天只带了耳朵来，”杜月笙语惊四座，不徐不疾地说：“我就跟李先生说的一样，我是来听听日方有没有诚意停火的。”

李泽一抢着回答，“当然有，当然有，否则的话，他们这几位代表就不会来了。”日军首席代表又赶紧补充一句：“不过，日方停火是有条件的。”

杜月笙机警得一语不发，仿佛不曾听见。

柯克林眼看场面又要闹僵，便命翻译为他传言：“杜先生方才说过，他今天来此，就是为了听取日方的意见，贵方如有条件，请提出来，让杜先生衡量一下，可否代为向中方转达。”

于是日军代表又施展他们惯用的伎俩，极尽威胁利诱之能事，提出停火方案。首先，日军代表要求中方“遵照”日本海军司令部在1月28日深夜向市政府和公安局所致送的最后通牒，要求十九路军撤出上海，以免招致两国军事冲突。杜月笙听了，哈哈大笑说：“冲突老早就造成了，结果是日本军队伤亡不小，飞机被打下来，铁甲车也被十九路军截获，现在要避免冲突，照说应该是日本海军撤出上海吧！”

日军代表恼羞成怒，怫然色变，悍然地说：“日本海军陆战队的行动完全合法，我们在事先曾经获得上海各国防军的谅解，进驻闸北是为保护经常受到攻击的日本侨民！”

杜月笙别转脸去问柯克林：“这倒是新鲜事了，闸北是中国地界，各国防军有权准许日本军队进驻？”

柯克林笑着摇了摇头。于是杜月笙冷冷地说：“这就是了，依我说，还是日本军队撤回公共租界去算啦。”

“中方也要撤兵，”日军代表强词夺理，“否则，那就不公平。”

“中方撤兵？”杜月笙高声问道：“闸北地方秩序，由啥人来维持？”

日军代表抗声答复：“可以商请中立国家，如法国、英国、美国派军警暂时驻防。”

杜月笙再进一步地问：“包括哪些地区呀？”

“包括日本皇军现已占领的华界地区和十九路军驻守的防线。”

“这便是日方的条件吗？”

“最低限度的条件。”

日军代表回答得斩钉截铁，这使杜月笙很生气，他站起来以手作势地说：“日本人强占了中国的地方，立刻撤退是应该的，中国军队在自己的地方上驻防，为什么也要撤退呢？再说，日本军队在打仗之前已经进驻越界筑路区域，再加上战后占的华界，拿这一大块地方请法、英、美军队暂时维持秩序，把中国和日本的军队分开，难道还嫌不够呀？为啥还要把十九路军的防线也让出来？”

李泽一不等日军代表开口，便插嘴说：“杜先生今天会见日军代表，主要是为了传达日方的愿望，方才日军代表已经把这一点说得很清楚了。”他委婉地提醒杜月笙，“杜先生是否可以跟官方商量过后，再由官方采取外交途径解决？”柯克林也附和地说：“李先生说的不错，正式的交涉，原应由官方办理。”

至此，杜月笙无话可说，只得应允。日军代表辞去，他匆匆回到家里，市政府的代表耿嘉基和王长春已在客厅里等候，杜月笙把交涉经过详尽地告诉了他们，耿、王二人回枫林桥市政府向吴铁城复命。

当天，吴铁城改变初衷，派上海市政府代表出席下午在英国领事馆召开的调停战事会议，市政府代表当着各国领事的面，质问日本领事：“日军进攻闸北，是否获得上海租界各国防军委员会的谅解？而且是根据这一个委员会的防务会议拟订计划而为的？”日本领事三浦没防备有此一问，众目睽睽之下，无法抵赖也不能撒谎，他只能坦白承认：“日军进入华界，并非防务会议的原议，而是日方为了保护闸北地区的侨民安全所采取的自由行动。”

上海市政府代表根据日本领事的答复，立即反问：“对于日本军队的此一自由行动，日本政府是否愿负完全责任？”

日本领事板下脸来说：“当然负责！”

这一段对答，使日方蓄意侵略的事实已昭然若揭，在道义上先已站不住脚，这是中方外交战上的一大胜利。中方代表回到市政府，将经过详加陈明。吴铁城市长非常高兴，他立刻打急电给南京外交部，请外交部电知我国驻国际联盟代表颜惠庆，向国际联盟提出申述。

在当天的会议席上，市政府代表曾经根据杜月笙所提供的情报，要求日军退入租界范围。至于他们所让出的越界筑路及其附近地带，则交由英、法、美军暂时维持。日本领事当时对于军方试探停火已有所闻，再加上法、英、美领事一片附议之声，不便擅作主张，答以请示村井仓松总领事以后再作定夺。

吴铁城认为日方确有谋和之意，至少谈判之门业已打开，所以通知杜月笙，转请法国驻沪总领事柯克林，敦促英、美总领事迅速召开第二次会议。吴铁城还透露，他将邀同十九路军的高级将领出席，因此极可能通过谈判，停止战火。

各国总领事最怕战火蔓延波及租界，影响各国在华利益。所以，柯克林发起开会的提议立即获得各国总领事的支持。2 月 1 日傍晚，英国领事馆再次召开会议，吴铁城、十九路军七十八师师长区寿年、日本总领事村井仓松、日本海军第一先遣舰队司令官盐泽少将前来参加，英、美、法防军司令，公共租界工部局和法租界公董局总董列席。在会上，最初拟议日军退回租界线内，我方撤到维持日军占领地区的 2000 码之外。日本人先表示反对，接着又扬言需电呈日本政府请示。但是，会议终于决定，自 2 月 2 日起，双方停火三天。

这三天之内，双方只有小规模的接触，闸北、虹口一带获得暂时平静，百姓借此机会纷纷逃出，有的逃进租界，有的流浪他乡。

就在停战届满的前几个小时，日军又罔顾信用提前开火，双方协议被日军片面撕毁。增援的日军也奉日本内阁之命，正在前来上海途中。我军也在积极备战，一场新的中日大战即将开始。

在停火的三天之内，我国精锐部队第五军第八十七师王敬久部和第八十八师孙元良部，均已顺利抵达战场。我方还调集了兵精械足的税警总团和中央教导总队，担任江湾、庙行、大场一线的防务，奠定了之后苦战 30 余天，誓死不退，大举歼灭日军的胜利基础。日本人的援军第九师团，混成第二十七旅团，则到 2

月7日方行投入战场，自2月4日至24日，开始了“一·二八”之役第二阶段。

2月24日进入战役的第三阶段，我军屡挫敌锋，日方迫不得已，再换白川义则大将出任司令官，又增派第十一、第十四两个师团。这次战役，一直打到3月3日，日军司令官发表停战声明，双方进入休战状态。

六、一句话震慑日军代表

日军攻击我方阵地，始终都以公共租界为基地，而租界当局却予以默许。我军对于日军以租界为庇护所的攻击，忍无可忍，曾经发炮追击逃入租界的日军。然而2月24日以后，日军新任司令官白川义则亲自指挥，以江湾跑马厅为炮兵阵地，集中兵力对我军十九路军第六十一师的江湾阵地展开猛烈的攻击。我军则寸土必争，坚决予以还击。十九路军名将、旅长翁照垣喊出了悲壮的口号：“没有枪，用刀；没有刀，用牙齿咬！”

在部署这次大规模的攻击以前，日军原想借道法租界，由真茹和彭浦侧击大场，直抄江湾、庙行一线我军的后路。杜月笙及时获悉：在2月24日、25日、26日这三天，前后共有几千名日军趁黑夜登岸，潜往法租界的辣斐德路、祁齐路一带，分散住进日本侨民开设的商店及其住宅。杜月笙还获悉，这数千日军企图由法租界冲入沪西，偷袭江湾、庙行我军右翼。他将情报立即报告吴铁城和蔡廷锴，十九路军遂紧急加强江湾、庙行后侧的防务，吴铁城则十万火急呈报外交部。2月27日，我国外交部便照会法国公使，请他转饬驻沪总领事和法租界当局，“迅将潜伏界内的日军立予驱逐”，“嗣后务须严密防范，勿使潜入，以免肇成祸端”。

杜月笙不等外交部的照会抵达，就先去跟法国总领事柯克林进行交涉，当面质问他：有没有日军潜入法租界这件事？柯克林估计杜月笙已获得情报，否则不会跑来大兴问罪之师，所以只好承认确有其事，但又解释说，日本军人素称蛮横，不可一世，潜入法租界的日军有数千人之多，而且武器装备一应俱全，倘若租界当局采取强硬行动，因激生变，不仅日军驱逐不了，说不定法租界还可能为之糜烂。杜月笙听后气愤填膺，他正色告诉柯克林："中日之战，国际联盟已经在谴责日本。法国政府的立场即使跟国际联盟不一样，最低限度也要守中立呀！如今你听任日本军队潜入法租界，而且还要利用法租界作为攻击中国军队的根据地，中国军队为了自卫，如前几天在公共租界那样，发生炮轰事件，试问总领事，你对法租界居民的生命财产又如何保障呢？"

柯克林无言以对，只好含糊其词地回答："我想，中国军队不至于这样冒昧炮轰法租界，同时，日本军队在租界上也不会耽搁得太久！"

杜月笙一挺胸说："我是法租界公董局的华董，又是华人纳税会会长，保护居民生命财产的安全，我也有一份。日军混入法租界，要出大事情了，不能再拖，我请你明天一早，邀请各国领事，和中日双方的高级代表，开一次会，大家商量商量，彻底解决这一大问题。"

柯克林急了，大声问道："你一定要把这件事情全部公开？"

"公开了好得多！"杜月笙进一步说，"否则一定会出大事情啊！"

柯克林觉得杜月笙既已侦知日军潜入法租界，肯定已经通知了中国军政当局，迫于无奈，唯有点了点头，答应召集会议。

届时，各国驻沪总领事全体来到法国总领事馆，中国方面由上海市政府秘书长俞鸿钧亲自出席，杜月笙作为法租界华董的首脑，准时赶来参加。

会议开始，柯克林首先说明召集这次会议的目的是如何解决日军进入法租界的问题。日方代表认为，他们有权在租界驻军。

中国代表则指控日军利用租界庇护，向中国军队发动攻击，租界当局变成了助纣为虐的帮凶。柯克林提出：这一个问题必须澄清，租界可否任由日军驻扎或通过，领事团应该有所决断，免得徒滋纠纷。

柯克林将日军潜入法租界这个问题公开提出讨论，并且促使领事团表明态度，对于中国来说，是帮了大忙。然而，日本总领事村井仓松却抢先起立，大放厥词，那种穷凶极恶的态度，使各国领事为之愕然。当时形势非常严重，面对柯克林提出的问题，倘若加以表决，各国领事很可能迫于日方压力，倒向日本方面，使日军利用租界为军事基地变为公开、合法。

面对村井仓松的狂妄咆哮，各国领事噤若寒蝉，大家暗暗地担心。这时，杜月笙猛地一拍桌子，在各国领事之前，攘臂挥拳，高声喝道："好，日本兵可以进租界、住租界、利用租界打中国人，你们尽管通过这个议案。不过，我杜月笙要说一句话：只要议案通过，我请日本军队尽量地开来，外国朋友一个也不要走，我杜月笙要在两个钟头以内，将租界全部毁灭！我们大家一道死在这里！"

这一晴天霹雳，震得与会各国总领事和日方代表目瞪口呆！杜月笙在上海能掌握多少群众，在座的人皆心知肚明。只要他一声令下，自有为他拼命效死的人来毁灭法租界。从杜月笙的嘴里说出来的那就不是空口白话，弹丸之地的法租界，遭到毁灭完全有可能！说完，杜月笙便在全场震惊、一时无从反应的那一瞬间，一个转身，大踏步离开会场。

杜月笙动了真火，吓得趾高气扬的各国总领事一个个呆若木鸡，不开口也不动弹。杜月笙带来的等在外面的一帮弟兄，连同保镖、司机，得意扬扬，欢天喜地，簇拥着杜月笙回家。当天领事团开会的结果虽然是不了了之，可是日本军队从此以后再也不敢借道租界攻击我军，白川义则两路夹攻庙行、江湾我军的计划也宣告失败。当夜，潜伏在法租界的数千日军趁夜摸黑悄然撤离。5月5日，经过国际联盟的调处，中日双方正式签订停战协议，淞沪之战遂宣告正式结束。这不能不说杜月笙立了一大功！

七、借推销航空奖券发笔大财

杜月笙在抗战期间，虽然出于民族大义参加了抵抗日本侵略者、支援抗战的活动，但也不放过任何发财的机会。1933年杜月笙趁中国政府财政部发行航空奖券之机，就大大地发了一笔财。

“一·二八”淞沪抗战后，蒋介石以“要抗战必须要加强国防”的名义，发行航空奖券，用来购买飞机，全名是“航空公路建设奖券”。每张售10元，可分十条出售，每条1元，每期开奖，以头奖可获50万元为号召，鼓励民众购买。

1933年的一天，上海吴淞商船学校校长杨志雄忽然接到财政部宋子文的一个电报，告诉他说要发行全国性“航空奖券”的事，需要寻找代理发行人。当晚，杨志雄应邀出席上海市民地方维持会会长史量才的晚宴。席间，杨志雄提到宋子文的电报。史量才说：“这是一件稳赚钞票的事情呀，倘若可以交给私人承办，一定会发财。”史量才的一句话提醒了杨志雄，他当即说道：“朋友中间，只有杜先生这几年日子难过，养了那么多人，背了一身的债，每年年关，都要找我替他想办法掉头寸，轧轧平。航空奖券要是能够由他承办，他那一身的债也许可以还清。”史量才同杜月笙的关系极好，当下便敦促杨志雄说：“你来促成它，好不好？”杨志雄欣然同意，并请史量才拟个电报稿，以他的名义马上发给宋子文，询问发行航空奖券的事可否由杜月笙承担。史量才随即请来秘书，当场拟就了电报稿，立刻拍发。三天后，宋子文从美国发回电报，简单明了两个字：“照办。”杜月笙闻知后高兴万分，立即请杨志雄帮忙筹备。杨志雄选择了四川路会元坊作为办事地点，杜月笙跟徐新六打了个招呼，用很便宜的价钱将其租下。

承办航空奖券必须有一个机构，于是，杜月笙和杨志雄商量，决定以“大运公司”的名义，由杨志雄实际负责，选择吉日开张。大运公司由杜月笙任董事长，总经理由金廷荪担任。杨志雄不论怎么忙，每天必定跑一趟大运公司，帮金廷荪建立规章制度、考核人事、计算账目。凡事都由他决定，只是不出名义。当时，航空救国的呼声甚嚣尘上，购买航空奖券既是爱国行为，又有发财的机会，市民们何乐而不为？大运公司每届开奖日期，为了取信于民众，特地请财政部次长张寿镛亲临监督摇彩。

正如史量才所说，这是一项只赚不赔的买卖。可是，不久大运公司却出事了！金廷荪接办大运公司后，派他的一个同乡担任经理，大运公司所有的钱都掌控在这位经理的手中。他财迷心窍，居然利用公款大做投机生意。结果投机失败，亏空越来越大，事发之日，畏罪逃逸。杜月笙于是把大运公司交给杨志雄接手办理善后。经过数月的整顿，终于一切走向正轨，杨志雄又将已经赚了钱的大运公司交还给杜月笙。杜月笙仍去找金廷荪继续当总经理。金廷荪起先不肯，后经杜月笙再三劝说，推却不过，只好恢复工作。此后他便加倍地谨慎，加倍地用心，使大运公司的业务蒸蒸日上，航空奖券的行情亦在上涨，到公司结束运营的时候，一共赚了两三百万元。金廷荪用杜月笙分到的 20 万元，为他在杜美路 26 号的三鑫公司仓库旧址建造了一幢精美的豪宅。鉴于这幢房子盖得像一幢新式旅馆，并不宜于住家，杜月笙从未住过，只好用来出租，后来卖给美国总领事馆。1949 年年底，杜月笙挈眷逃往香港期间，几乎绝大部分的日常费用都是依赖卖掉这幢房子所得的 48 万美金，新中国成立后这幢房子改为东湖宾馆。

第十七章　抗战期间避难香港

一、逃沪滞港

杜月笙在上海沦陷前夕，并不愿意离开，因为上海有他多年来经营的地盘，一旦失去，他将一无所有，重新变回泥鳅！后来在戴笠和钱新之的劝说下，才离开上海前往香港。他之所以不去重庆而滞留香港，也是另有打算。他原来以为中日之战，一两年便可以见分晓，要是日本人打胜了，因为他没有去重庆，回到上海照样可以保持住原来的地盘，因为他同日本人还有不少关系；要是中国打胜了，更不会有问题，因为他并未落水成为汉奸，而且还可以在香港帮助戴笠做些抗日地下工作。于是待在香港，静观时局变化。为此，他在离开上海时，特意把他的秘书徐采丞和管家万墨林等一大批人留下来。如此，既可以保住他在上海的地盘，又可以利用他的社会关系，帮助戴笠搞情报，将来无论哪方面取得胜利，对他都有好处。他在香港也是采取两面手法，既和敌伪有联系，也替戴笠做过不少工作。

日本人早就想拉拢和控制杜月笙，早在1932年“一·二八”淞沪抗战之前，日本海军大将永野修身就曾专门拜访过杜月笙，向他提出由日本政府拨出3000万元，同他合办公司，以便把他控制在日本人手中。杜月笙不愿开罪日本人，只好以“一个平民百姓同外国政府合办公司不合体制”为由加以婉拒。

1937年“七七事变”后，全民抗战热情高涨，上海市各界成立抗敌后援会，杜月笙担任了主席团成员兼筹募委员会主任。同年，“八一三”淞沪抗战失败，中国军队撤离上海，日本侵略者开始考虑占领上海，并在上海建立傀儡政权的问题。他们鉴于杜月笙在上海的特殊地位，便把杜月笙作为拉拢的对象。在上海沦陷前夕，日本特务头子土肥原贤二曾对杜月笙进行威胁和利诱，企图不让他离开上海。向他提出：“你既然已经失去离开上海的一切希望，就应该彻底而充分地同皇军合作！”并且威胁说：“如果杜先生不肯为皇军效力，我们要列举你对皇军的敌意行为，然后施以膺惩！”这使他神经紧张，夜晚不敢在华格臬路的杜公馆睡觉，搬到了辣斐德路（今复兴路）四姨太姚玉兰的住处。日本人又派飞机在杜月笙的住处低空盘旋，对杜月笙进行实际威胁，使他大惊失色，恐惧万分。这时，他的弟子徐懋棠对他说：“先生，最近我在蒲石路（今长乐路）买了一幢十八层公寓，房子很讲究，请先生和娘娘到那里去住。”杜月笙连声说好，于是同姚玉兰住进了十八层公寓。日本人的一再威胁，反而促使杜月笙下定了离开上海的决心。1937年11月25日晚上，杜月笙突然接到宋子文的电话，告诉他赴香港的船票已经买好，法国的“阿拉美斯”号邮船停在法租界的码头，明晚登轮。26日晚上，杜月笙只带了一名随身侍役，趁夜幕降临，由华格臬路公馆登车出门。在附近监视的日本特务以为杜月笙仍像平日一样去蒲石路的十八层公寓过夜，未加提防。杜月笙的车子在中途改变了方向，悄悄驶向法租界的轮船码头，杜顺利登上“阿拉美斯”号邮船。登上船一看，原来宋子文、钱新之等已经在船上，不久，代理上海市长俞鸿钧也驾到。杜月笙终于离开了他的发祥地上海，前往香港避难。

杜月笙当初不愿意离开上海，无非担心一旦离开他经营了多年的根据地，难免会有“虎落平阳被犬欺”的下场！他到香港之初，因为港英当局为了保持社会稳定，对帮会的活动严加控制和打击，对于杜月笙也一直加以限制，他甚至因为没有公开职务而受到警方的查询。

杜月笙来到香港后，便让门徒弟子设法把家人护送来港。但家人的意见并不一致，孙氏夫人带了儿子维屏、维新去英国留学；原配夫人沈月英因毒瘾太深，身体虚弱，不愿离开上海；陈氏夫人决定暂时先不离开，最后只有四夫人姚玉兰和长子杜维藩、长女杜美如来到香港。

跟随杜月笙前来香港的朋友，最初有张骥先、吴家元，二人同杜月笙住在一处。“小八股党”的顾嘉棠、芮庆荣来港之初，也同杜月笙住在一道，后来各人的家眷也来了，顾嘉棠、芮庆荣便搬出去自立门户。他们二人及陆续从上海来的朋友、弟兄或门徒，大都住在柯士甸道前后左右，亦即德承街上一些公寓附近，四面围绕，把杜月笙簇拥在正中间，呈众星拱月之状。1938 年中国政府驻日大使许世英卸任回国，没有找到房子以前，也住在香港杜公馆的三楼，居室和张骥先相对。闲来无事，他临摹了八大幅王右军的《圣教序》送给杜月笙，杜月笙很高兴，悬在客厅的两壁。之后书法家杨千里也被杜月笙接到香港，倘有重要文稿，题词题字，便由他代笔。杨志雄和杨管北两位是杜月笙的智囊，由于上海方面事务尚多，总是来回地跑。杨志雄去了上海，杨管北便留在香港，杨管北要走，杨志雄再来。秦待时、江倬云、庞京周、毛和源等一些老朋友，都接受了杜月笙的忠告，相继避难香港，这帮人也是杜公馆的常客，唯赌兴不如上海时期那么高。

沦陷区的伪政权成立后，到处拉人，借以壮大声势。其中有些人迫于生活，难免有所动摇。杜月笙便主动出钱出力，设法把一部分人稳住，有的还由他接到香港。同时，地下工作也时常需要钱款，而由重庆汇往上海的经费往往缓不济急，贻误时机，必须就地拨付，这一项临时调度的任务，又得由他承揽。在钱的方面，杜月笙纵能呼风唤雨，但已不如此前那样立竿见影。他所能百呼百应的只有他一手创办的中汇银行。他一个电报，垫付若干，经理徐懋棠不得不硬着头皮遵照办理。无奈该银行底子原就不甚充裕，敷衍一时，尚能应付，如若经常如此，则断难维持。因此不出一年，徐懋棠告急之信有如雪片飞来，杜月笙亦知如此下去，该行终将搁浅。正在一筹莫展之际，又亏唐寿民代他想出办法，由中国、交通两行各拨 100 万元存入中汇银行，借以缓冲，使杜月笙在经济上得到缓解。

二、任职赈济委员会

南京国民政府原来设有一个“中央赈济委员会”，是个形同虚设的闲散机构。1938 年 1 月，中国驻日本大使许世英奉召归国，出任会长。他在赴武汉述职前，绕道香港，特意和杜月笙见了面，告诉他说：“我即日赴汉口，大战一起，赈济工作千头万绪，今后我想专任赈济委员会的工作，普救百劫余生的天下灾黎，杜先生，我很希望你能帮我的忙。”杜月笙听罢，十分爽快地答道：“静老，这有什么问题，还需要劳烦静老郑重其事地提出吗？”许世英笑着摇头说：“这话是该郑重其事讲的，我这一次所谓的帮忙，是要你到赈济委员会来，实际担任一个名义，担任一份工作。”杜月笙不由得一愣，他急急地问：“静老，你是要我做官？”许世英了解杜月笙有“绝不做官”的原因，杜月笙曾私下向他的亲密朋友透露过他的心里话：“你们不要看许多大佬们，都跟我称兄道弟，要好得很，就此以为我想做官是很容易

许世英

的了。殊不知，他们是在拿我当作夜壶，用过之后，就要火速地藏到床底下去。”因此，许世英便向他解释：“我之所以这样想，一则，因为这是全民抗战，人人有责，人人相关；二则，赈济工作多少带点儿慈善事业的性质，它不过是政府的一个机构，在赈济委员会办事，也未必就做官。”

许世英旋即赶赴汉口，为杜月笙谋到一个官职：“赈济委员会常务委员兼港澳救济区特派委员”。这使杜月笙得以作为中国的政府官员，名正言顺地留在香港，不再受港英当局的纠缠，他大为高兴，于是积极为蒋介石效力。

三、在香港重打天下

杜月笙初到香港时，租住在九龙的柯士甸道寓所，一如寻常住户，简单朴素，并不豪华。客厅两壁，挂着许世英所临的《圣教序》八大幅。中间壁上悬着杨千里所赠的联语，联云：

三顾频烦天下计
一生好作名山游

杜月笙在上海曾红透半边天，跑到香港来却是个“逃难的”，香港是英国人的天下，杜月笙自总督以至差官、警察，一点儿关系也扯不上。至于帮会弟兄，广东、香港都是洪门三合会、三点会的势力范围，青帮在香港不但没有立足点，就连露脸些的人物也找不出一个。只有旧日伙计芮庆荣的徒弟夏连良有个徒弟李裁法，还算小有名气。杜月笙初到异域，两手空空，无拳无勇，迫不得已时，连这支渺小的力量也得重用。他示意芮庆荣，叫李裁法到芮庆荣和顾嘉棠那两边常来走走，使李裁法与香港杜“门”也有点儿关联。

（一）联络洪门（红帮）

香港原有的帮会，主要是天地会分支三合会系统，因多年来受到港英当局的打击，已经式微。抗战期间，内地的红帮（哥老会）五圣山的几个“大爷”，大多来到香港，红帮便成为香港帮会的主要力量，而青帮在香港却始终没有立足之地。杜月笙虽然是内地青帮的首领，来到香港后，却一时难以打开局面。在他滞港期间，最初的朋友圈里，重要的只有张骥先和吴家元。另外就是“小八股党”的顾嘉棠、芮庆荣和叶焯山及杜公馆秘书翁左青，后来加上徐采丞介绍的胡叙五。杜月笙派翁左青管文电和账房，胡叙五则专任文书，又从门徒里召来了沈楚宝、林啸谷、朱学范、郭兰馨。俗话道：强龙不压地头蛇，杜月笙作为上海青帮的首领，初到香港，为了打开局面，亟待结识香港的洪门人物。其中，张子廉来自浙江，向松坡来自湖北，明德（润身）是河南旱道上的人物，曾在陇海铁路所办学校任职，他同陇海铁路局的副局长、工程师、段长等结拜为弟兄，发展他们为红帮成员。其他几位在香港也起不了多大作用，只有梅光培因旅港多年，曾是军统局上海区长，来香港后，协助特务处（军统前身）香港站站长工作，并在香港警察、海员和渔民中掌握发展了不少弟兄。朱卓文早在1925年就因为刺杀国民党左派代表廖仲恺，事发后逃往香港，虽然想在香港发展红帮，但受到港英当局的限制，没有多大实力。但来到香港的几位红帮的“大爷”，挟其在内地的威望和势力，便在香港重开洪门五圣山，以梅光培为五圣山的“山主”。

杜月笙初来时，为同香港洪门弟兄拉上关系，便急召张子廉来港。张子廉在内地时曾经是洪门五圣山信廉堂的山主，到香港后便召集在港的洪门弟兄，成立“中华民国香港联合保安队”，与港英政府合作，抗击过日军对华南的进攻。张子廉来到香港后，立即展开活动，找到他早年的结盟弟兄梅光培、朱卓文。杜月笙通过张子廉结识了梅光培，这样才跟香港的洪门人物建立起联系。尽管他当时手头相当拮据，但是他对洪门弟兄还是一掷千金，竭诚交好。例如，杨庆山的左右手刘联珂，时在香港写了一部《帮会三百年革命史》，请他题字，杜月笙在请杨千里代笔题字以后，立赠港币5000元，使刘联珂的书得以印行10万册，广为流传。

（二）香港的杜公馆

杜门人马一拨拨来港，场面渐渐打开，在旅馆长期居住毕竟不是长久之计，于是杜月笙便派人租房子，准备在香港作较长居住的打算。在四夫人姚玉兰抵达以后，杜月笙便在九龙柯士甸道113—115号租房，设立了香港的杜公馆。该处是一座双开间门面楼房，与上海华格臬路杜公馆相似。房主是澳门赌博大亨、素有“澳门杜月笙”之称的高可宁。

杜月笙在这里做了四年寓公，表面上气派依然豪华，实际上却是外强中枯，金钱方面只能东挪西补。其借款来源主要是他在香港所主持的两个机构，腾挪一时，再谋抵补。此外也向当地华商银行通融透支，如他在盐业银行就有4万港币的借款，始终未曾归还。

当时杜月笙在香港担任两项职务，一个是“中国红十字会总会”副会长，鉴于红十字会总会会长王正廷当时在菲律宾，所以一应业务，杜月笙均交给他的得意门生、“红十字会”秘书郭兰馨代办。郭兰馨便在杜公馆三楼右首边要了一个房间，作为办公室。杜月笙在港的另一个职务是“赈济委员会”常务委员，主管第九区的赈济工作，日常行政事务由杜月笙派他另一得意门生林啸谷主持，林啸谷在楼下也要了一间房，每天过来办事。因此，在柯士甸道113—115号杜公馆里又设了“中国红十字会总会”和“赈济委员会”两个机构。

“赈济委员会”的对面，住的是芮庆荣和吴家元，后来叶焯山来了，芮庆荣的家眷不久也迁来，吴家元便搬到德承街去自立门户，他把那间房子便移交给叶焯山。叶焯山是个百发百中的神枪手，在香港一直充当杜月笙的保镖。顾嘉棠和芮庆荣两个人虽然住在外头，但每天中午以前，一定会照早年的老规矩，准时到杜公馆来向杜月笙报到，商讨一些机密大事。香港的杜公馆每天中午开一桌饭，人多再增加，家人父子、亲戚朋友、弟兄哥们儿、师爷秘书等，大家谈谈说说，聚而食之。菜色不多，却是极精，因为港沪之间多的是轮船和飞机往来，诸多香港市场买不到的江南菜肴便川流不息地送到杜公馆，使这一帮流浪客在餐餐大快朵颐的同时，趁机交换信息，商议事体。

（三）接纳内地流亡政客

重庆的国民政府为了反制日本侵略者利用汉奸政客的图谋，需要把内地一些失意政客接到大后方，以免其成为日本侵略者的帮凶。杜月笙在香港便肩负着接纳内地流亡政客的重要任务。为此，他接近赌博高手吴家元的目的是借助他的社会关系。吴家元不仅跟北洋政府的要人有交情，更重要的是，他同日本特务机关“松机关”的主要人物和知鹰二及他手下的两名汉奸何益三和李择一，既是好友，又是赌伴，所以，吴家元可以自由出入华北沦陷区，承担杜月笙交付的秘密使命。

1937 年南京陷落，日本政府授意德国驻华大使陶德曼，向中国政府提出议和条件。结果遭到拒绝，于是恼羞成怒，由内阁总理近卫文麿发表声明：“日本政府今后不以国民政府为对手，期望真能与日提携之新政府成立且发展，而拟与此新政府调整两国国交。”于是致力于制造汉奸傀儡政权，以贯彻其“以华灭华、以华制华”的政治图谋，所以需要网罗大批汉奸政客为其服务。为了应对日本侵略者的这个图谋，1938 年年初，重庆国民政府任命杜月笙为“赈济委员会第九区特派员”，由军统局戴笠拨给他一笔经费，让他设法派人把日方瞩目的失意政客，包括分布在平津、京沪一带做寓公的皖系人物，从沦陷区接出来。杜月笙为何要掏腰包延揽、收留这些人呢？这除了是蒋介石交给他的任务以外，也是为了自己的长远利益。他曾对恒社弟子郭兰馨私下说："人总是要捧的，因而也同情捧人的人，我对于这些衰病失意的老人，何尝有什么报偿的希望？但是将来得到的，比我目前很方便地付出去的东西多得多。"也就是说，杜月笙之所以愿意接纳这些失意政客，并非想从他们身上获得回报，而是寄希望于蒋介石集团将来给他的好处。

杜月笙要完成这一使命，却也并不容易，因为段祺瑞手下的这些政客，多半是"亲日派"。因此，他便派吴家元和李泽一，还有日本特务机关"松机关"中的朋友朱秀峰与陈兰等，不停地穿梭往来于港沪、港津道上，分别拜访，秘密安排。最后，居然在敌伪特务严密监视搜查之下，从虎口中抢救出大部分已被列名伪政权新贵的政客。日方费尽心机摆弄出来的伪政府"豪华"阵容，竟被杜月笙拉得只剩下几个三流汉奸。总计经杜月笙之手接出来的日方目标，重要的有：段祺瑞的司法总长章士钊、交通总长曾毓隽、财政总长贺德霖、外交总长颜惠庆、陆军总长吴光新，临时参政院副议长汤漪。这些曾经显赫一时的皖系大佬，抵达香港之初，大都住在杜公馆。再加上曾经当过北洋政府第二十八任国务总理的许世英，段祺瑞内阁十大阁员居然到了六七个，香港杜公馆开出一桌饭，俨然是段祺瑞内阁复活了。

杜月笙拉角拆台，使日本人积极筹备的汉奸傀儡政权大为狼狈，致使 1937 年开张于北平的伪"中华民国临时政府"，只能推曹锟贿选总统时期暂代过财政总长的王克敏沐猴而冠出来牵头。1938 年成立于南京的"维新政府"，班底更惨，为首的只是段祺瑞临时执政府秘书长梁鸿志和落水当汉奸的陈群。

基于这些重大成果，杜月笙的赈济工作又扩大范围，继续争取失意政客。在日本人于上海建立的汉奸组织"市民协会"的委员中，如王鸿敬、周文瑞等人，有的被他劝来香港，有的经他安排出游，有的由他掩护躲在租界里不露面。当日本特务侦悉这又是杜月笙的“杰作”时，简直恨得牙痒痒，却又对他无可奈何！

沦陷区各地逃来香港的耆彦名流、工商巨子，尤其是杜月笙设法营救出来的一批批政界大佬，衣食住行，均由他一力承担。想转赴内地者，他为之安排路线，送上旅程，抵达以后再派人照料，负责到底。其余希望留在香港的，他更为之租赁房屋，供给日常费用，务使其各遂所愿，生活安定无虞。

渐渐地，杜月笙的朋友越交越多，旧侣越聚越众，从此柯士甸道又是车水马龙，门庭若市，恢复“座上客常满，杯中酒不空”的盛况，香港的杜公馆依旧和在上海时期一样热闹风光。为了便于办事会客，杜月笙便在香港告罗士打饭店长期租用了705号这个套房，请翁左青、胡叙五两位秘书前往坐镇，一直维持到香港沦陷。由于杜月笙每天下午睡过中觉便要过来这边，然后吃晚饭前回去，因此这里便成为海派人物、各地名流的麇集之地。设于八楼的咖啡座，也就成了杜月笙的会客厅，王晓籁和林康侯等，几乎是每天必来久坐的常客。

1938年10月21日广州失陷，几天后中国军队撤离武汉，所以，在情报工作方面，香港的地位显得更加重要。日方、敌伪组织的谍报人员开始在此大肆活动，而我方自广州以至上海、天津、东北及至海防和海外的曼谷、新加坡、菲律宾，所有的情报联络，也是以香港为中心。于是军统局派出王新衡担任军统香港区区长，王新衡立刻和杜月笙取得联络，并成为杜公馆座上常客，朝夕与共。

旅居香港时的杜月笙

（四）帮助军统在沪开展地下工作

上海沦陷后成为各方的情报中心。中国方面的情报搜集、行动开展，均依赖派遣地下工作人员，潜踪密驻，发出指示，以便对敌伪开展斗争。而在敌伪方面，对于上海的重视程度亦不下于中方，对于中方地下工作者防范之严、侦查之密，自较其他沦陷区更为严厉。因此，敌我双方的明争暗斗，非常激烈。在杜月笙随同宋子文等抵达香港不久，南京宣告沦陷，国民政府西迁汉口，内地有些工作联络不上。但在上海的地下工作，却因法租界和公共租界依然存在，仍可起到掩护作用。杜月笙乃借此机会，进行秘密部署，以期配合抗日形势的发展。

杜月笙滞港期间，港沪间航运交通尚未受阻，经过反复联系后，大部分留在上海未及撤退的中方负责人员，以及英、法两租界巡捕房内重要华员、海关关员、沪港航线海员等，均已声气相通，连成一片。尤其是杜月笙的恒社门徒，在上海行业中占有相当大的势力，只需他一声吩咐，便如臂使指，运用自如。所以，杜月笙本人虽已离沪，但其影响力所及，对于抗敌工作，并未中断。国民党先后派往上海的地下工作人员，如蒋伯诚、吴开先、吴绍澍等，在潜行赴沪以前，均先到香港和杜月笙做一番密商，诸如抵沪时如何掩护登陆、抵沪后如何居住隐蔽、工作怎样开展、经费怎样补充、所需要协助人员如何就地遴选、搜集到的情报和资料以及政府的指示如何相互沟通等，均经过逐项逐节缜密规划后，才敢悄然就道前往。当年潜赴上海的国民党要员吴开先，曾撰文追忆这段往事："二十八年（1939）夏，余在重庆，奉命潜行赴沪工作，越至港，往晤月笙先生，请其协助。月笙先生即谓：'兹事体大，须十分机密，上海方面须先有布置而后动身。'嘱将所持总裁函件及密电码，封作小包，由其派员秘密带沪并代为致函黄金荣、金廷荪，说明余此去缘由，须与上海工商银行钱业巨子晤面。请假廷荪寓所，由黄、金两位出面宴客，俾易晤面，而不致启人疑窦。余抵沪之日，即分别往访，自唯交谊本浅，但因月笙先生一函之介，黄、金两位竟冒险为余宴客两次。当余乘轮赴沪进入黄浦江时，万墨林已驾小舟至轮旁迎候。在法租界外滩登陆后，交通工具及住居寓所，均已由月笙先生先期通知留沪人员代为布置。所有恒社在沪社员，均奉有月笙先生命令，绝对服从余之指挥。凡属恒社有关人员开设之茶楼、酒肆、旅店及戏院、工厂、商店，余均可随时指定为交通站及秘密联络之所。二十九年（1940）返沪时，余仍继续力劝工商银钱界及知识分子，转入大后方，其不能离沪者，亦坚其信，不为敌伪利用。终汪逆之世，上海银钱业知名之士，无一敢甘冒不韪而参加敌伪金融组织者。此事第一由孔庸之（祥熙）部长之运用得力，第二应归功于杜月笙先生之鼓励。三十一年（1942）三月十八日晚间，余突被捕。直至十月十一日经徐采丞多方设法，始得恢复自由。”

徐采丞原是史量才的下属，史量才故后，经胡叙五介绍进入杜公馆，负责杜月笙往来之电信。在杜月笙滞港期间，为了营救重庆方面被捕的地下工作人员，他在上海，一方面请颜惠庆等出面说情，另一方面向日方军政人员致送厚礼，并对狱吏及承审人员予以厚赂，杜月笙也为此耗费在百万元以上。

在中国军队从上海撤退前后，杜月笙与戴笠合作，组建帮会武装“江浙行动委员会”和“别动队”，有众数千人。其中大部分系由上海市民训练委员会征集遣送的厂店员工，恒社分子亦多加入。这些人被送至江阴花山营地后，接受为期三个月的军事训练，配以轻武器，准备在敌后打游击，委任刘志陆为总指挥。刘志陆早年曾代理山东省督军，与杜月笙有八拜之交。杜月笙抵港后，与军统驻港负责人取得密切联系，对上海的各项动态，彼此交换情报，互相沟通。为求工作展开，他们在直线以外还得走曲线，金钱以外还得借重裙带关系。这些人事上的错综微妙，对杜月笙来说是轻车熟路，所以自然处在顾问的地位。至于军统方面潜往上海的地下人员，行前和到后，同样得到杜月笙的协助。戴、杜采取行动制裁汉奸工作，事先多经密商，临事互相配合。

另外，当时国内的社会名流及北洋政府的官僚、军阀，多已先后来港，如张仲仁、杨云史、汤斐予、刘放园、杨千里、吴光新、曾云沛、李赞侯诸人，往往囊中羞涩。逢年过节，杜月笙便斟酌缓急，予以馈赠，使他们生活得有保证。这些人在滞港期间，大多成为杜公馆的常客。至于迫于家累或因老病交侵，无法离开故土的人，杜月笙也不时函嘱其沪寓留守，酌情予以帮助。

（五）任职“上海市统一委员会”

1940年年初，重庆国民政府为了便于在上海开展地下工作，决定成立“上海市统一委员会”，设常务委员五人：戴笠、俞鸿钧、蒋伯诚、杜月笙、吴开先，委员有钱新之、潘公展、陆京士、冯有真、吴任沧、童行白等，吴开先兼任书记长。吴开先在返回上海前，向杜月笙提出了建立联络的问题，因为“上海市统一委员会”的五位常务委员中，杜月笙在香港，戴笠和俞鸿钧在重庆，蒋伯诚和他在上海，五个人分在三处地方，将来在联络的时候，可能会遇到不便。杜月笙提出，要解决这个困难，唯一的办法是建立一个沪、港、渝三角无线电通信网。当时上海和重庆之间的秘密电台已经安设好了，重庆跟香港也没有问题，所缺的就只有上海和香港两处的通信联络。他向吴开先承诺，自己会设法在香港再开设一个专用秘密电台。吴开先行前，杜月笙又对他说：“工作统一虽有好处，但是也有危险，不可不防。你们在上海开会的地点和时间，以及负责通知联络的，一定要十分机密妥当。依我看来，这些事情，你最好交给万墨林办，你不要自己为这些琐碎小事操心。万墨林那边我们会关照他特别谨慎，不要一个会开不好，被敌伪特务把你们这些首脑分子一网打尽了，那才叫糟糕！”吴开先回到上海，便依照杜月笙的办法，把通知开会以及会议时间、地点的安排，一概委托给万墨林。“上海市统一委员会”通常一个月不只开一次会，因此，万墨林便只有把他所能够找得到的稳妥地点，逐一轮流使用。华格臬路接连开过了几次会，不久便引起敌伪的注意，在杜公馆四周密布特工，把华格臬路杜公馆视作重点监控对象。万墨林遂不敢再用，又打开了辣斐德路姚氏夫人住的十八层楼公寓，不久又嫌公寓人杂，耳目也多，再改到南阳桥金廷荪和江一平、朱文德、虞如品、俞林筠和赵培鑫等的家里，作为秘密会议场所。

“上海市统一委员会”在上海除开展对日斗争外，还竭力劝导金融工商巨子、知识分子以及大后方最感缺乏的专业人员，离沪赴港，再转往后方，以充实抗战的力量。至于那些无法离开上海者，也使他们能秉其良心，断然拒绝与敌伪合作，因而使上海沦陷区的金融工商，竟能配合重庆政府的各项政策。日方一再逼迫汪伪政府争取上海金融工商界的支持，但是直到抗战胜利，汪伪政府始终拉不到一个上海金融工商界的知名之士。反之，1941年重庆发行美金胜利公债，上海银行钱庄两业、工商机构甚至平民百姓，均能在杜月笙和“上海市统一委员会”的号召之下，争先恐后，踊跃购买，募得了相当一笔款项。

（六）参与锄奸行动

杜月笙在香港的另一项重要任务是，令门徒参与军统在上海的锄奸活动。军统在上海设有工作站，直属军统总部，情报工作则由戴笠亲自负责。他觉得上海需要成立行动小组，便请杜月笙介绍一位能负得起责的人，来承担这项紧要任务。杜月笙便介绍陈默去做。陈默字水思，是杜月笙的得意门生，曾在军校高教班受过训，抗战之前担任过上海警备司令部稽查处经济组组长。陈默是个狠角色，其手段不下于顾嘉棠，他头脑之精细还在顾嘉棠之上，更理想的是他有军事训练基础，条件非常适合。

陈默既然是奉杜月笙之命加入军统展开行动，他便能够在黄浦滩“要人有人、要钱有钱、要枪有枪”，获得杜门中人的支持。上海行动小组和忠义救国军密切配合，从事制裁敌伪的锄奸工作。1938年1月14日，他们刺杀了黄浦滩上专门替强盗脱罪的所谓“强盗律师”范罡。当时范罡正肩负活动伪上海两特区法院院长的职务，当他走到威海卫路155弄20号的家门口时，迎面飞来一颗枪弹，他猝不及防，当即倒地毙命。暗杀的手法干净利落，是为陈默接事的第一件得意之作。

接下来，伪“上海市民协会”负责人尤菊荪、伪“上海市民协会委员”杨福源、伪“上海市政督办公署”秘书长任保安，伪“市民协会”主席顾馨一，还有日本人、伪绥靖第三区特派员中本达雄，都先后饮弹毙命，在7月底前陆续被刺杀的还有范耆生和郑月波。锄奸行动涉及的汉奸中，也不乏杜月笙的老朋友，如在中央饭店刺杀的陆连奎，便是公共租界跟黄金荣地位相当的青帮弟兄、捕房头脑。当杜月笙势力打进英租界时，陆连奎一向跟“月笙哥”交谊甚密，合作无间。再如，杜月笙的部下、法捕房的副探长曹炳生也在马路上中枪。又如，当年同心协力，开“三鑫公司”的知己心腹俞叶封，也因为参加了张啸林所组织的伪“新亚和平促进会”，主持棉花资敌工作，而被杜月笙的门徒用机关枪射死在更新舞台的包厢里。接着又刺杀了汉奸傅筱庵。

汉奸傅筱庵

傅筱庵曾任北洋政府高级顾问，“七七事变”后日军占领上海，想在上海推行“以华制华”图谋，傅筱庵便成了日本人心目中的最佳人选。1938年傅筱庵担任了伪上海市市长，他一上台便换上了汪伪政府的五色旗，还镇压抗日志士。傅筱庵成为汉奸后，蒋介石让戴笠除掉他。戴笠发电报给军统上海特区区长陈恭澍，陈恭澍马上做了安排。傅筱庵深知自己的汉奸行为为大众所不容，格外小心，住的地方布满警卫，任何人不得靠近。出门乘坐的都是防弹汽车，前后四辆警卫车跟随，23 名保镖全副武装，无任何下手机会。

陈恭澍多次刺杀未果，也促使傅筱庵变得格外谨慎，刺杀行动也就越来越困难。陈恭澍考虑再三之后，决定从策反傅筱庵身边的人下手，最终选择了傅筱庵家里的厨师朱升源。朱升源从小父母双亡，被傅筱庵收留，十多年来对傅筱庵忠心耿耿，傅筱庵对他也十分信任。朱升源早先在日本工厂干过苦力，受尽虐待，对日本人颇为仇恨。如今，傅筱庵当了日本人的走狗，他曾多次劝傅筱庵不要为日本人做事，均被傅筱庵拒绝。正因为如此，朱升源和傅筱庵之间弄得颇不愉快，这也给了陈恭澍一个下手的机会。

朱升源时常来到一家酒馆喝酒，而这家酒馆正是军统的眼线。朱升源一进酒馆，老板便主动搭讪，请朱升源免费喝酒，二人一见如故，聊得甚是投机。送走朱升源后，酒店老板将这一情报传达给陈恭澍，陈恭澍十分惊喜，心想如果能把朱升源拉拢过来，刺杀必定成功。他一方面命酒馆老板继续与朱升源来往，另一方面思考怎么策反朱升源。

朱升源与酒馆老板多次来往后，成了无话不谈的朋友。一天，朱升源又来到酒馆，酒馆老板依然热情招待他，喝得正欢时，老板说："朱兄年过四旬，还未娶妻，我有一个表妹至今未婚。我和朱兄很是投缘，想撮合你们，你看怎样？"说完，老板便叫来一个女子，朱升源见这女子貌美如花，顿时心神荡漾，连声说好。之后，与酒馆老板的关系更好了。这位女子，乃是军统特工也。

陈恭澍见时机成熟，当朱升源再次来到酒馆时，直接被请进后堂。陈恭澍对他说："我是军统上海特区区长，有事想请朱先生帮忙。”朱升源先是一惊，镇定下来之后便问所为何事？陈恭澍说：“我知道朱先生是爱国之人，看不惯傅筱庵恶行，我想请朱先生除掉他！”朱升源起初并不愿意，傅筱庵毕竟有恩于自己。陈恭澍又说：“你如果一直待在他身边，你也逃不了卖国的骂名。你如果能除掉他，不光能留下美名，还能获得5万大洋，军统也会保你安全，那位美女也是你的！”朱升源经过长期的思想斗争后，终于答应设法除掉傅筱庵。

1940年10月10日，汪伪政府庆祝第一个“双十节”。狂饮过后，傅筱庵于凌晨3点返回法租界寓所。朱升源先伺候他睡下，待傅筱庵熟睡后，朱升源拿起菜刀走到傅筱庵床边，向傅筱庵头部、喉管连砍三刀。傅筱庵当场毙命，时年68岁。朱升源杀了傅筱庵，回到自己房间换下血衣。天亮后，他像往常一样，拎着一只菜篮，骑自行车从后门离开。他在军统的安排下，先藏匿于法租界，后来又转往重庆，开了一家手工卷烟场，度过余生。

张啸林（中）与杜月笙（右）

上海滩的三大亨之一张啸林一生一世都在想做官，但是一直未能如愿，所以在他的心目中，也许当当“汉奸官”还可以逞逞威风，满足官瘾。

“八一三”淞沪抗战开始时，张啸林正躲在莫干山的别墅里避暑。日本特务早已打听到他的行踪，所以在他来到莫干山的次日，日本侵华急先锋、张啸林的老友、海军大将永野修身就前来造访。交谈之中，永野观察到张啸林急切地希望得到日本人的支持，借以巩固自己在上海的势力。于是向张啸林表明来意，提出上海战事一结束，马上要成立“中日亲善”的政府，希望张啸林能够出任市长。这番话虽然正中张啸林下怀，但他嘴上还是假意推辞，说自己是生意人，难以担当市长大任。“八一三”淞沪抗战失败后，上海处于沦陷前夕，由于杜月笙已经前往香港，黄金荣虽在上海，因年老多病，不问外事，张啸林认为正是他倚仗日本人势力独霸上海滩的大好机会。于是离开风景优美的莫干山，回到上海，决心充当汉奸，一心想当一任“上海市长”以过官瘾。可是，这时上海市市长的宝座已经被汉奸傅筱庵抢占，日本人恰好正在筹划浙江省伪政府，张啸林于是希望回到家乡“弄个浙江省省长玩玩”，甘心卖身投靠日本侵略者，成为大汉奸。1939 年秋，他从莫干山回到上海后，发现杜月笙的一批弟子奉命惩奸除害，正在上海滩大开杀戒，他的汉奸搭档已经被暗杀了好几个，这使他暗自着慌。相传军统的枪口已经对准了他，从此他便不敢在公开场合露面，只是每天到大新公司五楼的俱乐部玩一玩。1939 年 1 月 15 日，张啸林应俞叶封的邀请，前往更新舞台为新艳秋捧场。台上正唱得热闹，突然一阵机关枪响，全场秩序大乱，俞叶封已经倒卧于血泊之中。张啸林恰好临时有事，才躲过了一劫。经过这一次惊险的刺杀事件，张啸林更是闭门不出，连俱乐部也不敢去了。同时加强了警戒，雇用了二十几名身怀绝技、枪法奇准的保镖，公馆前后门都有日伪宪兵守卫，日夜巡逻。

1941 年夏天，军统关于铲除张啸林的命令下达后，奉命执行暗杀张啸林任务的，是杜门弟子于松乔。这次行动虽然情报相当准确，就连张啸林几时几分要坐汽车外出，经过哪些十字路口，在哪儿停一分几秒，红灯一亮，汽车非停不可，都计算得十分准确。据于松乔后来回忆：“张啸林第一次遭枪击，是在福熙路。指定的时间与地点，听某人的指挥。地址是在福熙路同孚路交会处，守候了一阵子，见前面来了一辆汽车，指挥的人就叫我准备，当他把手一挥的时候，我就走上去对汽车后面坐着的人隔着玻璃开枪射击。当我开枪的时候，一看原来是张啸林，等到看清，子弹也已出了枪口，可能在看到时，心里一震，手也慌了一些，同时，也因张坐的是保险车子，不但车身护有钢板，汽车玻璃也是子弹打不破的。”当时，司机猛踩油门，飞也似的闯过了路口，张啸林又躲过了一劫。不久，军统局又发来电报，督促迅速杀掉张啸林。杜门弟子陈默用5万块银圆和铲除汉奸的民族大义，争取到张啸林的贴身保镖林怀部做内线，听候指令执行任务。1941年8月14日，张啸林正和杭州锡箔局局长吴静观在华格臬路三层楼上商量事情，听见楼下天井有人高声争吵，他探出窗口向下俯望，发现是保镖林怀部正在同一名司机互相辱骂。张啸林见此情景大发雷霆，便把上半身伸到窗户外，向楼下的林怀部厉声喝骂：“一天到晚吃饱了饭没事干，还要在我这里吵吵闹闹，简直是毫无体统！统统滚蛋！”“用不着赶，老子自己走！”林怀部伸手去腰间拔枪，大家都以为林怀部真要交枪走人，不料他对着张啸林一甩手，子弹正中张啸林面门，张啸林当场毙命。林怀部为了确认张啸林的死活，提着枪冲上楼，发现客人正在打电话给法租界巡捕房报警，于是开枪杀了那个客人。林怀部确信张啸林已死后，飞步下楼，准备逃离张宅。刚到楼梯口就被张的保镖拦腰抱住，另外几个保镖也跟着围了上来。这时法租界巡捕赶到，林怀部把枪一丢：“大丈夫一人做事一人当。”从容就擒。法租界判处林怀部15年徒刑，抗战胜利后林怀部获得释放。

林怀部

行动队对于日本侵略者更不手软。日军宪兵补充队队长高英三郎生病住进日军的野战医院，居然被杜门中人下了毒药，毒发身死。两个日本间谍——伪上海市政府顾问池田正治和喜多昭次，大白天在四马路望平里熙来攘往的人丛中散步，突然之间，“砰砰”两枪，立即倒卧于血泊之中。由于上海行动队的神出鬼没，使得上海敌伪感到风声鹤唳，草木皆兵，整天坐卧不宁。日本人终于发现，他们损失数万精兵，虽然将上海占领，却寸步难移，无数日本军民，反而落入了阴风凄凄的死亡陷阱。

（七）助力高、陶反正

1939年，汪伪方面的重要人物高宗武和陶希圣准备反正，脱离汪伪集团。在这个事件中，杜月笙和他在上海的心腹徐采丞起了重要作用。

徐采丞作为杜月笙留在上海的重要人物，经常往来于上海和香港之间，从事许多机密工作。1939年这次来到香港，就是为了向杜月笙报告重要情报。他向杜月笙报告说，他从徐寄庼处获悉，高宗武有反正脱离汪伪集团的打算。这个情报对重庆方面来说，无疑非常重要。杜月笙听到徐采丞报告的情况，问道：“高宗武是负责办理日汪交涉的人，他若反正，那么，汪精卫跟日本人订的密约内容，是不是可以带得出来，公之于世呢？”徐采丞说：“当然没有问题。”

高宗武（1905—1994），浙江乐清人，早年留学日本，抗战前期进入外交领域，29岁担任外交部亚洲司司长的职务，专门从事对日外交工作，是当时国民政府里最年轻的高级外交官员。抗战全面爆发后，高宗武接受特殊任务，在香港负责对日情报工作。他在这段时间一度背离蒋介石，为汪精卫卖国行径秘密奔走，并随汪精卫去上海，参与“汪日密约”（正式名称是《日支新关系调整纲要》）的谈判。他同日本前首相犬养毅的儿子犬养健是日本帝国大学的同学，犬养健在日本情报“梅机关”里担任要职，因此高宗武便成了汪精卫与日方暗中谈判的穿针引线人。他在东京时，日本首相近卫文麿曾把“日汪密约”的文本拿给他看，他发现日本人这项“密约”，比袁世凯当年的“二十一条”还要狠毒。假使签订了这项“密约”，整个国家和民族的命运都要被断送，为此他觉得彷徨苦闷。正当他在满怀忧愤之际，突然想起了浙江永嘉的同乡黄溯初老先生。黄溯初为留日老前辈，民国初年曾任国会议员，后去日本，隐居于长崎附近的乡村。他和高家为世交，高宗武自读书起以至做官，多出于他的安排。高宗武遂驱车前往拜访，向他讨教。黄溯初鼓励他反正，并答应帮他同重庆方面接洽。高宗武从日本回到上海后，黄溯初不久也回到了上海。他找到同乡好友徐寄庼，密商如何安排高宗武反正，既要使他平安逃出上海，又得保证国民政府既往不咎，许他将功折罪，这就需要找一个人从中协调。徐寄庼和杜月笙同为上海市商会的常务理事，两人交情颇深，他觉得这个人选只能是杜月笙，于是推荐了他。黄溯初表示，“杜月笙行侠仗义，有口皆碑，他能答应承揽这一件事，我便放心。”黄溯初与杜月笙素昧平生。黄溯初由日本回沪，经徐寄庼函介，方与杜月笙取得联系。

杜月笙觉得帮助高宗武反正这件事，关系抗战前途、国家大局，确实值得一试。1939 年 11 月 5 日，杜月笙自香港直飞重庆，拜见蒋介石，请示高宗武反正事宜应该如何处理。杜月笙拜见蒋介石，是由四川省主席张群负责联络并陪同。蒋介石指示他从速返港，秘密进行。他当下便搭中国航空公司的飞机，离开重庆回到香港。但是他所搭乘的飞机，半路遭到日本军机的扫射和追逐，飞行员为了保全飞机和旅客的生命，拼命盘旋攀高，以逃脱敌机的追击，但敌机则紧追不舍。当时的民航飞机既没有氧气设备，又缺乏舒适安全的座位，杜月笙在飞机上一时感到天旋地转，眼睛里金星四迸，身子猛烈地摇来晃去，时下时上，转得他头晕眼花，几乎昏厥。最后，飞机爬升到 8000 米的高度，空气稀薄，杜月笙呼吸艰难，几度窒息，撑到后来实在受不了，他便眼睛一闭，索性等死。

日本军机追逐到8000米以上的高度，觉得再追下去，也是徒劳无功，于是一个转弯，飞开去了，这一飞机人才算是捡回了性命。然而，杜月笙却喘息不止，只能躺在飞机上返回香港。飞机降落前，机械师通知地面，说杜月笙在高空体力不支，需要准备担架。众人连忙找到机场医护室，请来两个抬担架的工友，飞机一到，便抢先冲上飞机，把气喘吁吁的杜月笙抬下飞机。这便是杜月笙气喘病之由来。

被抬回家中，医生对他施以紧急救治，杜月笙缓过气来了，他脸色苍白，向众人挥挥手说："你们都出去，请采丞兄留下来。"在病榻上，他对徐采丞说："请你即刻回上海，代我办到两件事体。第一，请黄溯初先生火速来香港，跟我当面接洽。第二，转告万墨林他们，只要高宗武说声走，便不惜一切代价，务必把他和家眷平安无事地先送到香港来。"

徐采丞次日便动身返回上海，不到十天，黄溯初便飘然南来。杜月笙大病方愈，亲往迎接。为了安全保密，他把黄溯初安顿在九龙酒店，二人先后经过多次密商。参加密谈的，除了黄、杜以外，仅有秘书胡叙五一人在座。二人一边谈话，胡叙五一边记录，谈话记录整理好，誊录一遍，请黄溯初过目后，杜月笙便再到重庆去，根据这个本子向当局报告。其内容自高宗武离港去沪起，至连次去日商洽止，包括高氏与近卫文麿等的谈话笔录，长达三十余页。杜月笙眉飞色舞地说："我明天再搭飞机到重庆去。"并嘱咐胡叙五专办黄老先生的招待，每天三餐，全由他陪着黄氏上馆子，中菜西菜，全拣好的大快朵颐。

杜月笙冒险二度飞渝，便带了庞京周医生同行，以防万一。这一趟总算安安稳稳到了重庆，蒋介石即刻传见，杜月笙报告已毕，蒋介石便写了一封亲笔信交给杜月笙，请他设法转交高宗武。杜月笙得了蒋介石的亲笔函件，心知大事已定，第二天便飞回香港，把蒋介石的亲笔信交给稳妥可靠的人，秘密携往上海。接下来，便是整日引颈翘望，苦等高宗武安然南来。

由于敌伪方面戒备森严，防范严密，徐采丞发动杜门中留在上海的人，想营救高宗武安然脱险，确实很不容易。另外，由于日汪之间的《日支新关系调整纲要》谈判是在1939年12月29日完成，签字仪式定在12月31日举行，高宗武决心等密约签订过后，再盗出原本照片，献给重庆方面，以揭破汪伪集团的卖国勾当。所以，他到1940年1月4日方始成行，行前，他又救出了正有生命危险的陶希圣。

汪精卫举行伪“国民党全国代表大会”，新成立的伪中央党部，先行设置的机构只有外交、宣传和警卫三个“部”。当时推定的“外交部长”是汪精卫自己兼任，“警卫主任”是周佛海，副主任李士群、丁默邨，“宣传部长”一席即由陶希圣充任。陶希圣一看日方提出的《日支新关系调整纲要》，全面控制中国的野心昭然若揭。日本侵略者把中国划分为“满洲国”、“蒙疆自治政府”、“华北”、“华中”和“华南”五种地带，而把中国的海南岛和台湾列为日本的军事基地。陶希圣认为，像这样白纸写上黑字，要借他之手去签署，断不可能，因此他一面称病不出，一面暗中策划如何出走。

陶希圣的态度已使汪精卫、周佛海等大起疑忌。1940年元旦前后，陶希圣获得秘密情报，表明李士群、丁默邨主持的汪伪特务机关“七十六号”，正在谋划刺杀他。在此千钧一发之际，高宗武突然在法租界环龙路陶希圣住宅出现，他称前来探病，并且拜年，实际是商定一同出走。这时，徐采丞、万墨林已经遵照杜月笙的嘱咐，替高宗武预备好了船票，同时严密制订保护他顺利成行的计划，临时加上陶希圣同行，当然不致发生什么困难。1月4日上午，高宗武按照预定计划登上了美国轮船“胡佛总统”号。陶希圣则独自一人，乘出租车到南京路国泰饭店前门，下车后，进入大厦，径赴后门，换乘一辆出租汽车直奔黄浦滩码头，果然也顺利成行。

1月5日下午，高、陶抵达香港，杜月笙、黄溯初等人心头悬着的一块巨石方轻轻落下。虽然要紧的人到了，但“日汪密约”经高宗武的内弟沈稚泰所摄底片，交由高宗武夫人秘密收藏，携来香港。况且陶夫人和五个孩子尚留在上海，必须设法救出来，否则，一定会遭敌伪的毒手，“密约”的底片也将无法得到。后来，她们在万墨林的帮助下，也逃出虎口。1 月 20 日，陶希圣全家到了香港，便在 21 日把“日汪密约”发表出来。

“日汪密约”之揭露，使欧美各国了然日本侵华的野心，于是，纷纷发表声明，不承认汪伪政权。2 月 13 日美国国会通过对华贷款 3000 万美元议案，3 月 7 日再由联邦进出口银行贷给低息贷款 2000 万美元。英、美、法等国且在欧战爆发前后，抽调兵力，增强远东地区的防务。

高、陶反正事件使汪精卫对杜月笙恨之入骨，他下令伪政府特务头子李士群专程到广州指挥，派遣刺客，到香港去刺杀杜月笙。由于杜月笙防范严密，刺客没有下手的机会，因而作罢。但是汪精卫仍不甘心，他再派人运动香港警署，借口有人密告杜月笙是“流氓”，要把他驱逐出境。

王新衡侦得消息，火急去告知杜月笙。过了几天，柯士甸道杜公馆和告罗士甸的长住房间，居然有警署的人跑来说是奉命搜查。杜月笙方知事态严重，内情必不简单，于是去跟王新衡商量。王新衡觉得，为了彻底粉碎汪精卫集团的阴谋诡计，应该把事情闹到香港总督那边去。当时，俞鸿钧任中央信托局局长，常驻香港，在他担任上海市市长时期，招待过香港总督，他和港督私交甚好。因而建议俞鸿钧以非正式的国民政府代表身份，向港督送上一份备忘录，说明杜月笙是中国的高级官员、社会领袖，是国民政府正式委派的赈济委员会常务委员，又是中国红十字会总会副会长，还兼任国家交通银行的常务董事，以及中国通商银行董事长。他指出港警搜查中国官员的住宅及其办公会客的地点，完全是非法而无礼的行动。港督接到了俞鸿钧的备忘录后，当即表示道歉，同时保证此后不会再有类似事情发生。一桩公案，就此了结，汪精卫的报复，一直未能得逞。

（八）策划炸毁汪伪庆贺专列

1940年11月29日，日本正式承认汪伪政权，同日在南京签订《日支新关系调整纲要》。这一天，汪伪政府开张，汉奸们喜气洋洋，在上海邀请了大批德、意、日轴心国家的外交使节和日军高级将领，乘“天马号”专列，兴冲冲地赶赴南京捧场，参加签字仪式。消息立刻经由杜月笙留在上海的秘密电台报告重庆，戴笠当即决定把这列专车炸掉，造成重大死伤，给汪精卫一次迎头痛击。

炸毁火车的任务，由上海忠义救国军地下工作人员承担，其中不乏杜月笙的门徒，配合军统局苏州站联合执行。他们派出警卫掩护爆破队，趁夜潜至苏州城外京沪铁路线上的李王庙，将地雷和炸药埋藏在外跨塘附近的铁轨中间，引线长达300米，一直延伸到茂密的树林之中，由詹宗像与薛尧负责按动电钮。上午九点，“天马号”专列风驰电掣般驶来，詹、薛二人急将电钮按下，天崩地裂似的一声巨响，地雷、炸药爆炸，威力奇大，“天马号”专列顿告倾覆。一时血流盈野，哀呼惨叫之声不绝于耳。这一次爆炸，使全车的人不死即伤，损失惨重。“天马号”专列倾覆后，詹宗像和薛尧虽知目的已达，却又穿出树林探看歼敌结果，不幸被日军发现，密集扫射，他们不幸中弹牺牲。

这一次爆炸事件，日方死了两名大佐、两名日本内阁的“庆贺专员”，情报员多人，还有德、意使节及随车军人，死伤共达100余人。爆炸消息传到南京，汪精卫狼狈万分，痛恨重庆地下工作人员过于手狠，为了对重庆方面进行报复，便给特务头子李士群下一道命令，让他一定要取杜月笙的性命，同时打击并瓦解重庆地下工作人员在上海的活动。

李士群是一个狠角色，作风跋扈，他奉了汪精卫的密令，第一步是诱捕重庆和中共派往上海的地下工作者及同杜门相关人物，导致何行健、杨杰、林之江、王天木、苏成德、万里浪、唐惠民、朱文龙、马啸天等都相继落入陷阱。李士群对他们威逼利诱，无所不用其极，终于使某些意志薄弱者变节，从而摇身一变，甘为虎伥，成为特务机关“七十六号”的一批重要骨干。第二步是运用青帮的力量，负责具体行动。可是黄浦滩上有头有脸的青帮大亨，皆唯杜月笙马首是瞻，李士群拉不动，他只能退而求其次，拉到杜月笙好朋友季云卿的门徒吴四宝。他千方百计把吴四宝拖进“七十六号”，和吴四宝结拜为兄弟，派他当“警卫大队长”。

汪精卫当面交代李士群谋刺杜月笙。为此，李士群亲赴广东秘密策划，于是香港告罗士甸饭店门前，几度发现可疑人物。他们最终惮于杜月笙的声威，不敢下手，其结果只不过给杜月笙造成一场虚惊，反而让杜月笙更加严密戒备，使李士群无懈可击。但是，杜月笙留在上海的心腹万墨林，却于 1940 年 12 月 21 日被汪伪特务机关绑架。

当时重庆方面派往上海的重要人物，有国民党中央常务委员蒋伯诚，作为国民党中央的代表；国民党中央组织部副部长吴开先，以“上海市统一委员会”常委的身份负责地下领导工作；三青团的吴绍澍也在上海另设单位搜集情报。万墨林奉杜月笙之命，对三人设法掩护，尽力协助。这三人也都倚靠他为左右手，在“交通、联络”方面非万墨林不可。他还有一项更紧要的工作，就是戴笠借杜月笙之手不时拨钱给万墨林，上海的地下工作需要特别经费，执行者要到万墨林的手上领取。

万墨林被捕是中了李士群之计。吴绍澍手下有一名情报员朱文龙，被捕后叛变，被李士群纳于麾下。李士群让朱文龙常常送一些不重要的或假情报给万墨林，骗取万墨林的信任。1941 年春，他利用万墨林的秘密通话线路，跟万墨林连通三次电话，请他传递一项“极重要的情报”。万墨林因为风声太紧不得不谨慎小心，他推托两次，第三次则先约下午四时，临时再改晚间八点，会晤地点是行人如织的国际大饭店门前，那里是英租界的地盘。不料万墨林绕行到朱文龙背后，刚一拍他的肩，四名大汉便一拥而上，当众将他反剪双手捆了一个结实，万墨林立刻向附近站岗的美国宪兵大叫："救命!"美国宪兵跑过来干涉，"七十六号"的人掏出英租界准予缉拿许可证，满街的人眼睁睁看着万墨林被架上汽车，绝尘而去。得到万墨林被捕的消息，杜月笙和戴笠大为震惊，极其焦灼，因为这不仅是万墨林个人的生命安全问题，而且万墨林是重庆地下工作者在上海的总交通，倘使他一屈服，据实招供，重庆在上海的各机构，大有全部覆亡的可能。于是杜月笙、戴笠立即电知吴开先等人，从速转移住处，变更联络方式。同时，杜月笙更匆匆返港，竭力设法营救万墨林。重庆和敌伪之间的地下工作的斗争，自此又面临短兵相接的局面。

杜月笙由重庆返港后，通知恒社在沪人员，竭尽一切努力设法营救万墨林。尤其电嘱徐采丞，要他从日本人方面下手，迫使"七十六号"放人。徐采丞利用日本军、政两方派系林立，又都喜欢跟中国有权势人士勾搭的心理，纵横捭阖，执行杜月笙交代的任务。

万墨林被关进"七十六号"后，灌辣椒水、上老虎凳、雪里红（雪中拷打鲜血四溅）诸般酷刑，一概用过。幸亏他咬紧牙关不招，否则，重庆方面在上海的地下工作人员会被一网打尽，但是他能熬到什么时候，却也难以预料。

杜月笙虽然想竭力营救万墨林，但汪精卫对他恨之入骨，他同李士群方面又无交情，于是和钱新之一道出面，请和周佛海有私交的李北涛赶赴南京，携带一份贵重的礼物拜访周佛海，请他看在旧日交情的分儿上，保全万墨林。李北涛见到周佛海时除了婉言请托，也模仿杜月笙的口吻，软中透硬，叫他"识相"一点儿。杜月笙的势力当时依然弥漫于大上海，甚至京沪沿线，如果不把杜月笙托付的这桩大事摆平，必然会影响他将来的"见面之情"。周佛海只关心自己切身的利害得失，他在南京时，经常到上海吃喝玩乐，也曾身为杜门座上客。杜月笙的行情和势力，他一向很清楚。如今碰上香港来使，痛陈利害，几句话甩过去，他便打定了主意，摧毁重庆地下工作者这桩大功劳他宁可不要，杜月笙的面子却不能不买，当时他便把一张条子送到“七十六号”：“万墨林性命保全，并予优待。”另外，杜月笙还有个门徒汪曼云，曾担任过国民党上海特别市党部委员，1939 年投靠汪伪成为汉奸，杜月笙为了营救万墨林，便派人找到汪曼云这条门路。此时汪曼云已担任汪伪国民党中央执行委员、伪国民党中央党部社会部副部长，他同汪伪特工头子李士群关系较好，于是为万墨林的事，便请李士群帮忙。为此，汪曼云特意送给李的老婆一件紫貂皮大衣。然后，又回到南京向周佛海进行疏通。由于杜月笙此前已经通过李北涛找过周佛海，得到了周的默许，所以，三天后，万墨林便从阴风凄凄的“七十六号”转移到四马路总巡捕房收押。总巡捕房的督察长刘绍奎不但与杜门相关，而且归戴笠直接指挥。1940 年 8 月 26 日，戴笠曾致电刘绍奎：“吾人对上海各种工友，应加紧运动，密切联系，以制敌伪之死命。弟意应即组织一上海职工运动委员会，请兄等联络在沪同志，从速进行。”刘绍奎奉命对万墨林加以关照。有了刘绍奎的照顾，万墨林等于从地狱升入天堂，待遇极其优渥，而且多了脱逃的机会。李北涛顺利达成初步任务，便留在上海，暗中策划买通日本人，试图把万墨林悄悄地送往香港。

然而事机不密，李北涛的密谋为周佛海所侦知。他迅速采取行动，命“七十六号”提回万墨林，并趁夜用快车押到南京。周佛海接见万墨林，开门见山地说：“万墨林，你所做的事情自家明白，‘七十六号’的大门进去容易出来难，把你释放，很不简单。我此刻是买杜先生的面子，只要关节打通，我自会放你。我说话算数，你也要向我保证，从今以后莫再到处托人，徒然增加我的困难，我请你安心地等好消息。”万墨林拍胸脯答应了。从此万墨林便在南京关一阵、上海押一晌，却是从来不拷、不打、不给他吃苦头。1941 年 5 月，杜月笙得知东北籍的国会议员金鼎勋跟日本人渊源甚深，于是立电徐采丞从速进行运作。徐采丞遂邀同顾南群与朱东山，同往恳请金鼎勋设法营救万墨林，金鼎勋一口答应帮忙。

金鼎勋走的是日本决策机构“兴亚院”这条高级路线，说服“兴亚院”的高等参谋冈田和一位相关巨商坂田，由坂田、冈田影响“兴亚院”，指示日本军方：“皇军如需彻底统治上海，杜月笙有无法估计之利用价值，顷者犹在多方争取杜氏之际，汪政府特工羁押其亲戚及亲信万墨林，实为极其不智之举。”至此，汪伪特工部门在“兴亚院”和日本军方的重大压力之下，只好将万墨林开释。

(九) 筹组“人民行动委员会”

抗战期间，蒋介石和戴笠为了控制全国的帮会，几经酝酿，于1941年夏天正式成立“人民行动委员会”。

根据台湾“国史馆”公布的军统解密档案，“人民行动委员会”成立的具体原因是，上海“别动队”司令王敬久因指挥不动陆京士等杜系人马，加上“别动队”经费准备先由杜月笙经管的银行垫付，将来在救国公债中偿还，因此，这笔钱须由杜月笙经手。杜月笙因受陆京士的影响，除对“别动队”经费只付5万元外，还表示今后“难以维持”。换言之，杜月笙不想再给钱了，“别动队”司令王敬久遂向戴笠请辞。戴笠经与杜月笙磋商，并顾虑上海复杂情形，建议裁撤上海“别动队”，改设“人民行动委员会”，由戴笠、杜月笙等人任行动会委员，下设指挥部，指派刘志陆担任总指挥。刘志陆系杜月笙所推荐，可以制衡陆京士等人之跋扈。

关于成立“人民行动委员会”的缘起，也有另一种说法。据参加过该会的红帮代表崔锡麟回忆：“我到重庆后，决定搞一个全国性的青、洪帮组织，以帮助抗日工作……不久，我们的活动被特务头子军统局局长戴笠知道了，他向蒋介石作了汇报。蒋说：‘洪帮要组织起来抗日，万一被‘异党’利用，不堪收拾。四川遍地是袍哥，势力很大，必须控制四川袍哥的头头’，‘要用软的手段，不能硬来’，于是戴笠去找上海帮会头头杜月笙设法组织全国青、洪帮大联合。后来杜月笙、戴笠两人具名，在重庆交通银行，邀请田德胜、张树声、韦作民、向海潜、杨庆山等人宴会，提议组织‘中国人民行动委员会’。”

新组成的“人民行动委员会”是由军统特务头子戴笠派警察总队副总队长徐亮出面，联络本地袍哥及外来的青、洪帮，组织一个在军统特务控制下的统一的帮会机构。它以帮会分子为基础，把海内外所有的洪门（红帮）、青帮全部纳入，使遍布各地的帮会中人，都能被招募在抗战的大旗之下，团结抗战，是个统一的帮会机构。

戴笠先从协调洪门、青帮在香港的关系入手。1940 年夏，戴笠请吴铁城出面，在香港宴请一次宾客，香港本地洪门领袖如梅光培，各地青帮首脑杜月笙以下，有头有脸的人物一概出席，戴笠便以这次大宴会为基础，勾画出“人民行动委员会”的蓝图。

“人民行动委员会”于 1941 年夏天在重庆莲花池江苏同乡会礼堂宣告正式成立。参加成立大会的有重庆“仁”字号袍哥田德胜，以及谭备三、冯什竹、唐绍武、石孝先、何占云等袍哥首脑。青帮代表有张树声、韦作民，洪帮代表有杨虎、杨庆山、程壮等。另有各帮会骨干分子数百人。戴笠的军统局特务组织派警察总队副总队长徐亮主持成立大会。宣布其宗旨为“联合全国帮会抗战建国”，“服从三民主义，拥护蒋总裁”。委员会采取秘密组织方式，不挂牌子，对外以各自帮会名义进行活动。

“人民行动委员会”的组成，是中国自有帮会以来，前所未有的一大举措。新成立的“人民行动委员会”需要一位首领，众人瞩意杜月笙。他却声称“不敢当”，最后决定采取集体领导制，推举杜月笙、杨虎、杨庆山、张树声、向海潜、韦以黻（作民）、田得胜七人为常务委员，由戴笠在幕后操纵。其中张树声是华北洪门的“大爷”，张门势力，遍及全国；杨虎是海员的领袖，全球各地华人的船舶、码头，他都能通声息；杨庆山是武汉洪门的“双龙头”；向海潜在军界洪门中势力雄厚；韦以黻在北洋政府交通部里向有“不倒翁”之称，交通界中，自机关职员以至工人苦力，多有他的门生弟子；田得胜是四川袍哥的首领之一，重庆“田大爷”天下闻名，凭他一声招呼，全四川的袍哥弟兄乃至西南各地，俱会竞起服从。“人民行动委员会”曾参与暗杀汉奸，一直活动到抗战结束后。

该组织是军统特务头子戴笠派警察总队副总队长徐亮出面，联络本地袍哥及外来的青、洪帮，组织的一个在军统特务控制下的统一帮会机构。这一决定原出于蒋介石的授意。它声称“戴先生（戴笠）是代表总裁领导大家的”。其组织章程为：委员会内部设书记、常务委员、委员及办事人员。并设办事处，由书记主持一切会务；设指导委员会、设计委员会，聘各帮会骨干分子参加工作。“人民行动委员会”的办事机构设在重庆香水顺城街37号，由袍哥领袖唐绍武贡献出了一幢大宅子。第一任秘书长是戴笠的得力助手、时任重庆卫戍司令部稽查长的赵世瑞。委员会规定每周开会一次，筹商如何支持抗战的各项重大问题。第一任书记长为军统特务蒲风鸣，原系云阳袍哥，他死后由特务金玉波（洪门）接替。当金玉波随戴笠乘飞机失事摔死后，由军统特务严守三（洪门）继任。常务委员中有徐亮、张树声、杜月笙、杨虎、杨庆山等。委员有田得胜、冯什竹、韦作民、唐绍武、石孝先、程壮、蒋相臣等人。指导委员、设计委员更有一批人。

军统利用“人民行动委员会”控制帮会，与中统发生了争夺。当时，国民党重庆市党部主任委员为中统特务头子方治，他也想控制袍哥组织，曾于1943年动员田得胜、冯什竹等袍哥“大爷”率各堂袍哥集体加入国民党。此事被“人民行动委员会”的军统头子、洪帮成员金玉波得知，立即阻挠，使田得胜等不敢遵照中统指使行事。1944 年，方治又令田得胜等率袍哥山堂组织“文化列车”，游行街头，又遭到军统的阻挠，方治未能如愿。国民党在抗战胜利后派遣了大批特务人员参加到帮会中，使某些帮会组织特务化。其中最典型的是，在四川的有军统特务大批参加的洪门“武圣山”。“武圣山”与向海潜于 1923 年在上海创立的“洪门五圣山”有关，原“洪门五圣山”的首领之一张子廉于抗战胜利后在四川活动，与军统特务头子罗国熙，以及杨森的亲信夏炯交往密切。罗、夏二人都是“仁”字袍哥，又结交了范绍增部的旅长廖开孝，廖为“礼”字袍哥。罗、夏都在上海参加过以向海潜为首领的“洪门五圣山”。在四川的张子廉主张由川籍的罗、夏组织“武圣山”，由于袍哥在组织与礼仪上和洪门大致相同，彼此可以交叉参加，于是许多仁、义、礼各堂的袍哥，纷纷转入新成立的“武圣山”，使其得以迅速发展。

杜月笙为了成立“人民行动委员会”，再度赴渝，这次因为时间充裕，杜月笙自河内经昆明而来到重庆。当时全国各地帮会领袖俱已到齐，山主、龙头、舵把子与大爷们，齐集南温泉，开了一次盛况空前的大会。会中的红帮大爷们决定给杜月笙一份从未有过的殊荣，一致推举他为“一步登天”的总龙头，但是杜月笙仍然说他德薄能鲜，不敢接受。

由于帮会弟兄人多势壮，在全国每个角落都有其影响，所以，自杜月笙负实际领导责任以后，“人民行动委员会”做了不少好事，如协助役政人员推行兵役，发动各地人民救济难胞，以及捐献金钱，从事种种地下工作。其中表现最突出的一幕是捐款献机，一次捐献飞机 18 架，特地在重庆珊瑚坝机场举行“献机典礼”，实际上是把旧飞机重新油漆粉刷而成，构成 14 年抗战中一次情绪热烈、场面壮观的动人事迹。

1946 年，蒋介石、戴笠为施行一党独裁统治和控制全国帮会组织作为打内战的资本，决定改头换面，将“人民行动委员会”改建为“中国新社会建设协会”。1946 年 10 月 19 日，新建协会在上海丽都花园举行成立大会，由洪门“五圣山”总山主向海潜和青帮大亨杜月笙及杨虎担任常务理事，实际负责人是书记长、军统特务徐亮。新建协会会址是梵皇渡路（今万航渡路）40号，该会号称有会员56万人。

（十）在香港庆生日

杜月笙在香港逐渐打开局面后，又试图恢复往日在上海的风光。1939年，杜月笙的朋友们为他举办了一次祝寿活动。徐铸成在《杜月笙正传》里，对这次活动作了详细描述。他写道：1939年我在香港主持《文汇报》的编辑工作，一天，朋友张翼枢忽然找到我和经理金城夫，拿出两张请帖，说：“杜先生明天生日，今晚请两位去吃寿酒。”我们说：“我们和他素无来往，不便叨扰吧？”他立即一脸秋霜地说：“明天是正日，明天给他做寿，当然不便屈尊两位。今晚是暖寿，他请客，如果不去，恐怕太不给他面子吧！”我和金兄交换了眼色，就决定跟他去见识见识这种场面。那时，杜月笙的重要头衔是“赈济委员会”的常务委员，住在九龙的尖沙嘴附近，占有两幢的四层大厦。那天晚上杜家宾客盈门，摆了几十桌酒席。徐铸成、金城夫两人被安排在客厅里，这里主要是招待“外客”，他的门徒则被安排在一二楼的厅堂里。那天出席酒筵的外客，有曾在北洋政府担任过总理的许世英、安福系的健将李思浩、重庆政府驻港大员吴铁城、俞鸿钧，还有不少沪港富商，以及曾任云南交涉使的张翼枢和章士钊。开筵前，大厅中央放着一张披着绣花红缎椅披的太师椅，两旁高烧红烛。仪式开始时，杜月笙由几个大徒弟簇拥着坐在太师椅上，然后有三人把三个新收的徒弟引到红毯前。这三位都是西服革履，均肃然向杜月笙作了长揖，并且恭恭敬敬地叩了四个响头，杜月生则安坐受礼。这三个徒弟叩头后，还向两旁的师兄们深深地鞠了一躬。这次收徒仪式，便成为庆祝杜月笙生日的主要内容。

第十八章　杜月笙在重庆

一、从港逃渝

杜月笙于1938年离港去渝是由海道而行，到达安南的河内后，改走旱路，由云南进入四川。此后往返于港、渝之间，他都改乘飞机。1940年2月，为了助力“高、陶反正”事件，接连去了重庆两次。香港沦陷前夕，他又于1941年12月2日由港飞渝。12月8日“太平洋战争”爆发，25天后香港沦陷，如果他不早日离港的话，难保不成为俘虏，那么他的后半生经历恐怕就要改写了。

杜月笙搭机离开香港飞到重庆后不久，戴笠获得情报，日军决定采取南进政策，驱除同盟国在南太平洋的势力，以攫取战略物资，并且和德国的东进攻势遥相呼应。他判断日军一旦动起手来，必定同时囊括香港、菲律宾、星岛、马来亚等地，还有西太平洋的美国重要据点。杜月笙听说以后，首先想到香港的处境，他认为如果真的打起来，香港是守不住的。香港守军只有英军两三个营，再就是九个营的红头阿三（印度籍雇佣兵），统统是些坐享清福的少爷兵，打仗的时候根本就派不上用场。于是同他的门徒商量，假如日军进攻香港，在香港的许多重要人物，均为日本人所急欲利用拉拢的名流耆彦，如颜惠庆、陈济棠等和安福系诸巨头，以及陶希圣、王新衡等。杜门中人有些被敌伪恨之入骨，抓到了非砍头不可。而且还有杜月笙的妻子儿女一大群都在香港，必须紧急安排这些人撤往重庆。

日军偷袭珍珠港，“太平洋战争”爆发后，北平、上海、天津的英、美驻军全被日军解除武装。香港来了急电，戴笠匆匆看过，递到杜月笙手上，杜月笙接过去一看，电文称日机七架轰炸香港，日军第三十师团一部，进入九龙半岛主阵地，一直到占领碉堡，英军尚未发现。11 日上午，英军全部撤退，12 日香港陷落。

对于杜月笙来说，香港的失陷和上海英、法租界俱被日军侵占，两地的家人、亲友、门徒，一下子陷入了魔掌，生死不明。那一夜，他通宵不眠，和戴笠寸步不离，筹思如何利用日军尚未占领的启德机场，派遣飞机，紧急救出那些人来。另外，杜月笙又向戴笠提出一个疯狂大胆的计划，他想透过驻沪私人代表徐采丞，向日军在上海的特务机关提出：沦落在香港的许多朋友，都是杜月笙一再恳商拖出来的，如今因为香港变起仓促，来不及安全撤离，这帮朋友在香港面临日军搜捕、暴民劫掠，三餐不继，可以说是陷于绝境。杜月笙宁死不能对不起朋友，所以，日本人如果帮杜月笙救出这些友好，他将派徐采丞包一艘轮船，从上海直驶香港，把这些朋友接回上海，住进日本人势力尚未侵入的法租界，以使杜月笙能够实践诺言，全始全终，继续对这些人有所照料。

戴笠知道日本方面有一批人，对于杜月笙一直存在幻想，而徐采丞和日本特务机关“梅机关”首脑川本之流私交甚笃，觉得杜月笙此一设想，经过徐采丞的穿针引线，善为运用日本统治当局的矛盾分歧，有可能会成功，因此表示赞成，并经过杜、戴二人分别向有关方面解释说明。1942 年 1 月底，杜月笙便给徐采丞去了一封密电，让他火速施行。经过徐采丞的巧妙运作，竭力奔走，杜月笙疯狂大胆的计划居然获得日本特务“梅机关”的暗中支持，逐步付诸实现。2 月 3 日，徐采丞借到一架日本军机，由上海直飞香港，代表杜月笙安慰滞港诸亲友，他随身带了不少钱，要亲自安排杜门亲友逃离香港。行前，他已包好了一艘轮船，驶往香港负责接运。

这时，滞港杜门亲友业已有人得到了消息，真是绝处逢生，雀跃不已。可是其间还有波折，日本军机中途发生故障，徐采丞被迫降落台北，三日后修理好了，方始续航南飞。2 月 6 日，徐采丞所乘专机抵达香港，立即驱车分访杜氏亲友，施以紧急救济，并且报告佳音，专轮准于2 月 8 日驶抵香港，请大家早日收拾行李，准备动身。经过一艘专轮救出的，计有颜惠庆、陈友仁、曾毓隽、李思浩、唐寿民、林康侯、刘放园、潘仰尧等一干耆宿名流和杜门亲友、苏浙同乡，人数多达300 人，其中有不少人在平安抵达上海法租界后，继续接受杜月笙的资助。

香港沦陷后，陶希圣、蒋伯诚、陈策、顾嘉棠、芮庆荣、杨克天、姚玉兰、杜维藩、胡叙五等人，便东逃西散，吃尽苦头。陶希圣一家搬到了弥登道黄医生家后楼的一间房子，蒋伯诚躲进了九龙饭店。一天，日本军队气势汹汹地前来搜查，把每个房间里的宿客逐一喊出来检查，临到蒋伯诚，日本人问他是干什么的？将伯诚急中生智，指着他经常备有的大包阿司匹林答道："我是贩西药的。"杜维藩带着两个儿子在香港，徐采丞的专轮到了，他把两个儿子交由徐采丞带回上海去，他自己不敢回上海。香港陷落那天他还在交通银行办公，轮渡一断，他回不了九龙，起先躲在花园台吕光家里，后来又与杨克天睡在告罗士甸道公馆的走廊上。

姚玉兰在最后一架飞机离开香港起飞以前，得到她闺中密友一个电话，告诉她说，给她留了一个空位子，要走就快点儿来。姚玉兰回复她唯有一声苦笑，她说我这边人多着呢，何况杜先生交代了我不少事情，譬如说陶希圣不曾脱险，我就不能走。幸亏有姚玉兰硬起头皮，咬紧牙关，死守柯士甸道杜公馆不走，东躲西藏的杜门中人才有了一个联络中心，使得徐采丞的专轮驶来，以及稍后一批批的相关人士才陆续逃离香港，辗转抵达重庆。如果没有杜公馆居间联络，分别通知，杜月笙、戴笠、徐采丞在渝、沪两地煞费气力的营救行动，有可能化为泡影。

后来，姚玉兰和其他杜公馆的人，由香港出深圳，循东江抵韶关，沿途不仅关卡重重，盘查严密，而且敌伪军队、强盗土匪经常出没。日军陷港，渝港消息中断，在港诸人并不知道杜月笙业已设法打开了路上的重重关节，因此急于设法自救，便派杜氏门徒陆增福冒险去探路。陆增福历经千辛万苦，经受重重危险，好不容易穿过危险地带抵达惠阳，他立刻把在港诸人情况发一封长电禀报在重庆的杜月笙。杜月笙得到陆增福的电报，高兴地说："路摸通了，火速叫他们准备动身。"

陆增福打过了头阵，第二拨走的便是顾嘉棠与芮庆荣，这两位杜门大将顺利完成任务，在香港的落难者大为振奋，他们开始集合成队，一一登程。姚玉兰等人之成行，还得助于香港的洪门。因为杨虎在广东活动甚久，他又是中国海员的领袖，杨夫人的招牌亮出，居然到处顺利无阻。在香港的洪门首领，为杜、杨两位夫人谋到了日军民政部门发给的"还乡证"。两位夫人化装为广东乡间女子，蓬头垢面，姚玉兰化名王陈氏，推说回一趟兴宁家乡。两位夫人带了随从佣妇，在洪门弟兄暗中保护之下，通过关卡，进入广东省境内，然后沿东江西上，一路吃尽苦头，幸好平安无事抵达桂林，在农历大年初三那天抵达重庆，杜月笙欢天喜地地把姚玉兰迎到汪山寓所。

余下来在香港的人分别组队，由李北涛负责"条子"，以便凭条子在有交通银行的地方支领旅费。时值香港沦陷，日军由于粮荒严重，下令遣返难民还乡。于是准备出逃的人士便化装成难民，申请还乡。他们分队出发，夹杂在成百上千的难民队伍中，相互装作不认识，然后混过关卡，通过盘查，步行到大浦。由大浦乘渔船到广西荔浦需要通过日军的警戒线，基于杜月笙的安排，由洪门兄弟负责安全警戒，沿途步行而过，直到韶关，沿途均有专责人员，必要的时候，还派出武装护卫。

陶希圣和蒋伯诚、杜维藩、杨克天、胡叙五等同行，在是年农历除夕抵达韶关，然后转桂林直飞重庆。金廷荪则于香港沦陷后，因为寄寓香港，轮渡中断，无法和九龙柯士甸道的杜公馆联络。后来他独自参加难民大队，离开了香港，一路风餐露宿，加之身边现金有限，盘缠不足，步行到达河源，方见到“赈济委员会”设的救济站。金廷荪耻于表明身份，救济站按照一般救济通例，发了他15块钱，金廷荪自此默默无言地转往浙西居住。

通过“赈济委员会”，杜月笙将他所主持的“第九救济区”分为“第七”、“第九”两个救济区。第七救济区主任是杜氏门人陈志皋，常驻曲江；第九救济区主任由他的得意门生林啸谷充任，常驻桂林，专门应付这一次抢救重要人士的紧要大事。但是“赈济委员会”是政府机关，他这两位门生虽然精明能干，却是诸多手续苦于不能不备，因此登记申请审核种种浪费时日，落难之人深感远水不解近渴。杜月笙便倡行私人紧急救济之法，但凡拉得上点儿关系的落难者，或则由他主动致送，或则根据报告与私人请求函电，多则成千上万，少则三百五百，由他指定何人资助若干，银行电汇票雪片般飞至陈志皋与林啸谷处，还有柳州中央银行经理赵冲，分别代为致送。

滞港落难亲友络绎不绝到达重庆，杜月笙每见一位便多添一份欢喜，他假重庆交通银行开起流水席，分批宴请他们，一以祝贺，一以压惊。贵客赴宴，握手寒暄，其中有生活尚未安顿，窘况犹未解除的，杜月笙便在掌心之中暗贴一纸支票，借握手之便传递过去，一面使眼色阻止退还或道谢，彼此心照不宣，使受之者无不感激万分。有人代他私下统计，杜月笙为了打他这“急救香港亲友”一仗，前后花费法币200万元之巨。从1942年1月起，杜月笙开始定居重庆，遥遥指挥香港大撤退，救出了许多人。

杜月笙来到重庆后，想到将来可能要在重庆长住，恒社子弟在后方者为数不少，这些人不能长期赋闲，坐吃山空，必须给他们寻找生活来源，因而决定开设一家“中华贸易信托公司”，并且立即着手筹备。他原先有意叫陆京士主持，但是陆京士此时业已官拜社会部组训司长，于是便命他为常务董事。总经理为杨管北，副总经理为骆清华、沈楚宝。“中华贸易信托公司”开张后立即建制度，立规章，一切井然有序，有条不紊，并发股票，认股份。为了资本问题，他去和四川财经巨子刘航琛商量，向他借到150万元作为投资资本，又在重庆闹市区林森路，花50多万元买了一幢三层楼的房子，一、二两层作办公地点，三楼分隔许多小房间，作为公司相关人员的招待所。“中华贸易信托公司”由杜月笙亲任董事长。这样，恒社弟子们既有了工作，也有了生活来源。

杜月笙在重庆时，寓于嘉陵江南岸的汪山，距重庆约二十里之遥，该处空旷高爽，附近有一片梅林。交通银行在此建有一栋宿舍，两厅两室，门前有一草坪，该处气温较之市区约低十度。钱新之以其环境对杜月笙的健康较为相宜，即请他下榻其间。杜月笙又以一房邀请章士钊夫妇同住，每当周末或假日，门庭若市，大部分是去杜宅的人。钱新之又为他在打铜街交通银行二楼，辟一巨室，备供办公之用。最初一个时期，上海方面因日军进入租界，消息中断，而香港的救济工作亦已结束，所以他相当清闲。因为山城气候变化无常，气喘痼疾不时发作，使他大为困扰。他所延请的医生，中医为张简斋先生，原在东南一带极负盛名。西医则为周纶博士，是留德医生。这种疾病当时尚无特效药，即便请高手来，亦只能于治标上稍见微功，治本仍无办法。

在重庆四年当中，杜月笙场面既阔，手头又松，经济上自不免闹着饥荒，全靠呼风唤雨，东移西补，才能敷衍过去。其后因进行“高、陶反正”一事，重庆国民政府曾拨给经费20万元，这是他在整个抗战期间得到的唯一补助。此20万元，兑成港币，不过数万元，已在此一案中全部用罄。

谈到朋友圈，杜月笙在重庆比在香港更为广泛，上自府院部会，下至乡县，均有所交往。他抵渝之初，四川的阔朋友们争相迎接，都想当一当杜月笙的东道主。其中尤以刘航琛、范绍增表现得最为热烈。二人与他早成莫逆之交，过从自然更密切。刘航琛摆起龙门阵来，上至天文，下至地理，原原本本，有条不紊，直使听者心旷神怡。范绍增干脆爽利，三言两语，不蔓不枝，跷着腿儿，踅来踅去，没有官场架子，甚至呼着他的诨名“范哈儿”，他也总是向人问着：“啥子？啥子？”抗战前范氏曾去上海游玩，得到杜月笙的款待，事事满意。返程前杜月笙设盛宴为他饯行。席间，杜月笙问他一声：“范师长，你这一次畅游上海，玩得痛不痛快？”这一问，恰好兜起范哈儿一桩心事，于是，他眉头一皱地说：“痛快倒是痛快，只不过，上海鼎鼎大名的那位红舞女黄白瑛，这人实在是眼高于顶，随我怎么赔小心，就是摆不平。”杜月笙只是莞尔一笑，不作一词。范哈儿回到重庆，不出三天，一位满口上海口音的女郎，打电话到渝简马路的范庄，称黄白瑛已包机抵渝，请范师长到她寄宿的旅馆，一圆旧梦。这使范绍增异常开心，逢人便夸奖说：“杜月笙真够交情。”所以，杜月笙迁渝之初，范绍增一再告诉杜月笙说：“重庆城里我的好房子多得很，杜先生，我陪你去看看，你欢喜哪幢便住哪幢，好不好？”杜月笙几次三番地谦谢，说是不必麻烦了，我是交通银行的常务董事，交通银行重庆分行就在打铜街，那里是重庆的闹市区、银行街，我就住交通银行二楼的招待所，这样比较方便一点。

范绍增在公馆内，延宾款友，隐然成为酒色财气的角逐场所，杜月笙便和他不分彼此，俨然半个主人。当地大小官员，也趋之若鹜。因此范公馆中，入夜以后，赌局拉开，牌声清脆紧凑。杜月笙和范绍增不分彼此，每夜必到，每到必赌。他在此道上，见多识广，经验丰富，比一般人自胜一筹。在鏖战之下，输是小输，胜是大胜，此项收获相当可观，四年花费以及济人利物之资，大半有赖于此。当局虽然表面上禁赌，但对于范公馆自然例外。公馆大门前紧对市警察局侦缉队总部，两名岗警，荷枪对立，倒像为保护他们要乐而设。

杜月笙对于赌博向来乐此不疲。他在重庆玩赌的地方，大致只有刘航琛、范绍增两处。刘航琛的郊区住宅，坐落于汪山附近，和杜月笙所住的交通银行宿舍相距极近。周末杜月笙如欲消遣作乐，便往刘宅挖花打牌。其在周一进城以后，则以来龙巷范绍增公馆为要乐之所。

由于顾嘉棠和范哈儿脾胃相投，喜欢来龙巷范绍增公馆的门庭若市，因此当范绍增殷殷相邀时，他便兴冲冲地住进了来龙巷，于是范公馆又成了杜月笙旅渝期间每天必到之处。一方面，他和顾嘉棠有公事需要经常联络；另一方面，则由于来龙巷天天有场面，可以赌赌钱。杜月笙平时好玩、好谈、好赌，而在范绍增家里，这三大嗜好他随时都能找到合适的玩伴。

刘航琛在汪山有两幢别墅，相去不过一二百步。当姚玉兰、杜维藩等相继逃出香港入川，交通银行招待所不便住家，刘航琛便将杜氏迎往汪山，自己也陪他在乡间比邻而居。杜月笙喜欢上刘家打麻将或者挖花。

来龙巷的范公馆称得上重庆最豪华热闹的高级俱乐部，范绍增有的是钞票，爱赌、爱谈也爱玩，家中从早到晚流水席开个不停，也招待得起。当局虽然标榜抓赌，唯有来龙巷范公馆，不但宪警不敢上门，而且治安当局由于他家是达官要人聚会之所，还派了些武装人员轮班为他们巡逻站岗，暗中加以保护。

范公馆的赌法以唆哈、牌九为主，麻将、挖花为辅，其他赌的名堂除了轮盘以外，也是应有尽有。来宾则自范绍增的基本赌友起，加上杜月笙的一系列人物，刘航琛等财经巨子、工商大亨，此外尤有政府高官，以及从前方返渝述职的军政要员。来龙巷范公馆赌起钱来一掷万金，毫无吝色，比诸华格臬路杜公馆的豪情有过之而无不及。这反映了抗战时期，国民党在大后方腐败的一个侧面。

杜月笙初到重庆时，几乎每天都在一起赌的有刘航琛、康氏兄弟、范绍增、吴启鼎等人，赌规是每天带法币5万元。当时的陆军官兵待遇，上将薪金合计850元，二等兵22元4角。杜月笙等人每天随身携带的赌本，约合60位上将的全部薪金，或者是2230余名二等兵的薪饷。

杜月笙在重庆四年，从1941年年底杜月笙住在交通银行那一时起，每晚必上来龙巷，所有赌友，不管怎么忙，都是准时到达，谁也不必等候。唯有一天，杜月笙因为户头里的钱不够了，迟到了一个小时。刘航琛得知实情后，便把一本川康银行空白支票递到杜月笙的手上。杜月笙问："我们先小人后君子，航琛兄，你给我的这些票子，可以开多少数目？"刘航琛爽朗地说："杜先生，川康银行每天预备提存的现金是150万。我看这样吧，150万之内，杜先生尽管开，150万之外呢，那就麻烦杜先生一下，请你预先赐我一个电话。"这件事过后不久，杜月笙为了用钱方便，便在重庆开了中国通商银行重庆分行。筹备工作交给陆京士负责，而以骆清华为辅。开张后，各方人士纷纷自动捧场，客户纷至沓来，存款直线上升。之后又开了成都分行、西安分行、兰州分行，还利用银行的资金，一连串开了好几家工厂。由杜月笙亲自任董事长兼总经理，而让骆清华以副总经理的名义代为主持实际工作。

二、川陕之旅

杜月笙在重庆有"蛟龙失水"之感，越来越感到苦闷，每天只能靠同朋友赌博来排遣时光。当时正处于抗战后期，物资缺乏，尤其在"珍珠港事件"后，国内交通和国际交通均被日本人堵塞，军民日用物品尤其缺乏。于是，当局提出所谓"开发大西北”的口号，希望通过发展工商业来缓解物资的匮乏。1942年，杜月笙以考察实业、发展工商业为名，作了一次川陕之行。7月24日，他率领大队人马，组成五辆车队，由重庆踏上行程。同行的杜门中人有杨管北、骆清华、唐缵之、胡叙五，还有新华银行总经理王志莘等。另带医师一名，并有随行保镖、侍役若干。自重庆到成都的一程，由袍哥大爷冷开泰负责照料，另外还有几位四川朋友，陪着凑热闹。

自重庆驶上成渝公路，当天到达内江后，又转到内江西南的自贡市。杜月笙一行到达自贡，受到由盐管局局长曾仰丰代表各界的联合接待。前任盐管局局长缪秋霜，是当地袍哥的“舵把子”，他曾在上海和杜月笙见过面，因此特别殷切亲热。杜月笙一行宿于盐管局的招待所积翠轩，该处设施富丽堂皇，堪称豪宅。当晚，杜月笙出席自贡各界举办的联合公宴，主人有心在杜月笙面前摆排场，一席之费，相当可观。

次日，杜月笙由官绅一路簇拥，前往参观盐井、盐厂和新建的水闸，中午，大队人马涌往缪秋霜的住宅参观。26日到成都，四川省主席张群派他的副官长，迎候于距城二十里外的龙泉驿。川康绥靖主任邓锡侯、川陕鄂边区总司令潘文华、成都警备司令严啸虎以次军政要人，都在城门之外迎接。当晚举办成都各界的联合盛宴。

杜月笙一行在成都住了三天，天天赴宴会，夜夜看川剧。最隆重的一次宴会，则为全川袍哥“舵把子”一千余人，集中成都，款待杜月笙。座上都是三山五岳的英雄、神秘传奇的人物，如成都城里的“舵把子”龚瘸子、军界袍哥领袖陈兰亭、势力范围由成都直至雅安的冷开泰，其中有一位鸦片大王，还是一位女袍哥。

29日到达梓潼，随行人员增加了成都《中央日报》社长张明炜，以及袍哥领袖向春廷。梓潼县长和全城绅士在郊外相迎，当晚下榻中国旅行社梓潼招待所。才进门，本地袍哥大爷便来送礼，来人是由“红旗老五”站在中间，手上两个托盘，左右有人各掌一盏风灯。向春廷见状急忙迎出去，将两盘子礼接过，送了进来。杜月笙看时，见盘中有四包香烟、四包梅、四包糖，旁边衬着折叠的纸楞，当下他不禁有点儿迟疑，便问向春廷：“我该不该收这个礼?”向春廷回答：“杜先生你可以收，也可以不收。不过你收下以后，将来这梓潼一县的袍哥弟兄，到了你所在的地方，你就有招待和照料的义务。还有，你收了这边的礼，往后无论到哪里，你便不能拒收别人的。”杜月笙说：“那怎么办呢？收了多添麻烦，不收又不好意思。”向春廷笑了笑说：“这个没有什么不好意思的。杜先生请放心，一切有我。”于是，向春廷就跟那几位袍哥代表“拿了言语”，礼物完璧归赵，来人果然并不嗔怪。

10 月 30 日到达广元，广元警备司令杨晒轩趋前迎接，当天参观了大华纱厂分厂，一应招待事宜，俱由大华纱厂负责。时任川陕鄂边区警备副总司令的祝绍周，听说杜月笙有西北之行，力邀杜月笙赴汉中一叙。31 日，杜月笙乃自褒城转个弯，绕道来到汉中。祝绍周把杜月笙邀到会客室，参观他早已备下的西北特产标本，有矿石、木材、约材和农产品等，向杜月笙一一详加说明。杜月笙遂决定投资，在褒城设立一家水力面粉厂。

11 月 2 日离开汉中，经双石铺进入前往陕西宝鸡的途中，已完全是北方气候，尘土飞扬，杜月笙的喘病于是复发，一行五辆汽车时歇时行。过秦岭时山高空气稀薄，更使他喘哮不已。至宝鸡郊外十里铺，欢迎者蜂拥而来，此时他已气促声嘶，几至不能谈话，只好摒谢客套。车队驶入中国银行西北运输处，接受经理许庸令的招待，稍事休息。到达宝鸡，受到宝鸡警备司令、陕西省政府建设厅厅长和第八战区副司令长官胡宗南所派代表的欢迎。4 日晚乘火车驶向西安，进站以后，车站上万头攒动，组成盛大壮观的欢迎行列，主要有西北忠义救国军，湖北、甘肃、陕西、河南四省的洪门、青帮弟兄及官绅各界人士。

杜月笙在西安住了两个多月，新结交了两位好朋友，即西北工业巨子石凤翔和毛虞岑。这两位西北工商领袖，假座他们所开设的大华纱厂，排下几十桌酒席，搭起了戏台，大宴嘉宾三天。

陕西辛亥革命首义元老、当过河南省主席的张钫，集合了湖北、河南、陕西三省青、洪两帮的领袖人物，计达1000余人，在西安聚齐，请杜月笙吃了顿饭。杜月笙高居首座，他的大交椅上披起虎皮垫褥，左右两旁则是一边一个燃烧着熊熊烈焰的大火炉。宴罢摄影留念。

杜月笙的川陕之行，正事只办了几桩，在褒城设立一个面粉厂，在西安的中国通商银行分行开张。又应陕西建设厅厅长凌勉之之请，派唐承宗在宝鸡建立一家冶铁厂，甘肃、宁夏两省各设通商银行的分支机构，由王宝康、丁宝瑞分赴两地负责筹备。此外，则就西北原有各厂家，斟酌情况，略予投资。

原定计划还有东下洛阳，西上兰州之行，随行人员皆以他的健康为由，提出在零度以下的天气翻越海拔3000米以上的华家岭，未免过于冒险，只好作罢。杜月笙便派骆清华为代表，前往兰州，筹备设立中国通商银行兰州分行。骆清华的兰州之行不负使命，不但分行如期开张，还根据杜月笙在西安时和西北纺织巨子毛虞岑研商的结果，由杜、毛二人合资在兰州开设了一家中华毛纺厂，推杜月笙为董事长，毛虞岑为总经理。

三、串通“皇军”购买棉纱

在抗战后期，棉纱已经成为重要的战略物资。1943年，西南、西北大后方由于棉花歉收，亿万军民穿衣的问题空前严重，军队几年不曾发过新军装，严冬季节，缺乏冬衣。当局虽到处搜购挖掘，但距离所需数量尚远。市面棉布价格飞涨，民众莫不叫苦连天，而后方对外交通，几已全部断绝。为解决这个严重问题，杜月笙通过秘密电台，同留在上海的心腹徐采丞商量解决办法。徐采丞想出一个大胆的计划，准备串通日本军方，在沦陷区搜购6000件棉纱，设法运送来大后方，以解决后方最迫切的棉纱荒。这个计划在徐采丞提出之初，杜月笙反应冷淡，认为徐采丞的想法，不是热昏了头，就是做白日梦！之后，徐采丞又通过秘密电台对杜月笙说："假使我想办法买好纱布，由东洋兵护送，一直运到两军交战的阴阳地界，杜先生是否可以负责从前线运往后方的这一段？"杜月笙回答那当然不成问题。至于如何以偷天换日、瞒天过海的手段，购得这6000件棉纱，并且还能派东洋兵护运，徐采丞回答说，日本特务机关一向是东拉西扯，勾勾搭搭，什么"梅机关"、"松机关"、"竹机关"等，不但派系林立，而且相互掣肘，彼此钩心斗角，个个都想表演两手，要要噱头。既然有这个缝隙好钻，便有可能把东洋人玩弄于股掌之间。他的办法是，托言交换日方所需要的战略物资，运一批棉纱去做一笔生意，"松机关"若问他哪儿来这么大的噱头可以说服中方跟日方"互通有无"？徐采丞便准备回答：重庆方面自有门路，尤其是神通广大的杜月笙。

杜月笙看到既然有这一条道路，便不妨向有关当局分别提一提。于是他答应徐采丞，他可在重庆各方面摸一摸情况。摸下来的结果，各有关当局对这件事所作的指示，归纳起来约有以下几点：争取敌伪物资，打击敌人"以战养战"的图谋，同时又削弱敌伪的力量，这是对日经济作战的基本策略之一。杜月笙要做，当然可以。不过，交换物资等于资敌，不管是什么物资或用何种方式，都不可以。要做，必须按照中央既定方针，也就是孔祥熙院长所说的，用钞票去买。棉纱运到前线，有关方面自会设法，尽量协助其顺利内运。

杜月笙心想"不谈交换"而以钞票购买，东洋人绝对不会答应。他将上列几点原则电复徐采丞，以为这件事情已经了结，徐采丞一番努力的结果等于零。殊不知，徐采丞却回电称：遵照有关方面所指示的几项原则也未始不可，只要把6000件棉纱运得出来，一应后果，事到临头再说。他知道有关方面的“原则”，无非是官样文章，不必认真！

徐采丞对日本特务机关“松机关”的头脑说，第一笔生意必须让日方吃一点儿亏，表示确有“互通有无的诚意”。所以，第一次买卖可以钞票价购，往后重庆方面为了迁就事实，最终会应允“物物交换”。他并且拖了一个尾巴，暗示“松机关”首脑，倘使你们不搭我这条线，也无所谓，因为还有别的什么机关正在和他搭讪。日方贪功心切，忌妒心重，“松机关”的人就此便被徐采丞所忽悠。

当谈判完成，6000件棉纱不日可以搜购启运的急电拍到重庆，杜月笙不禁一声欢呼，一伸大拇指说：“采丞兄真了不起！”

事情办得有了眉目，杜月笙开始再向有关方面疏通和联络。做这一票生意，本来可以赚大钱，但是杜月笙为了避免落下发国难财的恶名，于是向有关当局声明，这6000件棉纱内运，他和门下诸人一概自尽义务，绝不拿它当生意做。甚至表示搜购棉纱的本钱，可由他设法先垫付，棉纱到达，再由政府照价付款归还（实际上后来货款是由四大国家银行垫付的）。至于棉纱到后的分配及用途，他也同样不加过问，悉听当局做主。

这个计划，经行政院院长孔祥熙同意，批交直属于财政部的战时货运管理局办理，该局一成立便由戴笠出任局长，戴笠便同各相关单位进行协调，决定将这6000件棉纱全部作为军用，为前方将士更新征衣，不流入市场。

抗战时期，日本人所占领的沦陷区和大后方地区之间，虽然有一条连绵数千里的严密防线，毕竟还有三处缺口，容许平民百姓堂而皇之地来来往往，此即当时所谓的“阴阳界”、“三不管”地带。在北有界首集，地当亳州以南，项城、沈丘之东，位于安徽、河南两省接壤的交界线上。在西有老河口，今称光化县，它在襄樊西北，距离河南、湖北两省边界不远。在东南则为场口镇，地当壶源溪与富春江合流之点，坐落在杭州的正南方。

这三处“阴阳界”，多是跑单帮的生意人聚集之地，“阴阳界”有两个特征：一是在方圆若干里之内，国军、日军遥遥相望，仿佛互有默契，从不以中心地带作为战场。二是当地早先是一片荒凉，由于其成为“阴阳界”，乃渐次形成畸形的繁荣。如果是小单帮客，过“阴阳界”很少会遇到危险。不过杜月笙和徐采丞计划运入的是价值亿万，后方和沦陷区一概需求极殷的棉纱，为数尤达6000件之多，那么“阴阳界”便将成为鬼门关。倘若让它平安无事地过界，至少要得到几方面的“谅解”，日本兵、汉奸伪军、当地绿林人物、强梁盗匪，再就是戍守前线的中国驻军，乃至运往目的地后的军政两界。

戴笠觉得有利可图，于是向前线驻军和运送全程的各级军政长官把事情说清楚，在上海的徐采丞，能够打得通关节的则是“松机关”、东洋兵和部分伪军。至于“三不管”地带的绿林豪杰、强梁盗匪，应付之道唯有指望杜月笙，他是一度被各路龙头大爷举为天下总山主的“亨”字号人物，在这方面，可谓条条大路通杜门。考虑多方面的复杂因素，重庆、上海间两处电台往返磋商，几经研究，终于获得一致意见，决定这6000件棉纱从界首集那一路走。

杜月笙和戴笠以及他们的心腹和智囊，又进一步研究自界首集以至洛阳、西安这一条漫长路线上可能发生的各种情况，以及必须知会、关照、打点、安排的各方关系。从西安算起一路向东，西安是陕西的省会，杜月笙的老朋友祝绍周刚升任陕西省主席，自然会有所照应。自洛阳到西安一段走的是陇海铁路，上下火车也没问题，因为陇海铁路局副局长周啸潮曾任上海警备司令杨虎的参谋长，杜月笙同他熟得不能再熟。前一次的川陕之行，周啸潮就曾为杜月笙安排下盛大热烈的欢迎仪式。洛阳以东直抵界首集，那里是第一战区司令长官蒋鼎文的辖区，蒋、杜之间，过从有年，棉纱内运是解决后方军民急需的一件大事，于公于私，蒋鼎文都会尽力协助。界首集方面的中方将领，是十五集团军总司令何柱国，何柱国是少帅张学良的旧部，以杜月笙和少帅的交情，应该是“言（闲）话一句”，绝无问题。

界首集直至亳州正南的十尖河，那一片“三不管”的真空地带绵延100多里，其间啸聚着三山五岳的英雄、水陆两路的好汉，有江洋大盗，也有铤而走险的亡命之徒。杜月笙认为，光抬出他那块金字招牌，未必绝对有效。“强龙不压地头蛇”，他决定再找一位威镇豫皖鄂三省的袍哥大爷派出枪手，负责保镖。于是飞一封“书子”，拜恳袍哥明德大爷，请他露一趟金面，专门负责道途最为险恶的那一段。

经戴笠和杜月笙商量，决定成立一个官商合办的公司，具体承办这件事，取名“通济公司，取“通达接济”之义。董事长由杜月笙担任，总经理是杨管北，副总经理是徐子为。总公司设在重庆，由杨、徐二人作为深入“阴阳界”，负责接货、转运的负责人。通济公司的组建，分别向有关单位备过案，收购棉纱的资金，则由中央、中国、交通、农民四家国家银行共同负担，总资金约一亿两千万元。因为四大国家银行要负责付钱，他们也分别派定人员，参加通济公司的工作，对外而言，中、中、交、农便是通济公司的投资者。上海那边，徐采丞同日本特务机关“松机关”联系好，并得到周佛海的暗中支持，随即在上海组成“民华公司”，而推出金融巨子周作民担任董事长，徐采丞则自任总经理。资金约3亿伪币，据说全部是由“松机关”拿出来的。

为什么中方要抢购棉纱这种战略物资，日本人不仅不加查禁，反而加以支持呢？主要是日方这时也急需各种战略物资，如内地生产的锌、锑、钨等与军火生产有关的稀有金属。而根本原因还在于，那时日军在南进中遇到困难，企图诱使重庆方面单独媾和，这样的“物物交换”，可以为此开辟一条道路。如果没有日本特务机关和军方的支持，即使杜月笙的门徒有天大的本领，要从日本占领区收购大量棉纱并运往大后方，也是完全不可能的。

一切安排就绪，1943 年农历年前夕，通济公司的招牌便挂在林森路中华实业信托公司的门口。重庆方面照样有人上班，分头筹备一切，执行各项事务。杨管北、徐子为决定了行期，便以杨管北为代表，去向杜董事长辞行。于是，从大年初一开始，在重庆的杜月笙每天亲自批阅接运人员的电报，发出指示，电请沿途友好多方照料。

此后，电报纷至沓来，报告沿途情形，办事经过。接运人员从宝鸡到西安、洛阳、郑州，分别拜会过祝绍周主席、周啸潮副局长、蒋鼎文长官、汤恩伯副长官和何柱国总司令，得到多方大员的慨允协助。再到河南许昌，袍哥明德大爷一听"杜大哥"的人到了，便热烈款待，尽心照料。他因为自己不良于行，特地派他的太太伴着一行三人，又派了好几十名精于枪法、武艺高强的弟兄，身藏连发二十响的盒子枪，或前或后，或左或右，一路暗中随行，穿过中日防线犬牙交错、绿林豪杰不时出没的危险地带，保护杨管北、徐子为、朱惠清三位平安抵达界首集。

当杨管北一行抵达界首集时，发现当地已经开设了通济公司界首集办事处。杜月笙派王宝康为办事处主任，常驻界首集，料理一应事务。界首警备司令李铣晓得通济公司的神秘业务，当晚便予以热情招待。

与此同时，自上海民华公司发来约 3000 件棉纱，业已由日本"皇军"荷枪实弹武装押运，由徐采丞的女婿随行，由日语翻译袁文彰一路打通各个关节，自上海循京沪、津浦、陇海东段三条铁路，络绎在途。这大批的棉纱运抵商丘，徐采丞又妥善地准备了日本军用卡车队，武装押运南下亳州，因为日本军队不敢冒险越界，所以双方约定，在最前线的无人地带交货。日军只管货到不管点交，3000 件棉纱一运到指定地点，他们丢下便走。当地人不时看到装着纱布的大批车辆由沦陷区直驶而来。卸落以后，又有大批车辆把纱布运走。而对于这些车辆、货物，竟让它行驶自如，绝无拦阻。大家都以骇异的眼光，面对这不可思议的奇迹。

通济公司接运人员先要去探勘交货地点，这是一次十分危险的旅程，中国驻军不能派队伍保护，100多里的真空地带，怎样通过？杨管北等正在彷徨失措，面面相觑，同行的明德太太却若无其事，微笑地说："不生关系，只管往前走就是了。"第二天，先通过一片荒漠无人的旷野地带，三三两两的彪形大汉，面容严肃，神情紧张，或前或后，散散落落地把接运人员围在中间，暗中保驾的卫队终于公开露面。当杨管北等正感错愕时，明德太太悄声地关照他们说："这帮弟兄保护列位好多天了，只是列位都不晓得罢了。他们都是我那当家的派了来，叫他们暗中防备，所以请列位还是装作一无所知，他们不受列位的招待，不跟列位打招呼。请列位尽管放心，无论出什么事，凭他们那几十杆盒子枪，天塌下来也顶得住！"

由于突然之间得了这么一支强劲有力的卫队，通济公司接运人员自此便无所畏惧，安心办事。为求接运的方便，他们竟在真空地带的中心据点十尖河前住下。自十尖河到亳州城，日军挖了七道战壕，杨管北一行在最宽的一道战壕附近，找到一所荒废已久的祠堂，随便睡了一夜。

第二天一早，杨管北一行三人，居然进了日军占领下的亳州城，在亳州城里找到了朋友，接受朋友的招待，当夜下榻于华北烟草公司。这一次冒险入城以后，方始发现一个大问题，驻防亳州的不是日军，而是伪军郝鹏举部。日军武装押运棉纱，断然不会去跟郝鹏举打招呼。3000件棉纱的价值惊人，万一郝鹏举想发洋财，派兵出城抢回亳州可怎么办？于是杨管北等又匆匆赶回界首集，把这一层危机和碍难，详详细细地拍电报，据实报告杜月笙。杜月笙在重庆把郝鹏举的关系摸了摸，拍一封回电指示机宜，叫杨管北去拜访何柱国，取得一纸郝鹏举盖了关防的"沿途毋阻，即便放行”的通行证。原来，郝鹏举久欲反正，他和何柱国暗通款曲，只是在等反正的有利时机。当时他便印好许多空白通行证存在何柱国那边，倘有需要，何柱国可以随时填发。

杜月笙的回电一到，杨管北等人得到了何柱国核发的郝鹏举的通行证，于是放心大胆地等候3000件棉纱运到，由日军交货。在此期间，通济公司驻界首前线的工作人员，便忙于征集交通工具，以便从亳州城外走100多里，把3000件棉纱运到界首集，完成接运工作的第一个步骤。

在阴阳界“三不管”地带，战壕横七竖八，简陋的公路已被破坏殆尽，汽车根本无法行驶，如何以最快的速度将3000件棉纱全部运到界首集？最后找到了一种简陋的输送工具——架子车。通济公司驻界首集办事处连日出高价征雇了300余辆架子车。一辆车正好载一件棉纱，300辆车接连跑十趟，3000件棉纱即可全部运完。棉纱运到界首集以后，用的是杨管北西南运输班底，几十辆大卡车从滇缅公路调到界首集来，车上司机、技工、押运人员一概齐全。3000件棉纱运抵界首集后，迅速装上卡车，首尾相衔地向洛阳方向驶去。

通济公司接货押运人员陆续抵达洛阳后，日军发动的豫中大战已经开始，洛阳战云密布。杨管北发现还有300余件棉纱尚未运走，于是去谒见第一战区司令长官蒋鼎文。蒋鼎文看见杨管北便急切地说：“日本人快要打过来了，你们最好立刻就走。”杨管北答道：我们一定尽快走，不过车站上还有300余件棉纱，只要棉纱运完，我马上就离开洛阳。蒋鼎文迅即调拨车皮，把杨管北和300多件棉纱一齐运出。通济公司自界首集内运的棉纱，总算历尽艰危，全数运抵西安。

洛阳的失陷，使在重庆的杜月笙、戴笠，还有在上海的徐采丞忧心如焚。因为还有3000件棉纱尚未拿到。杜月笙和戴笠最终决定，走淳安—场口这一道阴阳界。

1944年8月22日，杜月笙约晤他的恒社弟子朱品三，派他陪同通济公司副总经理徐子为，到浙江淳安成立办事处，然后通过真空地带和封锁线，潜入上海，跟徐采丞接头，把待运的3000件棉纱全部运到后方。朱品三立即欣然应命，三天后便动身前往。

杜月笙告诉徐子为和朱品三，淳安方面的情形远比界首集简单，第三战区司令长官顾祝同是他的老朋友，当时驻防闽赣边区铅山、淳安一带的驻军长官，如二十三集团军司令唐式遵、补给司令戴戟，跟杜月笙都很熟悉。军统局在淳安建立了重要据点，邻县为安徽的屯溪，更是国民政府对日政治经济与情报作战的重要基地，屯溪的雄村还设有中美合作所雄村训练班，并有总部的直属部队、忠义救国军的四个纵队，还有南京、淞沪、浙东、浦东、澄锡虞五个行动总队，都分布在淳安周围。因此，徐子为、朱品三到达淳安以后，将会发现到处都是自家人。还有一层要比界首集接运更为便捷，3000件棉纱运出沦陷区后，只要往后多走几天，交给军政部直属的一家被服厂，他们的任务便算完成。

原以为淳安、场口接运远比界首集简单，却险些要了徐子为、朱品三等几个人的性命。

徐、朱二人自重庆飞昆明，再搭飞机穿越滇、桂、粤、赣四省，来到江西赣县以后，停留了一个星期。自赣县到上饶后，徐子为负责对外交涉联络，朱品三负责成立办事处，在淳安坐镇。徐子为几度潜入上海，联系3000件棉纱的运输问题。

上海到场口一线，由于各相关方面一时摆不平，徐采丞为慎重起见，3000件棉纱迟迟不敢发出。朱品三便租好房子，雇了十几个人，住在淳安县里干等了四个月零十二天。在等货期间，赣县一度失守，淳安陷为孤岛。直到过了春节，初六才传来消息，可以到场口以北真空地带去接货了。朱品三带领办事处人员乘坐小船，由淳安转折薇港、新安江、富春江而抵场口。当日下午再将小船驶出场口以外“三不管”的真空地带。由于大雪一直不停，小船被困于江心，他们没有武装，也没有军队保护，朱品三一行从初七困到初八，幸好初八下午，戴笠的部下、货运管理局的朱一清带了林关兴等一批武装士兵前来保护。

他们在敌伪占领地区的墅溪，一直等到1月23日，第一批棉纱1000件装载九艘大船到来，即日开船，顺江而下。28日，通济公司的船队离开场口，直驶淳安，五天后方始抵达。通济人员刚到淳安城里，便获知军政部已经命令第六被服厂在淳安设立了接运办事处，第六被服厂听说第一批棉纱运到了，又派材料课长齐惠泉前来办理交接手续。至此通济公司人员肩头的千斤重担才算轻轻卸下，大家都有如释重负的感觉。

从徐子为、朱品三赴淳安接运棉纱3000件，到第一批棉纱1000件点交军政部第六被服厂，其间一共历时165天，时间已经到了1945年2月。3月13日，3000件棉纱全数交到被服厂，通济公司主要人员都很高兴，想早早回重庆去复命。可是，在3月14日这天夜里，朱品三在淳安得到消息，通济公司副总经理徐子为居然在旧溪岭被人绑架。

杜月笙在重庆收到淳安拍来的急电，他手底下的人居然被绑了票，当时便回电嘱令当地人员，先把人救出来要紧。二天后他又接到朱品三在淳安—场口中途建德辗转发来的一封急电，称绑架者公然派人前来传话，要想赎出徐子为，必须在三天之内送去法币2000万元。几经交涉，才答应把赎金减少到600万元。3月24日，朱品三和葛藩京带了两名挑钞票的工人，替通济公司赎人，杜月笙作为黑社会老大，居然空前绝后地付了一笔赎票钱。被绑了22天的徐子为，用600万元赎了回来。

6000件棉纱，前后历时一年零两个月，奇迹般地从日本军队严格管制之下运了出来，穿过前线，运到后方，全部制作成为中国军队的军装。

四、接任“上海市统一工作委员会”主任委员

1943年，杜月笙在重庆接受了“上海市统一工作委员会”主任委员的职务。该组织于1940年在沪成立，其任务是，国民政府各部、会留沪单位，除分别由各该主管机关负责指挥外，必须每月汇报一次有关问题，提会讨论，以期整齐划一。除指定戴笠、俞鸿钧、蒋伯诚、吴开先及杜月笙为常务委员外，又指定吴开先兼书记长及上海召集人。其时日军虽然尚未侵占租界，但其魔影早已笼罩全沪。所谓各单位工作人员，指的是留沪地工分子。这些人若相机采取单独行动，尚有可能；如聚集一堂开会集议，在敌伪环伺之下，却难以办到。所定按月汇报，全属具文。而其中主持人除蒋伯诚、吴开先密驻上海外，其余的人或在重庆，或在香港，首脑们本身尚分散各地，而欲遥控上海的单位，更为不切实际。因此，这一组织不可能发挥任何作用，只落得无声无息。到“太平洋战争”发生两年之后，局面大变。吴开先、蒋伯诚先后被捕，上海地下工作已濒临解体之势。这一空头组织不仅未予撤销，反而迁回重庆，颁发关防，直属行政院，改委杜月笙担任主任委员。可是这个组织，除一枚木质关防印章外，一无所有，杜月笙只是顶着一个空头名义。直到秘密电台设立，购运物资的计划办通，他才利用这两项设施，为“统委会”做些力所能及的工作。该电台通报，每周规定三次，所有上海当日的敌伪动态、经济概况、物价涨落、人事变动，多半可于隔日报道来渝，时效上尚未完全失去，亦不失其为重要情报。杜月笙乃将其有关消息，分门别类，随时转向行政院报告。核与其他情报，颇能相互统合，凑成全貌。此外，关于上海地工的经费、被捕人员的营救、若干私人生活的济助，以及其他事项，都属非钱莫办。然而沪、渝相距之遥，鞭长莫及，即使拨款应急，亦无法争

取时机。而抢运物资的计划得以办通，使杜月笙得以从中调度。

五、黄金储蓄券丑闻与浙江淳安之行

在抗战中后期，重庆政府先后发行了美金公债、英镑公债与美金、黄金储蓄券。购买这四种债券的好处，在于不受物价波动和通货膨胀的影响。因为按照政府的规定，凡此债券都是按照汇价或官价折合法币发售，将来本利都以美钞、英镑和黄金计付，所以颇受购买者的青睐，行情一直比较稳定。1945 年 3 月 28 日，承印中央银行钞票生意的大业公司总经理李祖永参加了一次午宴应酬，在座的有央行的几位主管，宴席之间，有人无意间露了口风，称黄金价格只怕在短时期内即将调整。

李祖永宴罢驱车回家，途经林森路杜月笙的写字间，偶然动念到楼上去望望“月笙哥”。恰巧杜月笙在，两个人便闲闲地聊了一阵。分手时李祖永问杜月笙：“月笙哥，你手上的黄金储蓄券一定不少吧？”杜月笙笑笑答道：“有限得很。”并反问李祖永道：“你问我这个做啥？”李祖永神秘地一笑，说：“假使月笙哥手上的黄金储蓄券多，你或许会发一笔小财。听说黄金要调整价格，黄金涨价，储蓄券岂不是水涨船高？”杜月笙不禁为之怦然心动。李祖永走后，杜月笙想了想，觉得趁此机会购进一笔黄金储蓄券，必然会捞到不少油水。于是叫人开了一张中国通商银行法币 1000 万元的即期支票，匆匆地到中央信托局，托朋友代他买进黄金储蓄券 500 两，价款 1000 万元，当场交割清楚。第二天杜月笙翻开报纸，便发现一条好消息，黄金官价提高为每两 35000 元，黄金储蓄券则每两加价 1 万元。杜月笙居然一举赚进法币 500 万元，折合黄金亦有 250 两之多。

未料数日后一声霹雳，监察院提出疑义：黄金储蓄券一向平静无波，为什么会在黄金加价前夕，突然掀起抢购的高潮？一日之内，开创出空前未有之高点？监察院认为，一定是主管财政的单位有人事先泄露机密。

监察院的纠举书在报章公布后，立即成为轰动一时的头条新闻，各报评论对此泄露机密、造成国库重大损失的事件大肆抨击。报纸纷纷提出公布当日购进黄金储蓄券者的名单，并且注明购进数量，指控黄金储蓄券事件乃是不法官吏与豪门巨室勾结的铁证，并列举星期六、星期日及其前一两日内巨量购券人的姓名商号，以资佐证，而杜月笙的大名，赫然在列。一时街谈巷议，闹得满城风雨。杜月笙受尽国人的唾骂，而所获不过是区区 250 两尚未领到手的黄金而已。一时间，震撼得杜月笙茫然失措，目瞪口呆。在舆论交相指责、国人同声斥骂的那段时期，杜月笙寝食难安，懊恼欲死。苦熬了三四十年好不容易鲤鱼跳过了龙门，难道如今又要跌回河滨里去？

这时，他的密友戴笠正在暗中为他设法，使他尽快摆脱困境。戴笠在一项秘密任务中，给杜月笙安排了一席之地，使他能在报章公布名单前后，平平安安地离开重庆，转赴浙江淳安，化险为夷。杜月笙获此良机，再次派徐子为、朱品三前赴淳安。至于去做什么，杜月笙则绝口不提。

6 月 26 日，杜月笙东南之行的先头人员从重庆动身，徐子为、朱品三驱车抵达军用飞机场，在候机楼里方坐下，一批批的同门弟兄和朋友便先后来到。以陆京士、曹沛滋为首，还有张晓岩、龚夏、赵云昭、王景文、邵飘飘、陆克明、顾锦藻、孙文元、陈永年和徐道生等。其中王景文和陆惠林是从重庆军委会调查统计局派来随同工作的，这一行总共是 18 个人。众人上了飞机，下午 1 时 35 分起飞，直赴湖南芷江。18 人中唯有陆京士自始至终参与这项计划与行动，熟知此行的重大任务，因为他在临行前已经被派为军事委员会京沪区少将工运特派员。另一位曹沛滋在临行以前，和军委会第五厅贾厅长见过面，对于任务的内容，也有相当的了解。

此次东南之行的任务，表面上是“接应盟军登陆，配合国军反攻”，其真正意图是，为了及早安排在上海的军统势力和杜月笙的帮会分子，配合蒋介石的其他部队，在日本投降时，先一步抢占上海和南京等重要城市。戴笠之所以让杜月笙与之同行，除使他得以从黄金储蓄券案丑闻中摆脱出来外，也是要他去发动上海、东南一带的帮会力量，并且承担同第三战区之间的联系协调任务。再则，也考虑到在汪伪组织中，杜月笙不但有旧日交往的许多友好，而且还有几位位居要津的门生，如汪曼云、黄香谷、张克昌等。陆京士是上海工运领袖，他以军委会少将工运特派员的名义，可以在京沪线上发动巨大的劳工力量。他计划将京沪一带的工运人员接到安徽屯溪雄村，设班分批训练，然后再一批批地送回沦陷区，等盟军登陆开始，马上起而响应，共同打击敌伪，收复失地。

陆京士率领的18人，于6月26日由重庆直飞湖南的芷江，那里是美军在华最大的空军基地。他们等候与戴笠、杜月笙及美军特工梅乐斯会合，然后由美军专机送他们到福建的建阳。

7月11日到达建阳，杜月笙、戴笠、梅乐斯等和陆京士、曹沛滋一行终告两路会师。第二天一早，梅乐斯有事留在建阳，其余人分乘卡车和一辆小轿车，通过闽赣边境，来到铅山，受到第三战区司令长官顾祝同、第二十三集团军总司令唐式遵等的欢迎。

由于杜月笙这一次东南之行的任务与军事方面密切相关，有许多问题需要先跟顾祝同有所商议，因此他在铅山小住三天，用两个夜晚和顾祝同密谈。顾祝同告诉他，美军在太平洋的反攻进展顺利，日本海空军业已遭到毁灭性打击。美军持续不断地轰炸日本本土将近八个月，已使日本工业生产全部瘫痪，各地完全陷于混乱状态，断言日本的全面惨败已成定局。杜月笙听后虽然高兴，但是他私底下同顾嘉棠、叶焯山两位老弟兄计议时，却难免忧心忡忡。

杜月笙自从在上海滩由黑道逐渐走向白道，昔日“小八股党”的头儿，有的死亡，有的淘汰，到抗战后期，出入杜门的只剩下叶焯山和顾嘉棠。在杜月笙奉命赴浙西时，叶焯山和顾嘉棠都是随员，作为杜月笙的保镖。所以，他才把内心的一些忧虑向两位心腹透露。他觉得自从逃离上海，避难香港，八年间世事沧桑，环境变化，大有人事已改、面目全非之慨。他的门人学生，在八年之中鲜有联系。再则，上海方面的一帮老弟兄，走的走，死的死，又剩得了几个能为他纠合群众，发挥力量？凡此种种，都使他迟疑彷徨。杜月笙觉得这次任务圆满达成，会让他有大显身手、重振声威的机会，可以在胜利后的黄浦滩站得住脚。但又觉得事体未必乐观，最担忧的就是大家都力不从心，把握不住目前的局面。所以，他听到顾祝同对时局的分析，一则以喜，一则以忧。

杜月笙在铅山停留三天，戴笠和梅乐斯等则已先于两日到了上饶，等候杜月笙一行前来会合。7 月 15 日，戴、杜、梅一同抵达淳安，住进戴笠在淳安的总部西庙。西庙在抗战后成为忠义救国军的总部，军统局淳安站的办公厅亦设于此。戴笠、梅乐斯每到淳安，办公食宿都在西庙，杜月笙初抵淳安亦以西庙为寓所。当日陆京士、曹沛滋一行也同时到达，西庙居然宣告客满，陆京士、曹沛滋等虽然仍以西庙为联络办公之处，他们的住处则暂借淳安东门的天主堂。

在西庙住下来，杜月笙立即开始和上海方面取得联系，决定策应盟军反攻，先就可能范围之内，布置两路人马。第一路人马是当年大小八股党的弟兄，在上海仍能掌握相当势力的，还有杨顺铨、马祥生、朱景芳等人。杜月笙让他们团结现有的人马，就已有的基础赶紧扩充，务期于最短时间之内把上海青帮弟兄统统归于大纛之下。一旦盟军登陆或者国军反攻，只要战事接近上海，青帮弟兄便立刻分头出动，在黄浦滩上进行破坏敌军工作，或者扰乱秩序，制造恐怖紧张气氛，起到对敌牵制作用。第二路人马是要策反、调用敌伪政权所编练的伪军。当时有两名伪军部队的长官是杜月笙当年的门徒，一个是马柏生，一个是徐朴诚，他有把握使这两人弃暗投明，趁机立功，接受他的调度。杜月笙先派人去秘密联络，果然马、徐二人都表示愿意接受杜月笙的指挥。这次联络的顺利告成，使杜月笙颇为兴奋，他将此一好消息告诉了戴笠，并且请教戴笠这两支伪军应该派什么用场。戴笠让杜月笙指示马柏生和徐朴诚，赶紧和上海附近的地下部队建立关系，互通声息，而在盟军反攻来临之时，便由两支伪军配合黄浦滩上的帮会力量，掩护地下部队向上海附近的日军发动攻势。倘能如此，上海敌军即将陷于腹背受敌、两面作战的困境，对于反攻军事，必有重大裨益。

将这两支人马分拨已定，杜月笙利用戴笠淳安总部的无线电台和上海徐采丞主持的地下电台沟通。凭借徐采丞这条路线，遥遥指挥上海方面的工作。当时他仿佛有一种预感，觉得大举在即，事不宜迟，所以他对马祥生、杨顺铨、徐朴诚、马柏生诸人盯得很紧。他要徐采丞代为催促，并且转报各方面逐日组织联络的情形。译电拟稿的工作，胡叙五一个人忙不过来，杜月笙便命门生朱品三在主持总务、交际、接待访客等事项之外，再腾出时间来从旁协助。另外，陆京士、曹沛滋一行秘密接运上海工人到雄村接受战斗训练的工作，需要杜月笙协助之处颇多。7 月 25 日，陆、曹领导的这一部门工作人员一同北上安徽屯溪，利用当地的一座曹家祠堂筹备成立训练班。杜月笙派训练班的人潜入上海，征集爱国工人，在掩护、交通、联络等方面尽力给予指点协助。

这时，杭州、富阳一线的日军、伪军却调动频繁，旋即大举进攻。8 月 1 日晚上，朱品三的一位朋友特地前来西庙拜访，告诉他说，场口附近已有敌军小股部队在流窜，可能是大规模军事行动的前兆，请朱品三转告杜月笙，事先有个心理准备。果然日军、伪军开始发动攻势，驻富阳的日军 2100 余人，会合当地伪军，直扑麻车铺，另以一部攻陷场口。8 月 5 日，敌伪军已在沿富春江向南移动，6 日桐庐失守。到这时候，由于敌军人多势众，杜月笙有点儿坐立不安了。

在此危急时刻，突然传来电讯，8 月 6 日，美国空军以原子弹轰炸日本广岛，8 月 8 日，美军的第二枚原子弹又在长崎爆炸。8 月 15 日，杜月笙得到日本投降的消息。面对这个喜讯，杜月笙却心事重重。既为胜利的早日到来而高兴，又为自己的前途忧心忡忡，感到怅惘。几天以后，杜月笙又把眼光投射到政局人事的变动上来，因为上海部分的人事变动对他今后关系甚大。他先给未来的上海市政府及所属各局的人选作了初步设想，他最瞩目的是社会局长一席，认为必将由其得意门生陆京士出任。不料消息传来，社会局长已被吴绍澍囊括而去，这使杜月笙瞠目惊心，在心坎上蒙上一层阴影。因为在 1944 年秋天以后，吴绍澍已坚决否认自己是杜月笙的弟子。更令杜月笙担忧的是，他以为重庆方面对他会有任命，却不料左等右等，毫无消息，眼见他人纷纷出任新职，而他却依然寄顿在西庙之内，不由得心坎上又蒙上一层阴影。

六、被弃之如夜壶

杜月笙曾经对亲信和亲属说，蒋介石实际上把他当作夜壶，用过之后就弃之于床下。抗战胜利后，杜月笙对于蒋介石集团来说，已经失去了利用价值，恰好应验了杜月笙这句话。

8 月末，戴笠回到淳安，彼此商量之后，杜月笙于 28 日率随员乘舟东下。行抵杭州，徐采丞、朱文熊已先由上海前来迎接，当晚投宿于西泠饭店。9 月 2 日登车返沪，9 月 3 日，杜月笙返回阔别八年之久的上海。事先，他得知上海方面已经为他准备了盛大的欢迎会，不少人准备到车站迎接，使他颇感踌躇满志。他觉得自己在抗战中不仅没有像张啸林那样落水当汉奸，还积极参加了各种抗日救国活动。他和黄炎培等筹组的上海市各界抗敌后援会，为抗日活动募捐了不少钱款；他还同戴笠组织了帮会武装“苏浙行动委员会别动队”，多次配合正规军作战；他还部署门徒协助军统刺杀了上海市伪市长傅筱庵及自己几十年的把兄弟、投敌的张啸林，又有昔日长期反共拥蒋的累累“功劳”。如今抗战胜利，加上孔祥熙、戴笠对他的积极支持，设想蒋介石理应让他来做上海市市长，他留在上海的门徒也大肆宣传杜月笙即将被任命为抗战胜利后的第一任上海市市长。可是，这时上海的租界已经消失，蒋介石已经不需要，也不愿让杜月笙这个黑社会老大继续插手上海的事务。因此在杜月笙到达上海之前，就宣布钱大钧为上海市市长，使他倍感失望！更令他难堪的是，在到达上海时，不仅没有热烈的欢迎场面，而且没有一名政要前来迎接。专车驶入上海境内，抵达梅陇镇，忽然减速停车，上来两位通风报信的人。他们来不及寒暄，便向杜月笙附耳密语。一听之下，杜月笙不由得脸色大变，一语不发，唯有摇头苦笑，遂决定在上海北站下车，这使同车随行诸人员一个个惊诧错愕，面面相觑。不久车抵达梵皇渡，果然一片萧索，站上虽然也有不少亲友迎接，但都是强颜欢笑，掩遮不了面容的沉重。在上海北站还出现了醒目的大字标语：“打倒社会恶势力！”“杜月笙是恶势力的代表！”“打倒杜月笙！”惊惶之下，杜月笙临时决定改在上海南站下车。盛大热烈转而变为冷冷清清，一切来得如此突然，杜月笙只得推说疲倦，到了上海竟不回家，既不去华格臬路杜公馆，也不去十八层楼公寓，更不到杜美路豪宅，出人意料地，他要到爱文义路顾嘉棠家中先住一晚。

原来这一切均为当时上海第一新贵、杜门弟子吴绍澍所赐。欢迎牌楼之拆、标语之贴，加上副市长学生吴绍澍始终不曾来迎接，原因已经十分明白。可是吴绍澍为什么要这样做？杜月笙百思不得其解。至亲好友，八年离别，渴望一见，因此顾嘉棠住所门前，依然车水马龙，拜见者络绎不绝。杜月笙不得不打起精神，强扮笑脸，一一接待。访客电话，一天到晚走马灯似的来个不停，可是，杜月笙最想听的是吴绍澍的声音，最想见的还是吴绍澍的名片，却一直杳无音信。一直等回到上海第三天，杜月笙实在忍不住了，不顾师道尊严，轻车简从地专程拜会吴绍澍副市长。不料人到市政府，却被门卫挡驾，推说吴副市长不在，杜月笙万般无奈，只好留下一张名片返回。

吴绍澍为何要如此对待昔日的恩师呢？原来他早已得知蒋介石“对帮会的长远政策是消灭”这个内部精神，所以急于摆脱同杜月笙的瓜葛。而杜月笙却仍然期待着吴绍澍能够前来拜见他这位昔日的恩师，但却始终不见人影。后来吴绍澍终于上门，杜月笙大喜，抱病热情接待，不料吴绍澍却态度倨傲，丢下几句官话即扬长而去。杜月笙只好强压怒气，他很清楚，自己如今已经是“虎落平阳”。

接下来的打击是他的门徒谢葆生因汉奸罪被枪毙，杜月笙本人也被上海警备司令宣铁吾变相扣押了八个小时，被迫出钱才获释。宣铁吾（1905—1964），浙江诸暨人，黄埔军校第一期毕业，是蒋介石的嫡系。抗战胜利后，蒋介石之所以让他担任上海市警察局长和淞沪警备司令，用意之一就是为了让他对付以杜月笙为首的帮会势力。所以，1945 年他到上海后，在第一次记者招待会上，就措辞强硬地表示：“上海是贪官和流氓集中的地方，警察局将集中全力，予以整顿打击。凡青、洪帮中人物，本人一律不见，一律不用。”

这时，杜月笙悲哀地发现，自己如今已经辉煌不再！他知道抗战胜利后，赖以依托的外国租界已经消失，昔日他在租界的特殊地位已经不复存在。而国民党当局如今可以直接利用军、警、特务来控制上海，无须黑社会的帮助，他已经失去了利用价值，于是主动回绝了由上海市商会举办的公宴和欢迎仪式。

杜月笙回到上海后，倒霉的事情接踵而至。先是跟随他多年的管家万墨林被捕。事缘 1947 年法币贬值，物价飞涨，万墨林利用经营的米店囤积居奇，大发横财。上海有个唱滑稽戏的筱快乐，针对米价不断上涨的事实，迎合上海市民愤懑不平的心理，每天在电台上直指其名，编了一套滑稽戏词，猛烈抨击万墨林。这个节目由于能发泄大众的苦闷，立刻大受欢迎，风靡一时。骂到了后来，筱快乐干脆给万墨林取了个“米蛀虫”的绰号。国民党当局还下令将他逮捕，后来虽然获得释放，但对杜月笙来说，无疑是一个下马威。1948 年，蒋介石集团已经濒临山穷水尽，法币猛烈贬值，物价疯狂上涨。蒋介石怀疑这是杜月笙等投机商人造成的，于是让蒋经国在上海“打老虎”，以挽回经济的颓势。这时，杜月笙却自恃神通广大，准备暗地里利用中汇银行套汇港币。此事被杜月笙的好友、军统特务王新衡侦知，立即向蒋经国报告。蒋经国当时正准备借抓几个头面人物，以达到杀鸡给猴看的效果。王新衡是个异常狡猾的人，他一面向蒋经国邀功，一面又以密友的身份，把蒋经国即将采取的行动透露给杜月笙。杜月笙立即停止了套汇，按兵不动。结果让蒋经国的打虎行动扑了个空，便把打虎行动的目标盯在了杜月笙儿子杜维屏身

被抓的杜维屏在受审（左二）

上，以“连续在其非法交易所买进卖出，进行投机倒把”罪，把杜维屏抓了起来。虽然杜维屏不久就被释放了，但这件事对杜月笙来说仍然是一次沉重打击，更加深了杜月笙对蒋介石的不满，逢人便说：“我捧了蒋介石这么多年，捧到今天，我的两个儿子也被他抓了起来！”

在参选上海市参议院议长一事上，他又遇到了尴尬。杜月笙希望担任抗战胜利后首任市长的希望落空，只好退而求其次，参选上海市参议会议长。他的想法是在当选后立即让贤，所以，最好能够全票当选。未料到计票结果，发票180张，其中约有40张是空票。杜月笙虽然当选，却颇感尴尬。市长吴国桢宣布杜月笙当选上海市第一任参议会议长。杜月笙迅即在掌声中起立发言，讲得很简单，只是反复在说明他健康情形欠佳，行政经验不够充分，因此他要求大会准他辞职，同时另选贤能。全场无人反对，顺利通过。

第十九章　落日余晖

毕竟百足之虫死而不僵，杜月笙在不断的被动挨打之中，逐渐缓过劲来。他一面韬光养晦以适应新局面，一面努力重建昔日的辉煌。

晚年的杜月笙

一、通过戴笠整垮吴绍澍

杜月笙对昔日弟子吴绍澍种种“欺师灭祖”、“藐视前人”等违背帮规的行径痛恨不已，于是请密友戴笠帮忙，整垮昔日的弟子吴绍澍。戴笠抓住吴绍澍私放汪伪上海税统局局长邵式军而谋取钱财的铁证，以“纵放巨奸、吞没逆产”的罪名呈报蒋介石。吴绍澍闻讯后多次求见戴笠，戴笠则对他置之不理，经过多次哀求，戴笠才接见他。当他请求戴笠对他免予追究时，戴笠怒斥说：“像你这种人，我为什么不办？”最后他请求戴笠准许他到重庆亲自打点，也被戴笠严词拒绝，并吩咐手下人：“通知各航空公司，不许卖票子给吴绍澍！”不久严办的电令下达，先是免去吴绍澍的上海市副市长职务，接着又罢黜了他兼任的上海市社会局长一职，改由接近杜月笙的吴开先继任。这使杜月笙失去的颜面得以挽回，并出了一口恶气。

蒋介石、戴笠为控制全国帮会组织和武装作为打内战的资本，决定改头换面，将人民行动委员会改建为中国新社会建设协会。1946 年 10 月 19 日，新建协会在上海丽都花园举行成立大会，向海潜在蒋介石的淫威之下，被迫让步，担任常务理事（其余二人为杜月笙和杨虎），实际负责人是书记长、军统特务徐亮。新建协会会址梵皇渡路（今万航渡路）40 号，该会号称会员有 56 万人。

为控制全国帮会，蒋介石欲建立由军统操纵的帮会新社团。当时在重庆的洪门各山头如“五圣山”的山主向海潜、“百花山”山主韦作民、“长白山”山主张树声，“太华山”、“栖霞山”双龙头杨庆山等酝酿准备成立洪门最高山堂，此事被国民党特务侦知后，蒋介石担心洪门统一后势力巨大，万一被中共利用将不可收拾，便指令戴笠联合杜月笙等帮会头子，筹建一支由军统控制的全国性帮会组织。

二、借“花甲之庆”炫耀权势

1947 年 8 月 30 日，农历丁亥年中元节，是杜月笙的六十大寿。可是这时他喘疾时发时愈，住在十八层楼公寓里轻易不大出门，因此对于建议为他祝寿者一概摇头，拒绝说："算了吧，现在我还有什么心情做寿呢?"但是朋友、门徒都说这次花甲大庆非做不可，各方友好加上恒社门生特意组织了"庆祝杜公寿诞筹备委员会"，延请上海一些有权势者担任筹备委员：陈觉民（名医、票友)、王润生（恒社会计组长)、徐懋棠（中汇银行副总经理)、王新衡（军统上海站负责人、上海地方协会常务理事)、杨虎（国民党中央监察委员、海员总工会理事长)、陆京士（恒社常务理事、军委少将工运特派员)、金元声（金廷荪的大公子、上海黄金大戏院"五虎将"之一)、汪其俊（恒社平剧组长、黄金大戏院"五虎将"之一)、陈士皋（通商银行文书科长)。

在杜月笙六十寿辰的头一天晚上，由他各方友好联合设宴为他"暖寿"，多年老友如许世英、黄金荣、杨虎、王晓籁、章士钊、钱新之、徐寄庼、范绍增、刘航琛等；党政军界友好如洪兰友、郑介民、潘公展、萧同兹、程沧波、陈方等络绎来临，人数达200余位。场面既热烈又轻松，遗憾的是这一晚杜月笙因为喘病又发，无法到场。暖寿宴会由洪兰友发表一篇祝词，然后由上海市参议会议长潘公展代表杜月笙致词答谢。杜月笙因喘疾不能到场答礼，命长子杜维藩率领弟弟、妹妹和弟媳，分立礼台左右，代表杜月笙答谢来贺的嘉宾，又请杨虎、钱新之、徐寄庼、徐丞采担任总招待。

次日的祝寿仪式在泰兴路的丽都花园舞厅隆重举行，在大厅正中悬挂着蒋介石送的寿匾"嘉乐延年"，两边是政府各部院首要人物及各界名流送的寿联、寿幛。第一个前来祝寿的是蒋介石的代表、国民政府文官长吴鼎昌，随之而来的有上海警备司令宣铁吾夫妇、上海市市长吴国桢以及专程从南京赶来的国民政府要员吴铁城、王宠惠、宋子文、莫德惠、孙科、白崇禧的代表，共有达官显贵五六百人。除了宴会之外，还连唱了十天堂会，收到的礼品共800余件，有金鼎、银盾、玉器、古玩等礼品，分置于茶几上公开陈列。在各项礼物中有三件特别珍贵，第一件是邮务公会利用各种邮票剪贴而成的百寿图，妙手天成，活脱纸上；第二件是美一绣业公司以百余种毛线绣制的一幅杜月笙巨像，惟妙惟肖，据说是该公司继杜鲁门、麦克阿瑟绣像后的第三幅作品；第三件是一幅人物国画，画中的八仙，吕洞宾居然是杜月笙。那一天开的是流水席，一桌坐满十位客人，随即上菜，菜肴全是素的而且只是四簋——素鸡、素鱼、素鸭、素火腿，此外则每客奉以素面一碗。

暖寿盛宴和寿堂祝贺，杜月笙一概未能亲自出席，这使他深感愧疚。又因为老一辈的弟兄或者老成凋谢，或者龙钟老迈，大都不能代为主持盛会，照料一切。在寿堂那边答礼的是他的子女，负责办事的则为小一辈的子侄学生，杜月笙一向重场面，尽管人在病榻之上喘息咻咻，却唯恐怠慢了客人，礼数未周。

恒社弟子特请古文大家章士钊执笔，写了一篇《寿序》。章士钊将杜月笙比作“蛟龙潜藏于内，风雨孕育其中”的浩荡长江！“长江自西北来，千里奔驰，东往于海。当其在上流也，挟雷霆万钧之势，波涛汹涌，洄洑激射，峭壁东流，哀猿啼岸，其郁塞不平之气，若无所宣？及其出夔门，纳汉水，襟洞庭而带鄱阳，漫为平流，一望弥际，蛟龙潜藏于内，风雨孕育其中，而笃生人杰，盖无如杜公矣……”

还由恒社子弟集资、精印，由陆京士主编了一部《杜月笙先生六秩华诞纪念集》，登载了国民政府主席以次各级首长的许多祝词。

这次祝寿活动中最令杜月笙欣慰的是十年未见的孟小冬惠然南来。孟小冬来到上海后，姚玉兰立刻把她迎进十八层楼公寓。孟小冬自 1938 年 12 月拜余叔岩为师，到 1943 年余叔岩病逝，曾在北平度过八年寂寞黯淡的时光，这次同杜月笙见面自然十分欣慰。

祝寿堂会由叶廷荪总负责，专程北上邀约京剧角儿的事，则由恒社京剧组组长汪其俊及其结拜兄弟孙兰亭负责。汪其俊、孙兰亭北上邀角儿，在北平的“四大名旦”中，程砚秋、尚小云、荀慧生都因为有事缠身，不能南来，其余大牌名角如筱翠花、马富禄、张君秋、芙蓉草、刘斌昆、谭富英、韩金奎、阎世善、李少春、马盛龙则是一概到齐。加上原在南方的梅兰芳、马连良、麒麟童、章遏云、裘盛戎、叶盛兰、叶盛长、姜妙香、杨宝森、马四立、盖三省、魏莲芳等，再加上姚玉兰邀来了余派老生传人孟小冬，声势之浩大，在全国各地的京剧演出中，实属空前。

杜月笙同南北名伶合照

北来名伶大都住在金廷荪的南阳桥“老金公馆”，名伶在上海的住宿费，在义演票房收入项下支付，名角儿则一概不支酬劳。他们唱纯义务戏，所有售票收入一律移充全国各地赈灾之用，七天公开售票的义务戏演下来，杜月笙大概筹到法币 100 亿元的巨款。

义演前后历时十天，杜月笙却由于生病，一场好戏也没有看过，倒是有不少北来名伶，纷纷上十八层楼探疾，杜月笙在病榻上向他们连声道歉，并且也答应了他们的要求，只要喘疾稍愈，精神体力许可，定要抽出时间跟大家聚一聚。后来，他果然力疾践约，和大家合拍一张照，而且每人赠送一只金表。

三、国民党政权倒台前夕的艰难选择

杜月笙回到上海后，虽然受到不少打击，但他拥有的广泛人脉，足以使他在上海上层社会中维持特定的地位，有人统计当时他所拥有的头衔，约有以下一些：

在社会公职方面：他当选为国民大会代表、上海市参议员、中国红十字会总会副会长、全国轮船业总会理事长、全国棉纺织业总会理事长、上海市商会监事、上海市工业公会筹备主任、上海市地方协会会长、上海市银行公会理事、上海市水果业公会理事长、上海慈善团体联合会理事长。

在工商业方面：他担任荣丰、大丰、恒大、沙市、中国纺织（小中纺）等纱厂董事长，中国、交通两银行董事，中国通商银行董事长兼总经理，中汇、浦东、国信等银行董事长，上海南市华商电气公司董事长，民丰、华丰两造纸公司董事长，华丰面粉织布厂董事长，上海鱼业市场董事长，上海华商证券交易所理事长，招商局常务董事，大通、大达、裕中轮船公司董事长，复兴轮船公司董事，中华、通济、嘉陵、扬子等贸易公司董事长，中国茶叶公司董事长，西北毛纺织厂董事长。

在教育和新闻媒体方面：他是正始中学创办人，中华职业教育社董事，上海《申报》、《商报》董事长，《新闻报》董事，世界书局代董事长，大东书局董事长，中华书局董事。

这些职务，有些是战前之蝉联，大多数则为抗战胜利后就任的新职。这些新职中有些则由他出面代表国家资本和官僚资本，有些则因在党政方面认为他是适合人选而指定，还有些则由他在幕后策划和控制。

但从实力地位方面来看，重返上海的杜月笙同抗战前已经不可同日而语。尤其是国内局势正在发生巨大变化，国民党政权已经岌岌可危，他不得不为自己今后的前途早做准备。所以，他一面韬光养晦以适应新局面，一面表示对国民党当局和蒋介石的不满，始终拒绝加入国民党，并一度离开上海前往香港“养疴”。他此次赴港之行，既是为了表示对蒋介石集团的不满，也是为了及早安排自己日后的出路。在香港期间，中共中央社会部副部长潘汉年和夏衍曾看望过杜月笙，并向他申明中共对他的希望。杜月笙也向潘、夏保证自己一定“安分守己”！并做了一些有益于人民的事。1947 年，杜月笙在有关方面的关照下，收了到上海活动的共产党员、演员金山为“关门弟子”，为其秘密工作提供帮助。他还掩护过周恩来的堂弟周恩霔。到 1949 年春，国民党在大陆垮台已成定局，国共双方加强了对社会上实力人士的争夺，杜月笙已无法再两面骑墙。解放军兵临江南之时，杜月笙跟黄炎培、章士钊、史良、张澜等知名人士频繁接触，商讨时局，黄炎培等都力劝他留下，杜月笙也考虑过留下。1949 年 3 月下旬，杜月笙被蒋介石请去南京，对他说：“上海看来是难以守住的了，杜先生应有所准备，必要时携家小去台湾，协助党国共图复兴大业。”杜月笙似乎料到蒋介石的这番“关心”，爽快地说：“我是在准备放弃上海以后的退路了。”蒋介石曾听说中共方面委托黄炎培等劝杜月笙留在上海，他无论如何不愿杜月笙被“统战”过去，便以告诫的口吻加了几句：“杜先生与中央合作有年，民国十六年‘清党’时，为铲除共产党鼎定上海立下大功，也因此与共产党结怨甚深。共产党是讲阶级讲斗争的，他们绝不会放过你，切不可有丝毫的侥幸，以早日去台湾最好。”杜月笙的话仍是半明半暗：“总裁放心，我对共产党绝无侥幸之心。”蒋介石听了当然不满意，双方不欢而散，但蒋并不就此罢休，还要设法争取，把杜月笙逼去台湾。既然蒋介石把他找去当面让他去台湾，他即使不去台湾，也不敢留在上海。

对于去留，杜月笙面临艰难选择。虽然中共方面通过黄炎培等劝他留下，但他自己反共二十余年，“四一二”反革命政变时杀害了包括上海总工会委员长汪寿华在内的众多共产党人，可谓血债累累，所以不敢不走。至于去哪里呢？与蒋介石之间的嫌隙既生，孑然一身去台湾，还不是寄人篱下？杜月笙最终选择了前往号称“自由港”的香港。

杜月笙在香港的活动，引起了国民党当局的警觉，担心他投向共产党，于是派人促其早日返回上海，杜月笙只得于1949年3月23日返回上海。当中国人民解放军兵临江南时，杜月笙又与黄炎培、钱新之、章士钊、盛丕华、沙千里、史良、张澜等民主人士频繁接触，商讨时局与个人前途。中共中央领导也明确表示“对杜月笙的方针，就是要他努力使上海不乱”，保护上海的工厂、船只和飞机“不受损失，不使南迁，等待人民解放军前往接收”，并表示“杜如果能这样做，不仅中共可以与之合作，上海人民亦将宽恕他的既往”！杜月笙虽然曾经考虑过留在上海，但沉重的历史包袱使他难以完全相信共产党会不究前嫌。老于世故的杜月笙十分明白，抗战胜利后上海的租界消失了，市政归于统一，他的黑社会组织不仅失去了赖以生存、繁衍的治安死角，而且失去了最有力的后援——享有治外法权的租界当局，他和他的集团已不再具备租界别动队的价值；国民党尽可使用军队、警察、特务等统治上海，犯不上再利用这股名声不好又颇难驾驭的黑社会势力。自己过去呼风唤雨、纵横捭阖的好时光只怕要成为明日黄花了。在这种情况下，杜月笙既不敢留在上海，也不愿前往台湾，而是决定脱离政治旋涡，以台湾天气热又潮湿，不适宜他的气喘病为由，拒绝去台湾。1949年5月1日，人民解放军的40万大军已经兵临上海城下，此前一个月，杜月笙带领全家离开上海，登上一艘荷兰渣华公司的客轮“宝树云”号前往香港。

四、拒赴台湾之一说

杜月笙拒赴台湾，还有一个原因。据《南方人物周刊》2008年第3期，唐人在《杜月笙拒绝赴台定居内幕》一文中披露：杜月笙之所以不去台湾，可能与1949年7月间，国民党机关报《中央日报》一篇严厉批判杜的社论有关。

当时，蒋介石担心江浙商人挟巨资返回已解放的上海，如此，内战局势将更不利于国民党。故而，蒋介石三番两次命洪兰友（时任“国民大会”秘书长）、王新衡、潘公展（曾任国民党中宣部副部长）等人，不断联系杜月笙。在蒋介石的心目中，杜月笙当前最大的利用价值，就是让他拴住旅港的上海企业家，不让他们连人带钱重返上海。然而，令人不可思议的是，就在洪兰友受蒋介石之命赴港探望杜月笙之前，报社已迁往台北的《中央日报》突然在7月18号刊出了一篇以《本党历史的新页》为题的社论，点名直指杜月笙是“买办流氓、土豪劣绅”。这篇社论以提出“三点意见”为名日，开宗明义，揭开了声色俱厉的批判序幕：“……过去党中若干有力的同志为了避免改造政治社会的麻烦，也为了自己的利益，便丢开主义而各行其是。在上海、汉口、平津及广州的同志，都在有意或无意之间和买办流氓妥协，其他各省市的同志，亦均与土豪劣绅结不解的政治缘。”社论以空前高调的语气声言：“买办流氓、土豪劣绅，本都是时代的渣滓，应在肃清之列，但由于一些有力同志的畏难苟安，不去肃清他们，结果他们的势力就反而壮大起来，变成了各地的实际统治者。别的且不说，上海为什么变成最容易发炎的盲肠？岂不是因为它早成为‘闻人’的天下？这闻人也者就是流氓头的代名。那些流氓头是由吾党同志一手提拔起来的，但在它的羽翼丰满之后，就几乎变成了上海的皇帝。我们只要看上海参议会议长一席竟是闻人杜月笙辞而不就的位置，以及去年上海的限价政策之突然受到闻人的逆袭而崩溃，都可以想见那些‘闻人’之已取得上海实际统治权，与夫我们少数同志养虎遗患的不智。”文章接着说道：“现在我们不能再妥协下去了，也不容再苟安下去了……就是买办、流氓、土豪、劣绅乃至于若干军阀的残余势力，也应该加以扫荡……买办、流氓、土豪、劣绅，也是军阀的余孽，也是三民主义前途的障碍，不肃清这些障碍，我们就永远没有方法可以推行以实现三民主义为目标之政治的经济的措施。”

蒋介石此刻正为国共内战惶惶不可终日，惊闻《中央日报》社论，唯恐杜月笙一气之下撒手不管上海旅港企业家的事，立即命洪兰友急赴香江处理善后。洪兰友抓紧机会婉言解释，说此事完全是《中央日报》报馆里一两个人的胡作非为，绝非国民党中央的意思，蒋先生已经交办，严惩撰稿人，这事与蒋公绝无关系，请他息怒云云。在急令洪兰友赴港安抚杜月笙的同时，蒋介石又找来陶希圣（时任国民党中央宣传部副部长），要他即刻找《中央日报》社长马星野，严惩写稿的评论员，并命陶希圣即日赶赴香港，亲自登门道歉。

蒋介石又电令洪兰友，代表他先去探望王晓籁，再代表他去拜访杜月笙、钱新之这班上海青帮首领，并称蒋介石有意招商，到后方兴办工业，欲借重沪上商旅共襄盛举。洪兰友前脚跟才踏出杜公馆，蒋介石又交代陈立夫代表国民党前往香港宣慰杜月笙。党政大员穿梭往返，杜公馆贵客盈门，大有昔日十里洋场盛况。

洪兰友又要求王晓籁居间协调，在人情攻势之下，杜月笙也不好再公开抱怨蒋氏父子，一场风暴俨然已经平息。1949 年 9 月 28 日，杜月笙请钱新之带着亲笔信到广州面见蒋介石：

总统钧座：六月间曾肃寸禀，计蒙鉴察。镛月来养疴香江，满冀贱恙得早痊复，趋辕叩谒，藉倾愚诚，奈喘病未痊，稍一行动即气逆力乏，欲行辄止者屡矣，心余力绌，徒唤奈何，倘能勉强成行定当趋前聆训……兹因应不能来穗，特乘钱新之先生趋辕之便，肃奉寸禀，并托代陈种切，谨此敬请钧安。

杜镛谨上　九月二十八日

这封信才送到蒋介石手上不久，蒋介石马上又命洪兰友、陈立夫兵分两路，再次分别到香港表达宣慰之意，邀请杜月笙抽空到台湾见面，并再三交代洪兰友、陈立夫二人，务必请托杜月笙力阻旅港沪商返回上海，以免资金流入中共之手。

为了答谢蒋介石的宣慰，1949 年 10 月 20 日，杜月笙又给蒋介石写了一封信。自称痼疾仍未痊愈，不便晋谒蒋先生。以杜月笙而言，在抗战胜利后的四年中，对其罗致争取者，亦自不乏其人。在政治协商会议期间，中共方面委托黄炎培，驰函致候，或做礼貌上的间接接触，曾有多起。宋庆龄女士以主办各种慈善事业之便，与他往还。国共两方代表，既能聚集一堂，商量国是，那么他以无党无派的老百姓身份，抛开政治立场敞着大门，延宾纳客，亦无可非议。但在此时，杜月笙感于树大招风，每以“抱恙”为词，闭门推月，宁冒来而不往之衍，不敢做一步的联系，国共双方都不得罪。

以上是有关杜月笙拒赴台湾的一个说法，略备参考。

五、流亡香港

1949 年 1 月 21 日，蒋介石宣布引退，当日飞赴奉化溪口，同日，李宗仁宣布代总统职务。从这一天开始，杜月笙和他的心腹智囊，几度紧急会商，分途做撤离上海的准备。只是表面上依然装作若无其事，甚至装作在徘徊观望，以免酿成意外。对于自己的家人子女、心腹亲信，以及要好相关的朋友，杜月笙在原则上是大家一道走。不过，由于各人情形不同，环境各异，他在劝促那许多人早日离沪时，在表现的方式上，略有不同。

对于亲近的、关系最密切的人，杜月笙便直接下命令："行李收拾好，说声走，就动身。"对其他人，他用浅显俚俗的譬喻，促使他们离沪的决心。杜月笙曾经对许多心腹说："跟国民党走，好歹还有一碗稀饭吃；跟共产党嘛，只有吃米田共（粪）的份儿！"所以，像黄金荣家、金廷荪家、顾嘉棠等，家家都在准备行装，做随时逃离上海的准备。

杜月笙在国民党政权垮台前夕为何不愿去台湾？据杜月笙之孙杜顺安称："祖父不愿意去台湾，就是三件事。其一，是'红帖子'不见了，祖父不开心，心想你蒋介石当了总统了，在礼貌上我本来就是要还你的，但是为什么别的东西不丢，偏偏这张'红帖子'不见了？启人疑窦。其二，是蒋经国把我三叔叔杜维屏关进去了，让我祖父非常生气。其三，就是为了上海市市长、议长的事情。蒋先生连荐举议长、市长表面上的客气都没有。你蒋先生总要来跟祖父客气一下吧，过来邀请我杜某人，好歹表面上做个样子，给祖父一个面子也行，可是竟然连请都没有来请过，连面子上最容易的动作都不做，这摆明了是昭告天下，新政府不需要杜月笙这种本地势力介入。非但如此，新政府还怕我们兴风作浪，想要铲除我们这批人。所以祖父有这么一句话：我们是夜壶，蒋介石把我们用完了，眼看没有利用价值了，就往旁边一甩，再也用不着你们这些夜壶了。"

关于"红帖子"的事，有必要加以探讨。

杜顺安说当年蒋介石曾拜杜月笙为师加入青帮，"红帖子"就是蒋介石拜师的门生帖。但此说仅属一家之言，缺少事实支持。据黄金荣的心腹弟子黄振世回忆，当年蒋介石加入青帮的"先生"，乃是黄金荣而非杜月笙。因为当时杜月笙的社会地位和社会影响还远不如黄金荣。黄振世回忆称："我于 1928 年投拜于黄金荣门下。由于我发迹后仍忠于黄门，老头子更是对我另眼看待，为了表示对我的信任和显示他自己的威风，和我谈了不少‘私房话’，其中最得意的一件事就是蒋介石拜师在他的门下。”“1916 年 5 月陈其美被刺死于上海，蒋介石在政界上失去了靠山，在经济上也开始拮据。他需要另辟门路，寻找庇护者，乃开始与张人杰、戴季陶、陈果夫等关系密切，并跟随他们参加了上海证券交易所的活动，因投机失败，背了一身债，处境十分狼狈。在被债权人逼得无路可走的情况下，决定离开上海，避债到广州去投奔孙中山先生。因为债务所缠又缺乏盘费，就去找虞洽卿老板商量办法。虞洽卿当时在上海商界虽有地位，却是一个卖空买空的‘空壳老板、负债大王’，不肯做这种赔本的事情。就代蒋介石出主意，介绍他去投帖拜黄金荣为‘老头子’，一可以利用黄金荣牌子，去对付债权人；二可以向黄商借盘费。两人商量定当，先由虞洽卿与黄金荣谈妥并约好日期，并陪同蒋介石前去举行拜帖仪式。”“虞洽卿到八仙桥钧培里黄公馆后，向黄金荣说明情由，要求录收蒋介石为门生。黄金荣因为虞洽卿在当时商界地位高，势力大，亦很想结交，所以对他提出的要求都无条件答应下来。又因为虞洽卿不熟悉投拜‘老头子’的手续，第二天陪同蒋介石到黄金荣处时，只投递了一张写着‘黄老夫子台前，受业门生蒋志清’的大红帖子，既没有拜师应有的蜡、烛、香，更没有致送压帖的贽敬。还因为黄金荣事先从虞洽卿处知道蒋介石的困难处境和拜师目的，同时也为了讨好虞洽卿，所以非但不计较压帖贽敬，还有心‘慷慨’地赠送蒋介石旅费大洋 200 元，并且鼓励他去广州。分别以后，互不通信，日久以后也就事过境迁，淡然若忘了。”据当事人回忆，黄金荣收蒋介石为门徒后，还帮他还清了债务。由虞洽卿和黄金荣出面，把蒋介石的债主请到酒店，黄金荣指着蒋介石说：“如今我已经收志清为徒弟，以后有得罪的地方，请诸位多多包涵！志清如真的欠哪位的债，请来找我要！”虞洽卿接着说：“一点点事体，就不用提了，我看买个面子就算了”，于是替蒋介石了结了那些债务。1926 年 7 月，蒋介石当上了北伐军总司令，在北伐军前往上海时，黄金荣才知道北伐军总司令蒋介石原来就是当年自己的徒弟蒋志清，颇为得意。这时，虞洽卿等人提醒黄金荣说，如今蒋介石已经是中国的第一号大人物，如果说出过去曾经拜过黄金荣为“老头子”，一定会使他感到没有面子。不如隐没这段师徒关系并把门生帖子亲自送还给蒋，一定会使蒋感激，将来可以受用不尽。黄金荣觉得有道理，就决定如此处理。蒋介石这次到达上海后，由虞洽卿陪同去黄金荣家探望，使黄金荣受宠若惊，改变了过去的师徒称呼，对蒋介石说：“总司令亲自到我家来是我的光荣！过去的那段关系已经过时了，那张红帖子我找出来交虞老送还！”蒋介石则谦逊地说：“先生总是先生，过去承黄先生、虞先生帮忙是不会忘记的。”说着从怀中取出一只金怀表，送到黄金荣面前说：“这是我送给黄先生的纪念品，聊表心意！”据说，那份红帖子一直藏在黄金荣公馆，后来被军统特务盗走。黄金荣曾令杜月笙追查，杜月笙为了不得罪蒋介石，也就虚应故事，将此事不了了之。杜顺安所说杜月笙家里的红帖子不翼而飞，可能出于这件事的讹误。蒋介石加入青帮是在 1916 年，那时杜月笙才 28 岁，不过是黄公馆的一名佣人，后经黄金荣老婆林桂生的推介，才得以在中兴记赌场“吃一份俸禄”。他当时在青帮里并无地位，仅仅是“悟”字辈，蒋介石绝不会去拜他为师。更重要的是，有人从《青帮手册》的成员名单中查到，浙江奉化人蒋德政（蒋介石化名）属于青帮兴武六的“悟”字辈，而杜月笙本人也是“悟”字辈，他不可能拜同辈弟兄为师。这说明蒋介石加入青帮所拜的“老头子”绝非杜月笙。

杜顺安所说杜月笙不愿去台湾的另外两点，还是可信的。当然，杜月笙不去台湾还有一个重要原因，就是在国民党政权垮台前两个月，蒋介石曾把他叫去谈话，让他去台湾。他不愿去台湾，可是又不能留在上海，只好去香港。他曾对在杜公馆担任总账房的黄国栋说："我现在对你直说，因为蒋介石叫我去谈了话，我不得不走。"而且，1949 年上海城破前夕，国民党的高官吴开先以二十多年老朋友的身份，特地来提醒杜月笙说："杜先生，你不要忘记民国十六年'清党'的时候你那一幕，你杀过什么人，共产党清楚得很。杜先生你也晓得'血债血还'是共产党一直在喊的口号。"杜月笙于是在吴开先的劝说下，最后下定决心离开上海。接着，陆根记营造厂老板陆根泉来见杜月笙，对他说："杜先生，你该动身了。"杜月笙决断地说："我是在准备要走。"至于是去香港还是去台湾，他表示台湾气候比较热和潮湿，对他的气喘病不适宜。至于确定去香港，问题是房子还没有找好。陆根泉当即表示："香港方面，做房地产的朋友，我认得不少，杜先生所需要的房子，由我负责去找。"几天后陆根泉便来报称，香港房子找好了，坐落于坚尼地台 18 号，大小保证够住，顶费只要港币六万元。杜月笙感到坐飞机有生命危险而决定乘船赴港。杜家人多，杜月笙、姚玉兰和孟小冬三个人只有一间头等舱，舱内两张单人床，外带三等床位一张。其他人则分散在各个舱位。

在船上的两天两夜，杜月笙不但不曾步出船舱，甚至很少离开床铺，成天躺在床上，与姚玉兰、孟小冬默默相对，同船的朋友晓得他正在病中，相互告诫切勿前去打扰。4 月 3 日，船抵香港，唯恐杜月笙体力不支，难以应付盛大欢迎场面，因此，得讯赶来迎接的，只有少数的家人和亲友。

上海杜公馆的相关人员陆续到了香港，坚尼地台 18 号那幢房子比较简陋，而且不成格局，厅不像厅，房不像房，真正能派得上用场的没有几间。可是杜公馆来到香港的人，自杜月笙以次，有孙氏夫人、姚玉兰与孟小冬。长子杜维藩夫妇已经有四名儿女；次子杜维垣、三子杜维屏、五子杜维新，俱已建立小家庭。七子杜维善、八子杜维嵩还在读书，外加大小姐杜美如，孟小冬的义女杜美娟，光是家中的眷口便有二十多人。还有随从徐道生、司机小阿三、钟锡良、大司务及其下手，男仆陆圆、解子信，女佣阿妹、小妹四人。佣人就有十个之多。而坚尼地台18号一楼的房子，楼上住的是陆根泉一家，楼下的杜公馆既无庭院，又缺围墙，外面的人朝里望，可谓“一目了然”。全屋唯有一间半圆半方的大客厅，正房只有三间，其余小房都是用走廊空隙隔出来的，一间做了秘书胡叙五的办公室，另外三间住了长女杜美如和杜维善、杜维嵩两兄弟。姚玉兰和孟小冬住的两间，附在杜月笙的大房间外面，迎面相对，而且声息相通。将这几个人勉强分配好房间以后，再要住人，便毫无空隙，只够住一两个佣人，别的佣人必须住在外面，每天早出晚归。因此二夫人陈氏一度由台湾来到香港，只能住进新宁招待所，孙氏夫人则在外面与儿子同住。杜维藩一家六口便花两万港币，在建华街顶了一层楼。其余成了家的三儿一女，杜维屏住堡垒街，杜维垣、杜维新住在渣华街。二小姐杜美霞嫁给了金元吉，她是金公馆四少奶，金廷荪由上海带出来的一大家人，也住在渣华街上。

刚抵香港的杜月笙，由于精神体力的关系，加以当时环境所限，心情萧索，早已失却创办事业、养家糊口，做长期打算的壮志雄心。这么一大家人的生活所需，以及他自己每月在两万港币以上的庞大医药费用从何处出都成问题。据姚玉兰、杜美如等回忆，仅坚尼地台一处，一月开支至少也得六万港币之巨，有时候，姚玉兰还得自掏腰包贴补，一家人等于在坐吃山空！

六、百足之虫死而不僵

杜月笙带了一大家人初到香港，只能坐吃山空，用光为止。1949年离开上海的时候，他一共有两笔财产，一笔是10万美元，当初是预备作为子女教育费，交给了好友宋子良，请他带到美国代营“生意”；另一笔是出卖杜美路那幢大厦之所得，如今成了杜月笙走完人生最后旅程的费用。

早在1947年、1948年间，杜月笙已有意卖掉那幢一直不曾住过的杜美路大楼。后经杜维垣的美国朋友介绍，这栋大厦终以45万美元（一说48万美元）的价钱卖给了美国驻上海领事馆。这45万美元在上海花去了一小部分，剩下的成了养家糊口和保命的最后本钱。

可是，杜月笙时运不济，他自作主张去做一笔大生意，结果又损失了10万美元左右，使得他大受刺激，病体由此日趋沉重。事缘一位热心的四川朋友，想给杜月笙赚一大笔钱。他经常来往于重庆、成都与香港之间。据他所知，四川是年蚕丝产量特丰，价钱本低，又碰上了时局关系，因而一跌再跌，已经跌到成本之内。这位四川朋友早已决定斥巨资大肆收购，并且已接洽好中航公司的飞机代为运港。这批蚕丝运到香港以后，即令比市价再低，也可以有十倍八倍的利钱可赚。杜月笙一听，非常高兴，这岂不是千载难逢的良机，朋友极靠得住，生意更是十拿九稳，投10万美元进去，也许便在数日之间，就可以赚个三五十万，有这种好生意不做，更待何时？

不久，四川朋友告诉他，大部分的蚕丝都已经收购好了，货物集中在成都，只等中航公司的飞机开始履行合约，即可运港。杜月笙交付过股款以后，便等着赚钞票。万万料想不到的是，蚕丝方待启运，中国航空公司与中央航空公司的负责人带了12架飞机起义，一道飞往北平，使全国各线空运全部中断。运丝的合同无人负责，大批的蚕丝堆在成都运不出来，一时又找不到别的交通工具，那位四川朋友几乎为之破产，杜月笙也损失了10万美元，急得喘疾又发。

在相当长的一段时间里，杜月笙在香港的杜公馆，可谓门庭冷落车马稀。刚到香港不久，杜月笙便请袁树珊给他看了个相，当时，袁树珊曾郑重其事地告诫他说："杜先生，最近一段时期，你最好闭门谢客，任何人都不见，否则的话，恐怕会有是非。"

于是他命人写张条子，贴在房门口，词曰："遵医嘱，碍于病躯，谢绝访客。"

杜月笙虽然怕麻烦、不愿多见客，可是他那颗爱热闹的心，却并未因健康原因而稍减，即令气喘吁吁，爬不起床，每天还是巴望着家人亲友多走动，常来往。每天清早，多半是老兄弟顾嘉棠头一个到，他是专程前来打一个转，问声"月笙哥昨夜困得好？今早阿曾起来吃过物事了"？风雨无阻，问过便走，并不一定要见到"月笙哥"。等歇到了快吃中饭的时候，他如果没有应酬，这顿中饭便十有八九在杜家吃。杜月笙精神好，他便陪陪杜月笙，不然的话，就在外面饭厅陪陪杜公馆的熟朋友。

杜公馆人客虽少，饭厅里仍然每天中午准备两桌饭。一张圆桌，一张四方桌，通常那张圆桌面必定坐得满满，圆桌面坐不下了，再开方桌一席。经常来杜公馆吃中饭的，除杜月笙的儿子、儿媳、女儿、女婿，以及顾嘉棠、金廷荪、王新衡、骆清华、沈楚宝等人外，还有杜月笙的表弟朱文德、总管万墨林。这两位是在香港经常不离杜月笙左右的哼哈二将，朱、万二人为了往来方便，都在坚尼地台租了房子，而且和杜公馆近在咫尺，朱文德一家住在坚尼地台10号，万墨林一家住6号，等于隔壁。

杜月笙在香港有三桩消遣，一如在上海，其一是赌，其二是书，其三是唱。

赌，不仅规模缩小，而且输赢数目亦无法同当年在上海时相比，由于精神体力之所限，杜月笙只能玩玩十三张、罗宋牌九。为了凑兴勉强陪他玩的，有当年的豪赌朋友朱如山、徐士浩、盛家老五盛泮澄、吴家元、张公权的令妹张嘉蕊。为什么只打罗宋牌九？说穿了便是由于打罗宋牌九可以少用脑筋，坐看不动，而且时间不长，随时都能结束。输赢虽不能与当年相比，但是一场进出也有好几千港币。即使打这种费力不多的牌，有时候杜月笙还是会感到精神体力不支，只好喊杜美霞来代他接下去。

杜月笙的另一爱好是听说书。"说书"这一行业在香港始终不能生根，要找一位说书先生相当困难，好在当时有一些说书先生也从上海来到了香港，杜月笙选了其中的四位：张建国、张建亭兄弟，蒋月泉和王伯英，他请这四位说书先生轮流到杜公馆，每天一位，分别为他开讲《玉蜻蜓》、《双珠凤》、《英烈传》、《水浒传》、《包公案》等著名小说。听书成了杜月笙的日常功课之一，他用听说书来消磨时间，尤其聚精会神听书时，可以使他暂时忘却身上的病痛与苦楚。不过在当时的杜公馆，没有一个人还有这个爱好，当他一榻横陈、瞑目倾听说书时，往往房间里只有他一个人，充其量多上服侍他的徐道生，有时候万墨林、朱文德也来陪他听上一段。

“唱”的场面比较热闹，杜月笙身旁便有姚玉兰、孟小冬，再则由于杜月笙一生酷爱皮黄，他身边的人几乎个个都能哼上几句，而且其中不乏佼佼者。坚尼地台杜公馆每星期五必有清唱小聚，旅居香港的名票名伶，因为杜公馆有孟小冬在，莫不以一履斯境为莫大之荣幸。但是杜公馆的雅集只限于至亲好友、故属门生，经常必到的有赵培鑫、吴必彰、钱培荣、杜维藩、杜维屏、朱文熊、万墨林等人。马连良抵港以后，雅集又添一份热闹。王新衡只要有空，就会兴致勃勃地前往参加，他跟大家一样，称孟小冬为“孟老师”。

杜月笙在香港的朋友圈虽小，却也不乏名人。

杜月笙在香港的朋友中，有一位引人瞩目的便是当时被称为“香港杜月笙”的李裁法。李裁法原本是香港一个小流氓，日军侵占香港后，他趁混乱之际，当了日本宪兵队的密探，日本投降后，他摇身一变又成了社会名流。他在香港经营的丽池花园游乐场，曾被美国《生活》杂志誉为远东规模第一的游乐场。丽池花园游乐场设有餐馆、舞厅、游泳池、儿童乐园、高尔夫球场，一日可售门票两万余张，当时乃是香港最高档、规模最大的游乐场所。李裁法鉴于上海来客日多，原有的粤菜部不合上海人的口味，于是，由杜月笙一声交代，叫万墨林写封信回上海去，使黄浦滩上坐第一把交椅的大厨，连同全套班底，携家带眷，统统地搬到香港来了。自此，丽池花园游乐场增设沪菜部“德兴堂”，使营业额扶摇直上。李裁法本人又出任了东方体育会主席、北角街坊福利会副理事长、跑鹅区街坊福利会监事长、华侨子弟学校校董、孔圣会名誉会长、广东省政府参议等职，俨然香江名流、太平绅士，在白相人地界中声价之高，一时无二。

因为丽池花园游乐场的生意好得热昏，钞票赚得翻倒，看得眼红的人自然难免，所以不久，便有英籍犹太人查理斥巨资，在丽池花园游乐场的附近建造了规模相当豪华的“天宫夜总会”(Sky Room Night Club)。查理人称“香港舞厅大王”，和李裁法的绰号“夜总会皇帝”，势均力敌。他创办天宫夜总会，投资达港币一两千万之巨，尤其是开在北角，其用意明显是为了争夺李裁法的生意。

天宫夜总会开幕之日，盛大宣传，多方招徕，白相的朋友喜好新鲜，丽池花园方面当然受到很大的影响。正当丽池花园给天宫夜总会“吃瘪”的紧要关头，李裁法突然接到坚尼地台杜公馆的电话，万墨林特地关照：“杜先生要到丽池来捧你的场，请你先留好座位。”李裁法当即亲自安排一个最好的座位，亲自在丽池大门口肃立迎接。届时，杜月笙座车驶到，他带着家人朋友谈笑风生，入场观看节目。

杜月笙到了丽池花园的消息不胫而走，消息传到天宫夜总会，流连于天宫的上海客人不论认识或不认识杜月笙，一听杜月笙正在丽池花园白相，纷纷赶到丽池花园。从这一天晚上开始，天宫夜总会的经营便一蹶不振，开始走下坡路，而丽池花园游乐场却由于杜月笙的捧场，成为上海白相朋友的大本营，生意日隆。

有一天，李裁法前往拜见杜月笙，向杜月笙报告他有一个构想，准备在九龙青山开设一家高级酒店，规模不必太大，但是装潢布置必求达到极致，目的是使它成为香港最豪华的旅游去处，高贵场所，使达官贵人、百万富翁都将心向往之，一掷千金。杜月笙对李裁法这个构想很有兴趣，当时便问开设这样一家酒店需要多少资本？李裁法说需要港币 30 万元，他自任一半，其余一半招股，并希望杜先生担任董事长。杜月笙听了，哈哈一笑说："你的心意我懂。你把这稳赚钱的生意要我代为邀股，无非是为捧捧你的场。既然是捧场的事体，又何妨捧足输赢？这里是香港，不是上海，干脆我当董事，你当董事长。"他花了几天工夫，帮李裁法创办的酒店邀到了几位声势显赫、身价巨万的股东。经杜月笙一手促成的香港九龙青山酒店，虽然只有二十几套房间，但是内中悬挂的世界名画，常有专程前往参观的世界各国艺术家。青山酒店坐落于海滨，设有专供顾客游泳的私家海滩，酒店的西餐，烹调之美，有口皆碑，自公路上通往青山酒店的一条汽车大道，属于青山酒店私有，每隔十米便设一座大铁架，路旁满半月形的花圃，遍植奇花异卉，彩色缤纷，吸引许多影片公司到青山酒店拍外景。

七、"言（闲）话一句"仍有余威

（一）帮胡文虎免灾

杜月笙在香港虽然缠绵病榻，但一些有名人物遇到难以解决的问题，莫不要到坚尼地台去向"杜先生"相求。杜月笙照样能"言（闲）话一句"把事情摆平。相传南洋华侨巨子、虎标永安堂大老板、星系各报的创办人胡文虎，在香港拥有绝大的势力，却也曾请杜月笙帮他摆平一件事。胡文虎经人介绍，结识一位上海女郎叶桂芳。她有一位姘夫彭文龙，是个拆白党的角色。胡文虎虽然和叶桂芳交情泛泛，但是因为胡文虎是百万富豪、南洋侨领，彭文龙便设下仙人跳之计，让叶桂芳讹诈胡文虎。一开口便讨二三十万港币，扬言如不应允，则要在香港九龙轮渡上跳海自杀。胡文虎懂得这一招儿的厉害，轮渡上众目睽睽，有人跳海一定救得起来，那时候叶桂芳便将啼哭不已，申诉她的“委屈”，胡文虎对她如何如何，使胡文虎跳到黄河里都洗不清，必定要闹出头条社会新闻来。

二三十万港币对胡文虎来说并不算一回事，但是他不甘无缘无故被人敲诈，于是将这件事的前因后果告诉了杜月笙，希望杜月笙能够替他把事情摆平。杜月笙了解到胡文虎同叶桂芳仅仅是在一间俱乐部经友人介绍而相识，并无深交，便让李裁法去摸一摸情况。李裁法很快获知他有一个学生陈彼得，同叶桂芳的姘夫彭文龙是好朋友。陈彼得一探口气就明白了这是一局仙人跳，要对胡文虎大敲一票。于是，李裁法叫陈彼得关照对方说，胡文虎是杜月笙先生的八拜之交，而李某人不但是杜先生的后生晚辈，而且唯杜先生之命是从。这件事杜先生已经晓得了，而且很生气，对方果真如此，不妨放马过来一搏。话传过去以后，彭文龙和叶桂芳就此销声匿迹，胡文虎的一场无妄之灾终告解除。

（二）助朱如山免于尴尬

另一件事也说明杜月笙此时仍然宝刀不老。上海叉袋角豪富朱如山全家来到香港后，不久便有香港颇具势力的《罗宾汉报》，逐日连载专栏《朱门丑史》，虽非提名道姓，但是书中人物之为朱如山家中眷口，则呼之欲出，使得朱如山大为尴尬。如打官司，又怕沸沸扬扬，传闻更广；如果不理不睬，则使一大家人心惊肉跳，坐立不安。他打听到写《朱门丑史》的作者是存心要为难朱如山，要使《朱门丑史》中断，委实相当不易。朱如山迫于无奈，只好求救于杜月笙。杜月笙心知李裁法和香港报界朋友关系密切，便打电话把李裁法请来。杜月笙一问之下，得知《罗宾汉报》的社长徐镇南恰巧是李裁法的门徒，于是便正式委托李裁法去处理这件事。李裁法找到徐镇南，简单明了地告诉他：“杜先生关照过了，《朱门丑史》不能再登！”这“言

（闲）话一句”立即生效，第二天，《罗宾汉报》即宣布《朱门丑史》自本日起不再刊登。李裁法和徐镇南办事十分彻底，由徐镇南花了一笔钱将《朱门丑史》的稿子买下后销毁，自此以后，别的报刊也不曾刊载《朱门丑史》了。

（三）为李祖永讨回被老千所骗港币

杜月笙在香港为各界朋友解决问题，渡过难关，其中戏剧化而妙不可言者，是帮富豪李祖永跳出香港老千集团所设的陷阱，讨回被老千骗取的港币。李祖永拥有巨资，为人精明，香港是他的旧游之地。他见多识广，不会轻易上别人的当。不料香港的老千集团规模庞大，策划周密，使李祖永也一个跟斗栽了进去。

当时，李祖永在香港拥有港币一两千万元之多，堪称上海来客中最有身价者之一，遂被香港老千集团盯上，千方百计套他一套。一日，李祖永和上海影业巨子张善琨同席，张善琨想要在香港发展香港影业，准备在香港组建“永华影业公司”。而拥资千余万的李祖永，正在寻找投资机会，商谈之下，李祖永决定同张善琨合资组建“永华影业公司”。

李祖永斥资组建永华影业公司的消息刊布于香港各大媒体以后，香港一老千集团便拟订了套牢李祖永的缜密计划。李祖永常到香港中环一家俱乐部赌钱，其间，认识了一位赌友谈得相当投机。一天，这位赌友向李祖永说起，他得知有一位美国华侨家财万贯，有意到香港来投资。遂鼓动他说：“你是上海大有名气的事业家，那位华侨一定听说过你的鼎鼎大名，只要你肯出面，他还有不放心在香港大量投资，跟你合作的吗?”几句话说得李祖永怦然心动，他想筹组中的永华影业公司如能找到这个大户头，规模可以更大，营业前景也就更为可观，像这种水到渠成的美事，他又何乐而不为？于是，当时便约定了双方合作的“方式”，华侨抵港之日，一道赴启德机场接机。

届时，自美国飞来的客机抵达，果然有一位衣着考究、器宇轩昂的“华侨巨子”远自美国飞来，一群香港老千簇拥着不明就里的李祖永趋前迎接。而那位“华侨巨子”更是一副大老板的模样，其神情表现之高贵典雅，令李祖永肃然起敬，由此深信华侨富商身价之高，断非自己可比拟。

李祖永在认定了这确实是一个好户头后，便准备好好地联络一下。他的赌友告诉他说，“华侨巨子”为了这一趟香港行，既不住旅馆，也不在朋友家中下榻，特地在浅水湾买下一幢别墅，作为燕居之所。场面摆得如此之足，不由得李祖永不自投罗网。他自此便把接待“华侨巨子”、商讨投资大计当作头等大事来办，约好了时间，在浅水湾别墅举行投资问题的谈判。届时李祖永盛装赴会，却只见到那几位老千朋友，而“华侨巨子”却迟迟未到。众人在豪华客厅里等得无聊，有人提议何不因陋就简，来玩玩猜角子游戏，聊以解除寂寞。李祖永也觉得闲来无事，既然彼此都是“朋友”，倒也赌得兴高采烈，相当起劲儿，结果中招。最初让他赢了港币十万，最后却输了港币二十万。但是李祖永并非弱智，他脑筋一转，立刻明白了毛病出在哪里，因此漂漂亮亮地掏出支票簿，二十万港币除却早先赢到手的十万，他开了一张十万港纸支票，双手奉上，推说自己还有重要约会，匆匆离开了那幢浅水湾豪华别墅。

当夜他便去坚尼地台路拜望杜月笙，义愤填膺，诉说香港老千集团设计诈赌骗财的经过，那位“华侨巨子”根本就是假的。冒充的方法很容易，只要买一张由香港往返美国的飞机票；赌猜角子，十二枚会变成十三枚，无非帮他忙收钱捋钱的老千朋友，觑个机会多放一双角子进他的口袋，使他明明数十二枚会变成十三枚，如此这般，焉得不输？杜月笙听了李祖永的痛切陈词，大不开心。香港老千集团天下闻名，他们有的是路道，为什么偏要拣我杜月笙的朋友下套？一怒之下又请来了李裁法，对他说：“李祖永在香港花十万港币、二十万港币不要紧，但是这一件事情，做好了圈套叫人家往里面钻，未免坍了上海朋友的台！”

李裁法一听杜先生说出这话，觉得事关重要，要竭力设法解决。他得知香港总探长姚某人对所有老千集团的情况了如指掌，这一次只好找他帮忙。李裁法将李祖永遇骗一事的来龙去脉说了个一清二楚，然后，他郑重其事地告诉姚某人说：“这件事情非同小可，因为杜先生已经光火，他说过，他在香港已经面皮坍光。”

姚某人和李裁法一样，也敬仰崇拜杜月笙。平时，因为杜月笙在香港自立门户，从不惊动官府，反倒使香港总探长姚某人不得其门而入，始终未能谋面。如今得着这个为杜门效力的机会，能不特别尽心？于是，当李裁法把杜先生光火了的话传过去，不到两天，姚某人即已私下将骗案揭破，李祖永的那张十万港币支票还不曾兑现，便由姚某人邀同李裁法双双送呈杜月笙。杜月笙很高兴，嘉勉了李裁法和姚某人一番，继而想起那个老千集团为了套牢李祖永，所花费的钓饵本钱也不在少数，想想他又自己掏腰包，拿出两万港币交给姚某人，请他代为打发。

（四）开设中国航联保险香港分公司

中国航联保险公司系由徐学禹担任总经理，总公司设于上海。徐学禹逃到香港后，很想把这个机构在香港加以恢复，成立中国航联保险公司香港分公司，于是便去和杜月笙商量。按照港英当局的规定，航联在香港设立分公司，需要缴纳五万美元的保证金。杜月笙听了就说钱没有问题，上海朋友能在香港成立一个实业机构也是好的，即使没有生意，形同虚设，最低限度可以设立若干名义，让自家人有个头衔和职业，免得香港政府指为无业游民，不准居留。

杜月笙表示五万美元保证金不妨由他筹措垫付，徐学禹便兴冲冲地设立起中国航联保险香港分公司来。公司成立，推杜月笙为董事长，杜月笙、徐学禹、杨管北、宋汉章、钱新之为常务董事。杜月笙的门徒、前中华实业信托公司副总经理、华孚保险公司总经理沈楚宝担任总经理，杜维藩当上了财务经理。“中国航联保险公司董事长”于是成为杜月笙一生的最后一个职务。

杜月笙深感精神体力难以支撑，除当一名航联保险公司挂名的董事长外，对于业务情形始终未见起色的保险公司，简直提不起创办事业的劲头和兴趣。一个月六万港币继续不断地花下去，坐吃山空，终有床头金尽的一日，想想心急，杜月笙也禁不住唉声叹气，忧心忡忡，却是依然一筹莫展。

一天，弟子袁国梁来探望，杜月笙叹息地说：“坚尼地台这边随便怎样紧缩，至少也要五万多块港币才够，我一生一世不曾算过家中用度，唯有隔一段辰光越算就越心急。”袁国梁便请他宽心，最低限度生活费问题总归容易解决。不料杜月笙突然问袁国梁：“你最近都在做点啥个生意？”“有时候做做股票，有时候做做棉布。”袁国梁回答。杜月笙紧接着又问：“赚铜钿吗？”袁国梁回答：“不一定。”于是杜月笙便关照他说：“你跟荣尔仁两个人，给我留心留心看，有机会就帮我做两票。”

隔不多久，袁国梁轧准了买进一笔股票，可以赚个几千美元，他决心帮杜月笙做五十张。但又心生犹疑，老夫子交代过他：“眼光要轧准”，万一轧不准做赔了时又将如何？因此他决定把话说得含混些，只对杜月笙说，他已代做了某某股票五十张，买进的价钱是多少，时间在某月某日几点。杜月笙听袁国梁说了，立刻便命人开支票，归还押金。袁国梁便连称不必，他说恰巧有一笔多余的头寸，这笔押金就由他垫着好了。他的用意是倘使自己眼光不准做蚀，他便自己赔出差额，算是他自家做的，杜月笙那边就说当初也不曾拿出押金来。帮杜月笙做生意比自己投机、赌博更加紧张，好不容易等到某某股票涨价，涨到了相当的程度，袁国梁战战兢兢、小心谨慎地向杜月笙请示，马上抛出。事后一算，便在这一进一出之间，袁国梁果然轧准了，他替杜月笙赚了几千美元。

旗开得胜，赚了铜钿，袁国梁再替老师做生意时，胆量就比较壮些。没过多久，他又满脸喜色地来到杜公馆，告诉老夫子说：细布的价钱，大有蹿高之势，很可以趁此机会，做它一笔。杜月笙的答复是：只要你认为可以做，尽管放手去做好了，要多少本钱，早日通知我一声。可是，这第二笔生意却赔了将近三万港币。对杜月笙和袁国梁来说，三万港币并不算什么大数目。如今这第二票赔了三万港币，袁国梁晓得杜月笙听后必定一笑置之，但是他总觉得难以启齿。他最后决定，赔了的三万港币算在他自己名下，另外再贴五千元港币，就说是赚来的，图个老夫子病中高兴一些。当袁国梁向杜月笙报账、双手奉上“赢利”五千元港币时，杜月笙听完袁国梁的报告，顿时哈哈一笑，说道：“国梁，这五千元港币你收回去，然后你告诉我，这一票究竟蚀了多少？”袁国梁心想杜月笙莫非有未卜先知之明？他躺在床上怎知道这票细布是蚀了本的呢？杜月笙向他讲解道：“这票生意要是赚铜钿，绝对不止赚三千五千元港币，赔了的话呢，数目必定可观。你为了使我开心，多一半只会说赚得多，绝不会讲稍许赔了一点点，赚九千元港币你会给我添成一万元港币，赔一万元港币你会反说赚了几千元港币，然后将赔了的和给我的一概算在你自己账上。国梁，你说我讲得对吗？”袁国梁只好坦白承认，赔得不多，只不过两万零八九千元港币。

（五）年过花甲再当新郎

杜月笙在60岁这年，突然宣布要同孟小冬结婚，再当新郎！孟小冬出身于梨园世家，祖父孟七出身徽班，擅演文武老生兼武净，父亲、伯、叔都是京剧演员，所以孟小冬自幼便选择了从艺的道路。孟小冬生于上海，7岁拜姨夫仇月祥为师，学唱孙（菊仙）派老生。她天生一副不带雌音且洪亮的好嗓子，又练功刻苦、悟性极佳，很快便小有名气。1916年年仅9岁时，她在上海哈同花园首次登台演出《乌盆记》。她把孙派老生的唱功、行腔、念白，表演得有模有样。1919年，她随王家髦儿戏班到无

年轻时的孟小冬

锡的新世界屋顶花园演出，小小年纪就成了戏班的主角。同年年底，她在上海城隍庙劝业场唱戏时，被“大世界”游乐场的老板黄楚九发现，用重金挖走。

1924 年，孟小冬来到北京参加永庆社、庆麟社、崇雅社等坤班的演出，频繁往返于京、津两地。其时她正值豆蔻年华，光彩照人，台风、演技竟能与当时著名男角老生相匹敌，一时成为风靡京城的红角。

1925 年，北京取消了男女不得同台演出的限制，孟小冬参加了北京第一舞台的盛大义演，与裘桂仙合演《上天台》。那时最红的旦角是有“伶王”之称的梅兰芳，以男性扮女角；最红的生角便是孟小冬，以女性扮男角。有好事者大力促成他们合作，二人演出了《四郎探母》、《游龙戏凤》等戏，男、女角色颠鸾倒凤，演出精彩纷呈而又不乏浪漫。大家进而更撮合他们成了一对佳偶，成为轰动剧坛的佳话。1926 年，北洋政府的财政总长王克敏为五十大寿唱堂会。由梅兰芳与孟小冬演《游龙戏凤》，台上的游龙戏凤，变成了台下的恩爱鸾俦。戏假情真，梅、孟二人真的有了恋情。1927 年春，19 岁的孟小冬嫁给了 33 岁的梅兰芳。但是，梅兰芳的夫人福芝芳却不让孟小冬进梅家大门，梅兰芳只好同她住在东城无量大人胡同的一所四合院里，此院名为“缀玉轩”。孟小冬当时乃是北平许多达官贵人、王孙贵胄心目中的偶像，暗恋她的，就有京城达官之子王惟琛。王惟琛对孟小冬心仪已久，鉴于梅兰芳与孟小冬结婚后不再登台唱戏，因此对梅兰芳颇有敌意。一天，王惟琛到梅家寻衅，碰巧梅兰芳正在午休，他的老友张汉举出来接待。王惟琛见出来的不是梅本人，便迅速拔出手枪抵住张汉举，强令他把梅兰芳叫出来。张汉举勉强压住内心的惊慌，把梅兰芳喊了出来。梅兰芳见状，先是一愣，迅即明白过来，只说一声“我立刻打电话去”，便不见了身影。不久梅宅被大批军警围住，王惟琛见了军警，顿时惊慌失措，拔枪就射向张汉举。听到枪响，军警一拥而上，王惟琛当即饮弹倒地，旋即毙命。“缀玉轩血案”发生后，社会舆论大加炒作，使梅、孟二人的绯闻闹得沸沸扬扬。梅兰芳、孟小冬无可奈何，不得不宣告分离，此后多年，孟小冬坚决避免与梅兰芳相见。1931 年，在杜月笙家祠堂落成的堂会中，南北名伶会聚一堂，孟小冬却因梅兰芳在场，为避免尴尬，拒而不出。

1938 年 10 月，孟小冬在北平拜余叔岩为师。余叔岩是和梅兰芳同时代的京剧艺术大师，他与马连良、高庆奎并称为京剧第三代的“老生三杰”。孟小冬成为余叔岩晚年唯一承认的女弟子。入门以后，孟小冬一面虚心向师傅学艺，一面悉心侍奉师傅。1943 年余叔岩去世，孟小冬以“为师守丧三年”为由，隐居不出。1945 年日本投降后，杜月笙回到上海，姚玉兰和几个子女还留在重庆，杜月笙遂把孟小冬从北平请回上海，过起同居生活。1946 年姚玉兰回到上海，孟小冬借口老母放心不下，返回北平。

1947 年，杜月笙借庆祝 60 岁生日举办赈灾义演，邀请孟小冬前来参加。为了避免同梅兰芳碰面，孟小冬在义演结束的第二天就返回了北平。杜月笙随即派人赴北平以孟小冬的名义买了一处住宅，作为对她的酬答。1948 年，孟小冬再次应姚玉兰之邀请来到上海，同杜月笙住在十八层楼长租的公寓，悉心照料杜月笙的病体，俨然成为杜家的一员。上海解放前夕，孟小冬随杜月笙一家离开上海，前往香港。

杜月笙的儿子杜维善在《父亲与孟小冬的往事》一文中，谈到杜月笙同姚玉兰、孟小冬和梅兰芳之间的关系：“父亲与梅兰芳很早就认识了，梅老板每次来上海都来拜访我父亲。”“我

杜月笙和孟小冬在香港

父亲娶孟小冬做太太，是梅、孟两人分开以后的事情。因为都是京剧演员，孟小冬很早就和我母亲、外祖母比较接近。孟小冬离开梅兰芳一段时间后，和父亲结识，正式有往来是在20世纪40年代。母亲把孟小冬当成自己人，也并不介意。她俩的关系时好时坏，有时候会吵架，一生气她（孟小冬）就回了北京，过几个月又没事了。”“我猜想父亲暗恋孟小冬好久了。一方面，她唱得很好，用现在的眼光看，她也称得上是一位艺术家；另一方面，孟小冬比较会用心计，也很会讨父亲喜欢，在我父亲面前常常会说笑话，逗他开心。孟小冬除了普通话，上海话讲得也很好，父亲可能跟她交流起来就比较顺畅。不像我母亲，虽然嫁给父亲那么多年，但基本不会讲上海话。”“梅兰芳与孟小冬的分手，并不是那么简单，可能牵涉了很多很复杂的问题。”“父亲和梅兰芳的关系，也并没有因为孟小冬而受到影响。”“我想孟小冬对我父亲还是有感情的，否则她不会跟父亲一块儿到香港来。父亲在去世的一年前和她结婚就是给她一个名分，否则在遗嘱里怎么分财产呢？除了我们家人之外，那天参加婚礼的人并不多，大家一起吃了顿饭，拍了几张照片。”“婚礼那天，孟小冬很高兴，久病的父亲也难得有了精神，他带病陪客。”“孟小冬与父亲结婚后，我们喊她‘妈咪’，管自己的母亲叫娘娘。平时，孟小冬喊我母亲叫姐姐，在与父亲成为夫妻前，因为都是京剧演员，她们的关系都不错。孟小冬跟母亲的关系时好时坏，有时候总归要吵架，她们中间有时候也有很多事情摆不平。”“1952年，我们和母亲先去台湾，孟小冬先是一个人待在香港，直到1967年也到了台湾。孟小冬到台湾以后生活平淡，她自己租一个房子独住。她早年在北平时领养过一个孩子，关于她怀了梅兰芳孩子的事是谣传。孟小冬晚年过得不错，她没什么经济来源，就是靠我父亲留给她的和她自己当年挣的钱过活，她对钱也没有特别多的需求，就是希望有朋友每天到她那里去，像我太太、二姐去她那里打牌她就知足了。孟小冬对我们很亲近，拿我们当自己的儿女一样，我们对她也很好。每天她家里面都有人，我母亲天天去。"姚玉兰之所以邀请孟小冬来到上海与杜月笙同居，是为了共同对付杜月笙的前两位夫人，因为姚玉兰在成为杜月笙的第四位夫人后，二夫人和三夫人不许她入住杜公馆，她只能住在外面的十八层公寓。而她同孟小冬是结义姐妹，又同为京戏演员，可以结成"统一战线"，共同对付二夫人和三夫人。

1950年，杜月笙听到中国政府准备收回香港的传闻，觉得香港难以立足，想迁居法国。当时杜月笙计算，连同顾嘉棠和万墨林两家，一共需要多少张护照。当着房中诸人，孟小冬淡淡地说了一句："我跟着去，算丫头还是算女朋友呀？"一语方出，环室肃然，一个相当重大的问题被孟小冬提了出来。杜月笙遂下定决心，当众宣称：要践履诺言，尽快与孟小冬成婚。杜月笙与孟小冬已成夫妻，早成事实。如今杜月笙缠绵病榻，天天靠吸氧气过活，而且正值避难香江，又何必大事破费，多此一举？但是杜月笙决意在自己临终前完成这一心愿。决定之后，杜月笙吩咐万墨林立刻筹备，因为在孟小冬之前杜月笙还有四位夫人，再加上杜月笙自己抱病在身，出不了门，所以原则上不举行仪式，喜宴只在坚尼地台杜公馆举行。邀请的唯有杜月笙的至亲好友，但是杜月笙坚持要叫最好的酒席。万墨林便渡海到九龙，在九龙饭店点了九百元港币一席的菜，把九龙饭店的厨师统统请到杜公馆来。

喜期已近，坚尼地台楼下的大厅不够摆，因为喜宴有十桌之多，临时又借了楼上陆根泉的那间大厅，邀请的亲友全部到齐。

杜月笙力疾陪客，当63岁的老新郎，颇感欣慰，孟小冬的脸上也绽放出了笑容。杜月笙在港的儿子、媳妇，女儿、女婿一一前来重新见礼，一律跪拜磕头如仪。“妈咪”送了他们每人一份礼物，女儿、媳妇是手表一只，儿子、女婿则一人一套西装料。

孟小冬一生未生育，有个养女随她的姓，名叫孟俊朗，孟小冬进入杜家后她改名杜美娟，成为杜公馆的三小姐。杜美娟成年后找了个华裔美国官员的男朋友，孟小冬虽然反对，女儿却执意结了婚，孟小冬便断绝了同她的母女关系，即使女儿又回到家门前长跪一夜亦未肯接纳。母女从此分离，直到孟小冬孤独终老也没再见面。

（六）病危不起

1950年，马祥生、叶焯山因为在历史上杀害过革命烈士，以反革命罪被枪决。兔死狐悲，杜月笙闻讯后痛哭失声，他的喘疾骤然暴发。这一次喘病来势凶猛，杜月笙满头满颈青筋蹦起，大汗淋漓。吃药、打针、喷药，一概失去作用。只好中西并重，经常来为他把脉开方的医生有中医四位、西医三位，杜月笙身体却不见起色。几个月下来，他自嘲说：“如今我是拿药当饭吃，拿饭当药吃了！”最后西医提出只好用氧气。氧气罩一罩上，他便喘得好些，呼吸也能渐渐地平复。情况最紧急的时候，所有的医生不约而同地向杜公馆的人暗示，应该有所准备。因此杜公馆上上下下乱成一团，所有杜月笙在港的太太、儿女、孙儿、孙女，每天都到坚尼地台路守夜，以防万一。

杜月笙这一次病情恶化持续了一个多月，直到盛夏来临时，喘病才渐渐缓解。遇到他体力可支，精神好些，杜月笙总是在下午或者傍晚，主动地关照万墨林，拨几个电话，看哪些朋友有空？请他们到这里“白相相”。所谓“白相相”，是指他嗜好终生的赌博。1950年夏季以后，经常到坚尼地台路来陪杜月笙赌博的，除了原有的老搭档盛泮澄、朱如山等，又添了盛宣怀的五小姐，还有严欣淇、吴家元和杜月笙的一位得意门生上海鲍利造纸厂总经理徐大统。

不打牌的时候，杜月笙新添了一门兴趣：聊天。平时，杜月笙向来不爱多说话，尤其是在家中，他既无谈话的对象，也没有闲聊的时间。现在情形大不相同了，闲得在为打发时光发愁，因此他又喜欢找人闲聊，把当年的往事，一生的交游，以至于国际局势的演变、国家未来的远景等作为谈资，话匣子一打开，便滔滔不绝，谈得兴高采烈。他的忠实听众，除了日常走动的顾嘉棠、秦联奎、朱鹤皋等，还有住在隔壁的朱文德、万墨林，从早到晚随侍在侧的徐道生、太太、子女，后来还由他自己主动找来一位听众吕光。这些谈话成了人们了解杜月笙一生经历的重要资料。

1950年的某天上午，杜月笙把表弟朱文德喊进房间，十分机密地告诉朱文德说，有一笔美元，交给在美国的宋子良，请他代为投资。宋子良说是把这笔钱买了美国股票，倒还赚了些钱。他叫朱文德代笔，写一封信给宋子良手下的席德懋，请他把股票生意的经营情形，开一份清单，尽快寄到香港来。

晚间，袁国梁来探望，杜月笙命他在小房间里陪吃煨面，突然之间他眉头一皱，向袁国梁摇头苦笑，说是："怪呀！怎么我这两只脚，一下子变得一点气力也没有了呢?"袁国梁将杜月笙半抬半扶，送回了房间，杜月笙睡到了床上，连连摇头，自言自语："不对了，不对了！这次不对了！"原来他偏瘫了！杜公馆迅即陷于一片混乱，姚玉兰和孟小冬闻讯匆匆赶来，杜月笙吩咐家人去喊医生。

丁中医师和陆西医师一前一后地赶到杜公馆，把过了脉，听过了心音，仿佛并没有什么毛病。两位夫人唯恐深更半夜生变，请陆医师留下来，通宵守候。午夜一时，徐道生快步走到客厅，直趋朱文德面前悄声说："杜先生请你。"朱文德进房间以后，过了不久便跑出来了，告诉大家：杜先生关照我，打电报到台北，请陆京士火速赶来香港。大家的心往下一沉，陆京士时在台北，公务繁忙，杜月笙请他火速来港，准是自知病危不起。朱文德随即命人拍急电到台北，电文由他口述四个字：“病危速来!”7 月 31 日接陆京士的复电，订于 8 月 1 日自台飞港。农历六月二十五中午，杨志雄来探疾，杜月笙把房门关上，请杨志雄落座，然后自己躺了下来。他神情肃穆地对杨志雄说：“我今朝要跟你谈一件正经事情。我告诉你，我不想活了。”杨志雄闻听大吃一惊，只好打个哈哈，满不在意地答道：“月笙哥，阿是侬今朝心里弗开心，侬阿是要向我发发牢骚?”杜月笙对杨志雄说：“志雄兄，我跟你相交已久，素有渊源，而且特别地有缘分，因此之故，我才把我在别人面前从来不说的话，说给你听。我老老实实告诉你，我实在是不想活了，我为什么不想活？其中原因，我想你至少可以晓得一半。”杨志雄这才明白，只好无可奈何地说：“月笙哥，自从我们逃出黄浦滩，所有的朋友，哪一个没有困难？你只要想想，困难是人人免不了的，你就可以心安理得，撑过这一段日子，将来总有重回上海的一天。”

“你说的不错，志雄兄，你们都可以重回黄浦滩，就只是没有我杜月笙了！我老实不客气地告诉你，如今我存在香港的钱，几乎全部用光。我早就晓得，我这笔钱用光了的时候，我就唯有死路一条。”

因为，此时在香港的杜月笙，可谓坐吃山空，心情忧郁。这次他来香港，除随身所带的有限外汇外，最大的一笔钱就是出售杜美路住宅得来的 45 万美元，把存入银行的利息，作为日常家用开支。而在日常生活中，单就医药费一项，每月至少为 6000 元港币，加上其他费用及济助亲友款项，每月至少非 3 万元不可。在坐吃山空之下，经过两年，其银行存款已接近枯竭，他如何不觉得恐慌？此外，他虽然尚有十万美元，由宋子良代他在美国营运，但事隔多载，盈亏难料。何时可以汇返，亦无把握。即使立刻到手，区区十万美元也禁不住几年开销。更重要的是，他这次来港，原欲在政治上以超然姿态，可是在大环境上，他却仍处于“树欲静而风不止”的尴尬境地，这是他心中的最大的疙瘩。这是杜月笙和杨志雄推心置腹、坦诚相见的最后一次倾谈。

8月1日，由于香港刮起台风，台北的松山机场宣布停航，陆京士在松山机场急电香港，改在8月2日启程。8月2日上午，朱文德从机场打来电话说，陆京士今天一早五点就跑到了松山机场，此刻正在办理登机手续，马上就可以到来！杜月笙将信将疑。突然，一大群人簇拥着陆京士进来，在陆京士身后的是吴开先、沈楚宝、朱文德和杜维藩。

杜月笙一见陆京士，情不自禁，喜极而泣，抓住陆京士的手牢牢不放，还用左手在陆京士的手背上一遍又一遍轻轻地抚拍。他拉着陆京士的手同自己并肩坐下，又招呼吴开先、朱文德、沈楚宝和杜维藩也落了座。佣人立刻送上饭来，杜月笙眼睛望着陆京士，伸出右手去接饭碗，那只右手由于过度兴奋和激动，一直在簌簌发抖。佣人确实已将饭碗递到了他的手上，他也接住了，然而，饭碗却“当啷”一声摔到了地上。他预感“这回我是爬不起来了”!

从这一天起，陆京士昼夜侍疾，衣不解带，他心知师徒相处的时间已经有限，须臾不忍离开。更重要的是，杜月笙随时都会有机密大事和他相商。

陆京士对于杜月笙的康复业已绝望，而且听各位医师的口气，仿佛还在暗示他应该及早预备后事，迟则唯恐不及。这时候他极其为难，煞费踌躇，后事如何办理？必须杜月笙自己先有所交代，否则的话又叫他怎样开得出口。尤有甚者，替杜月笙办后事将会十分困窘。据陆京士当时了解，杜月笙的经济情况，不但不如外间所传那么富有，相反地，可以说是已非常拮据，而且杜月笙还有四房妻室、八个儿子和三位女儿。

（七）弥留之际

8月4日早上，杜月笙醒来张口便说："京士！趁此刻我精神还好，我要和你谈谈，怎么样办我的后事了。"杜月笙语调十分平静、低沉。"此地是香港，不是上海，我们在这里总算做客，所以丧事切忌铺张，从移灵到大殓，前后绝不可以超过三天。我去的时候就着长袍马褂，这是我着了大半辈子的衣裳。不过有一桩要多用铜钿的事，一定要买口好棺材，我不要葬在香港，活着的时候我因为这个气喘毛病，到不了台湾，死了我还是要葬到台湾去的。"

关于遗嘱的拟订、财产的分配，杜月笙仅大约指示了几项，让陆京士邀钱新之、顾嘉棠、金廷荪、吴开先、徐采丞六位先来商量一下。8月6日下午7时，钱新之等六人在客厅里屏退诸人，密商杜月笙的遗嘱。陆京士首先发言，报告杜月笙在这几天里所关照他的各项原则，并且透露，接到香港的电报，已知道杜月笙的后事必须及早安排，他曾访晤了洪兰友、陶百川、刘航琛、王新衡和吕光，向他们请教如何办理杜月笙身后事宜。于是把这五位杜月笙知己友好所提供的意见，逐一加以陈述。遂由在座的六位参酌杜月笙本人所提出的原则，再加上台北友人的建议，接连起草了三份遗嘱稿，其中一份为遗产分配。由于当时没有人晓得杜月笙究竟还有多少钱，只能作原则性的分配，定为杜月笙的四位太太和八儿三女，各获遗产的一半为原则。四位太太平分杜月笙遗产的另一半，八儿三女之中，则规定未成家的比已成家的多得二分之一。九点，三份遗嘱草稿均已拟妥，杜月笙犹清醒着，于是，六位友好和门人一同拿着三份遗嘱稿，相继进入杜月笙的房间。当时，孙氏、姚玉兰、孟小冬和杜月笙的在港子女，均在他的病榻之旁或坐或立。由陆京士宣读三份遗嘱的内容，杜月笙聚精会神，注意倾听，他偶尔打一个岔，修改若干字句，但是从大体上来说，他几乎是全部同意。钱新之、金廷荪、顾嘉棠、吴开先、徐采丞、陆京士被指定为遗嘱执行人。钱新之是多年老友，金廷荪、顾嘉棠是结拜兄弟，吴开先也是结交二十年的好友，徐采丞则为杜月笙的心腹之一，陆京士为恒社的首脑人物，他跟杜月笙之间，一向情同骨肉。

8月6日之夜，当陆京士宣读遗嘱时，杜月笙在香港的三位夫人、四子三女，均闷声不响，毫无异议，一件大事就此风平浪静地解决了。等到遗嘱当众确定之后，杜月笙才从容不迫地说出他的遗产数额。“我只有一笔铜钿，留给家属作生活费用，这笔钱我是托宋子良先生保管的，数目是十万美元。因为宋先生代我用这笔钱买了股票，多少赚着一点，大概有十一万美元。”当时，在场的人无不为之惊怔错愕，谁也没有想到，一辈子在金山银海里面挥金如土的杜月笙留给家属的遗产，居然只有十一万美元，折合港币，不过六十多万元。杜月笙说完了话，长长地吁一口气，然后轻轻地合上了眼睛。据其长女杜美如回忆，这笔遗产具体分配大致如下：每个太太拿1万美元，长子拿1万美元，没出嫁的女儿拿6000美元，出嫁的拿4000美元。在此之前，杜月笙销毁了历年别人写给他的所有借据，他对子女说：“我不希望我死后你们到处要债。”此后，钱新之、顾嘉棠等人辞出，由陆京士陪侍在病榻之侧，杜月笙的家属也守候在周围。夜间，杜月笙时醒时睡，神情十分疲惫，凌晨对陆京士说：“京士，我们分手的时候快到了，我还有两件事体相托。头一桩，你的这些弟妹，你要多多地照顾，多多地协助。第二件，顶要紧的还是恒社，希望你多出点力，负责维持。”陆京士立即应允说：“先生，请你放心，这两件事，我会时时刻刻记在心里。”

杜月笙拖到距离他生辰不及二十四小时的8月16日下午4时50分，终于走完了漫长的人生历程。杜月笙之丧，翌日香港各大报小报，均详予报道。除由治丧委员会名义刊登的丧讯和讣告外，全港报馆主动派记者采访消息，新闻、特写、花絮，接连地热闹了好几天。这使香港当地人士颇感突兀，许多人根本不知道香港什么时候来了这么一位天下闻名的人物！丧事办理完毕，因杜月笙在港居住未满八年，依例不得落葬。其友人李应生愿就其在青衣岛私有土地，划出半弓，作为墓穴，亦未获当局许可，于是移榇台湾。家属和门徒、朋友遵照杜月笙生前的嘱咐，把灵柩从香港运到台湾基隆码头，除了杜氏家属、恒社旅台社员之外，迎灵亲友亦达300余人。灵柩暂厝台北市南京东路极乐殡仪馆，然后落葬在台北县汐止镇大尖山麓之西。

据杜顺安回忆说：杜月笙过世之前，曾交代他的两个太太和儿子杜维屏、杜维藩："我过世之后，你们就去台湾吧。"祖父要我们到台湾去，是因为我们家里的开销太大了。在香港，我们的现款已所剩无几，钱财只出不进，只靠银行里的一点儿利息度日，寅吃卯粮，不是办法。那时除了父亲在香港，还有我们两个小孩子在香港。祖父的二儿子、三儿子、四儿子，都在美国，老五、老六则留在上海，最小的老七、老八尚在读高中，一大家子，开销浩繁，生活担子非常沉重。祖父认为，在台湾他还有一些人脉关系，可以帮上我们的忙，而且台湾也比香港安全。因之，祖父过世之后，我们就举家搬到台湾去了。

主要参考书目

1. 张君谷：《杜月笙传》，中国大百科出版社2011年版。

2. 胡叙五、帘外风：《一个真实的杜月笙》（杜月笙别传），蔡登山编，吉林文史出版社2005年版。

3. 徐铸成：《杜月笙正传》，浙江人民出版社1982年版。

4. 杨威：《杜月笙外传》，台中宏育出版社1967年版。

5. 上海文史资料选集《旧上海的帮会》，上海人民出版社1986年版。

6. ［澳］布赖恩·马丁（Briang Martin）：《上海青帮》，周育民译，上海三联书店2002年版。

7. ［美］魏斐德（Frandric Wakeman）：《上海警察：1927—1937》，章红等译，上海古籍出版社2004年版。

8. 薛耕莘：《近代上海的流氓》，载《文史资料选辑》1980年第3期，上海人民出版社1980年版。

9. 苏智良、陈丽菲：《近代上海黑社会》，商务印书馆2004年版。

10. 苏智良：《中国毒品史》，上海人民出版社1997年版。

11. 河北文史资料编辑部：《近代中国帮会内幕》（上下），群众出版社1992年版。

12. 秦宝琦：《中国地下社会》（全三卷），学苑出版社2009年版。

13. 秦宝琦:《中国洪门史》,福建人民出版社 2012 年版。

14. 秦宝琦:《江湖三百年》,中国社会科学出版社 2011 年版;三联书店(香港)有限公司 2012 年版。

15. 秦宝琦:《帮会与革命》,中国社会科学出版社 2013 年版;三联书店(香港)有限公司 2013 年版。

16. 郭绪印:《青帮秘史》,上海人民出版社 2002 年版。

17. 中国第二历史档案馆编:《民国帮会要录》,档案出版社 1993 年版。